JN068907

社会秩序とその変化についての哲学

伊多波宗周

東信堂

序

(A)本書の目的と方法

本書は、社会秩序とその変化について考察する哲学書である。

本書の記述は、哲学史の文脈を踏まえてはいる。だが、哲学者たちが何を言ったのかを理解するという哲学史研究のスタイルはとらず、事柄そのものについて論じるスタイルをとっている（ただし、松永澄夫の哲学を解釈しつつ筆者の問題意識のもとに整理した第8章だけは哲学史研究のスタイルに近い）。社会秩序がどのように成り立っているか、また、それがどのように変化するかを事柄に即して理解すること、これが本書の目的である。

社会秩序もその変化の秩序も複雑である。全体を描写しようとするとき、さまざまな領域ごとに記述するというのが一つのやり方だろう。法、政治、経済、社会…というかたちで。そうした領域ごとに法学、政治学、経済学、社会学…といった学問分野が成立しているのだから、それらに依拠して順に記述し、もって全体をなすというやり方がありうる。

だが、哲学書である本書の目的は、描写することではなく、理解することである。[1] そもそも学問分野の枝分かれも一八世紀から一九世紀に近代という時代が生成するのと連動して本格化したことである。ではなぜ、今日そうであるような姿になったのか。一言で言えば、社会変化に応じて、特定の領域を全体から切り出し、他の領域と画されたものとするための視点が要請されたことによる。たとえば、株式会社や近代的都市の誕生に伴い市場交換が活発化していくことに応じて、そのメカニズム理解のための視点が必要となって経済学が生まれたり、産業化によって都市人口が増え、都市労働者固有の貧困・衛生問題が解決するべきものと捉えられるようになるのに応じて、社会領域を実証的に考察するための視点が必要となって社会学が生まれたり、というかたちで。[2]

いま「社会変化に応じて」と述べた。社会変化とは、既存の社会秩序が別様の秩序へと変化することである。社会秩序は、実際にそこで生きる人びとによって形成され、人びとが生きることと連動して変化する。そのことが先立ってこそ、今日通用しているような学問領域の分岐が進んだ。それゆえ、分節化された学問体系には、人びとがつねにいくぶんかは変化しつづける社会に生きるということそのものに由来する動機が刻印されている。社会秩序とその変化について構造的に理解しようとするなら、そうした動機の刻印、すなわち諸学問の分岐・生成に先立つものをも射程に入れて論じなければならない。そのとき、描写ではないものとしての理解の営みがなされることになる。

理解のためには方法が必要である。そこで本書では、社会秩序とその変化の骨格をごく少数の概念を道具立てとして理解するという方法をとる。「少数の概念」とは、相互性、共同性、社会性、集合性の四概念である。これらの概念の内実と概念同士の連関をおさえることによって社会秩序とその変化の構造を理解すること、これが本書の方法である。

(B)主要四概念の身分

だが、なぜそれら四概念なのか。社会秩序とはどのようなものであるかを物的秩序との対比で短く述べたうえ、これら四概念の身分をまず明らかにしておきたい。

物的秩序とは、物的なものの総体に私たちが安定性を見いだすときに成り立っているものである。いつも山から海へと川が流れるのであって、その逆ではないと人は捉えている。漠然とではあるにせよ、一つの総体において何らかの単位を見いだし、単位間の関係を律する原理に逆らわないかたちで実際に物が配列されているとみなすこと、これが物的秩序の認識を支える。「配列」と言うと、配列する主体の想定があるように感じる読者がいるかもしれない。だが、いま述べたいのは、人が諸事物の様態に秩序を見いだすとき、諸事物を配列的に捉えているということ、それのみである。

社会の総体もまた配列的に捉えうる。ただしもちろん、物的なものではなく、人間だけが意味を見いだすような観念的なものの配列として。たとえば、人のもろもろの行為が、慣習や法などの原理によって、望ましいもの、許容されるもの、禁じられるもの等へと配列されていると捉えることができる。そうして、社会にはさまざまな原理に基づく複数の配列があるとみなせる。だが本書の目的は、個々の配列を順にみることではない。私たちは、社会の総体を一定の安定性をそなえた秩序的なものと捉えている。そのことには、人が人と生きるときに発生する力が関わっている。そうした力は、どのような場面で生じるかに応じて、四つの種類に分けることができると考える。その四つの力の性質をそれぞれ、相互性、共同性、社会性、集合性と呼び、社会の総体を理解するための基礎とする、それが本書の主要四概念の身分である。

四概念の内実を述べる前にあらかじめ断っておきたいが、特に共同性、社会性、集合性の三つに関わることとして、これらは、人間が成す諸集団を分類するための概念として用いるものではない。これは共同体で、あれは社会だというのは、結局はどう定義するかの問題に帰着する。本書は、そうした議論を展開するものではない。ある集団を理解するときに、そこに働いている力として分析的に取り出せるものを問題にし、そのことによって社会秩序の構造的理解を試みるのが本書の仕事である。たとえば、ある集団において共同性の力と社会性の力とがどんな絡み合いをみせて働いているのか、そうした考察こそ社会秩序理解にとっては重要であり、それを可能にするために四概念を用いるのである。

けれどなぜ、ほかでもなくこの四概念なのか。この四概念で過不足ないと考えるからだが、以下、本書の概要紹介のスタイルで各部・各章の位置づけと、そこで中心的に扱う概念を説明することで、これら四概念であるべき理由の説明に代えたい（なお、後述するように、第6章第4節でこれら四概念とそれらの関係について要約している）。

(C)本書の概要

まず、本書は三部構成である。

第Ⅰ部「相互性と共同性」では、相互性と共同性の概念を道具立てに、社会秩序の基礎部分の構造を理解する。

第Ⅱ部「社会性と集合性」では、社会性と集合性の概念を道具立てに、制度的に構築される社会秩序とそれを前提に生み出される人間の集合について理解する。言い換えれば、社会秩序の上層部分の構造を理解する。

第Ⅲ部「社会秩序の変化」では、四つの概念いずれをも用いて、社会秩序がどのように変化するのかを理解する。

次に、各部はそれぞれ三章構成である。各部・各章の位置づけと概要は以下のとおりである。

第Ⅰ部「相互性と共同性」。すでに述べたとおり、ここで、相互性と共同性という二つの概念を用いて社会秩序の基礎構造を理解する。相互性とは、個別具体的な二者間において開始し、維持されうる関係の性質。共同性とは、人びとのあいだで「共に生きる」という想念が共有されて効力をもっている、そうした人間集団にみられる性質である。私たちが社会で生きているとき、「人と人」との関係を生き、同時に「人びと」の一員として生きている。すなわち、相互性と共同性とを生きており、これが社会秩序の基礎をなしている。それゆえまず第Ⅰ部において、相互性と共同性それぞれの内実と両者の関係を明らかにして、本書の基礎部分をつくる。

まず第1章「相互性について―共同性との断絶―」では、相互性の関係の内実を理解し、相互性概念で理解するべきことの領域と共同性概念で理解するべきことの領域には断絶があることを示す。相互性の関係においては、ペースのすり合わせを踏まえて物や言葉のやりとりをする二者が、互いに「それでよければそれでよい」というかたちで関係を了解したり、納得を生み出したりすることができる。そのかぎりにおいて、二者に由来するものを積み上げるようにして相互的関係をつくりだしていくものと理解できる。

だが、たとえば「他者にして欲しいことを己も為せ」のように規範性を含むかたちで相互性のあり方が提示されることがある。こうした言い方には、二者の位置関係がどうであるべきかを指定する作用がある。そうした規範性の力は共同性を源泉としており、二者に由来するものの「積み上げ」として理解した相互的関係に、二者に由来するものをもう一つ積み上げることで生まれるのではない。このようにして先述の「断絶」を示すのがこの章の課題である。くり返しだが、人が人と関わって生きるとき、かならず相互性と共同性の双方に関わって生きる。相互性概念だけによって説明できる人間関係は存在しない。だが、事柄を理解するために現前の人間関係から分析的に二つの概念を取り出すとき、一方に他方の性質が混じったかたちで取り出すべきではない。それゆえの切り離し作業をおこない、社会秩序の基礎たる相互性および共同性の概念をそれぞれいわば独り立ちさせるのがこの章の役割である。

次の第2章「家族の共同性と社会」では、家族を主題に共同性の内実を考察する。社会秩序の基礎をなす第二のものである共同性についてここで理解しようというわけである。主題として選んだ家族の共同性は、もろもろの共同性の中でも特殊なものだが、その性格を鮮明にあらわす。すなわち、維持されるのが当然だという永続性のイメージを伴い、世代をまたぐという性格である。家族とは、期限の定まりなく共に生きるという想念が有効な「消費の共同性」である。人は消費しつづけなければ生きていけない。その消費は、人に代行してもらえない。そのような、生きることの根幹に関わる消費、自分でしかできない消費を、そうであるにもかかわらず共におこなう場が家族である。

だが、家族について考察しようとすると、相互性と共同性だけでは説明できないものに直面する。それは社会性である。これは第Ⅱ部で主題的に論じる概念だが、この章において、共同性について論じようとすれば、いやおうなく社会性が顔を出すということを確認する。そこで社会性とは、領域的全体性を強制力をもってカバーする制度的構築性の力が働いている社会の性質である。さしあたりこのようにおさえたうえで、社会と家族の関係、およびその変化について、プライバシー概念を軸に論じることがこの章の後半の課題となる。

そして第3章「相互性と共同性へのまたがり、社会性へのつなぎ—約束について—」では、人と人とを関係づける言葉の典型である約束を主題に、まず、私たちが相互性と共同性にまたがるようにして生きていることについて、その論理を明らかにする。第1章で両概念領域の切り離しをおこなったが、私たちは苦もなく相互性の領域と共同性の領域とにまたがって生きている。約束とは、相互性の関係において希望を共有することである。それが守られなかったとしても、希望を共有したということ自体に価値がある。けれども、約束することによって二者間関係に規範性を呼び込み、もって共同性を生み出そうとしていると解釈できるような事態が起こる。これが、相互性と共同性への「またがり」と呼ぶものの内実である。

他方、その「またがり」の構造に乗っかるようにして、別の事態も起こる。それがこの章で、相互性と社会性のつなぎと呼ぶものである。そのことを論じるために、いわゆる約束と契約の違い、それと表裏一体にある「約束の自由」と「契約の自由」の違いを明らかにし、「約束を守らなければいけない」という規範性に関わるものとして、「つなぎ」の理屈を明らかにする。

こうした考察によって、相互性と共同性、および相互性と社会性の結びつきの構造を理解したのち、この章の最終節（第4節）において、会社などの個別組織にみられる「約束事」と社会全体における一元的ルールとの「せめぎ合い」と呼ぶべきものについて短く述べる。そのことから、次なる課題を共同性と社会性の関係の解明に設定し、第Ⅱ部へと議論を接続する。

第Ⅱ部「社会性と集合性」。すでに述べたとおり、ここで、社会性と集合性を道具立てに、制度的に構築される社会の秩序とそれを前提に生み出される人間の集合、およびその作用について理解する。社会性概念をどう理解するかについては先に述べた。一言で、制度的構築性の力が働いている社会の性質である。これは、すでに体系性をそなえた、成り立ったものとしての社会の性質と言い換えられる。他方、集合性とは、個々別々に集まった人たちが、ある目的にむけて「共に為す」実践をしていると認識可能な人間集団の性質である。その集合性は、社会性の成立が前提となって発生するのが通常である。なぜなら、集合するのは社会において「単位」とみなされる個人であるが、そうした単位設定をおこなうのは社会性の力だからである。けれど集合性概念は、「成り立ったものとしての社会」とは別の社会像、すなわち成り立たせていくものとしての社会について理解する際に有効だという別側面をもつ。

第Ⅱ部においては、これらのことを論じ、社会秩序のいわば上層部分についての構造的理解を試みる。なお、「上層」と述べるとき、時間的な先後関係を含意しているわけではない。第Ⅰ部で論じた基礎が成り立った後に第Ⅱ部で論じる上層が成り立つという見方ではなく、社会秩序の全体的構造を分析的に捉えた場合に上層にあると理解できるという見方に基づき述べている。人が自分で相互性の関係や共同性の力をもった集団をつくれるのに比して、制度的構築性の力が働く社会をつくることは格段に難しいということからそれは理解できると考える。

まず第４章「所有と権利の世界」では、所有を主題にして、権利の世界がどのように構築されているかを理解する。第Ⅱ部に先立ち、共同性と社会性の関係の解明という課題を設定していた。それに取り組む前に、まずは社会性が実際に機能している世界とはどのようなものかを理解することがこの章の役割である。

そこで、成り立ったものとしての社会の基盤の一つである所有について、それが有する二つの特質に焦点を当てて議論を展開する。手で持てないものを権利としてもてるようにするという特質、およびそうして何かをもつことが資格となって別のものをもつことにつながるという特質である。これらの特質を軸に、所有の連なりの体系と呼ぶべきもののあり方を概観し、人間が構築してきた社会秩序の上層部分の構造を広義の経済的な側面から理解する。そこで重要な論点として浮かび上がるのは、所有をめぐる権利の世界を複雑化させる要因、すなわち経営である。所有の連なりの体系の帰着先は、一つには、生きることの根幹に関わる消費、もう一つには、名声であると考えられる。ところが、消費の理屈から離れた経営という視点が入り込むことで、権利の世界は複雑化する。そしてこれが、社会秩序において、権利を有する人とそうでない人とを分けていく原理そのものでもある。この章ではこれらのことを論じる。

次の第5章「社会の内と外―政治について―」では、社会性の力の働きについて主題的に論じ、共同性と社会性の関係の解き明かしへと論を進める。前の章で、広義の経済的な側面から社会秩序を理解する過程で、経営という論点が浮上したが、この章では、それを踏まえて政治を主題に考察する。というのも、政治とは、名声と資源配分をめぐる特殊な経営、制度をつくることによる社会全体の経営と捉えうるからだ。成り立ったものとしての社会には、政治の力を基盤とした諸制度の体系がある。それは、単位として指定された存在（個人や世帯）から資源を徴収する制度、すなわち税制を基盤とし、その資源を権利の配分を通じて配分する制度を軸にして形成されている。

そうした諸制度の体系は、強制力をもって領域的全体性をカバーする。これはとりもなおさず、社会が一つのもの、「外」と分かたれた「内」をなすことを意味する。それは諸制度体系の主体なくしてはありえない事態だから、政治の力こそが実現しているものと捉えられる。この章では、そうした政治の力の論理上の基盤が、異質な存在を異質なものと認識したうえで、それを「内」に包摂することにあるという考えを示す。これは、社会性がもろもろの共同性を上位から包括するという構図を理解することにつながる。他方で、共同性が想念の位相において、社会性に対し、その実質を補填するものとして機能する場面がある。これらを論じることで、共同性と社会性の関係を明らかにし、近代社会において、社会性の有効範囲と共同性のそれとの表裏一体化と呼ぶべき事態が起こったことの理路をも述べる。そうして、「成り立ったものとしての社会」の内実を描くことがこの章の役割である。

そして第6章「集合性について―成り立たせていくものとしての社会の理路―」では、表題どおり、集合性とは何かを理解する。社会秩序のあり方を主題とする第Ⅰ部・第Ⅱ部の終わりにあたるこの章では、共同性、社会性、そして相互性との関係から集合性を理解するという方法をとる。無縁の人たちが集まって目的にむかって「共に為す」こと、それが認識可能であることに存する集合性は、たとえば会社において発生し、個々人の力の総和を超えた力を発揮する。これは、「共に生きる」想念に基づく共同性とは区別されるべきものである。だが、集合性を有する人間集団において共同性が発生したり、共同性を有する人間集団の認識に集合性概念が混入したりということが起こる。それから、集合性を成すのは、「単位」としての個々人であることから、集合性は、単位化する力としての社会性がすでに成立していることを前提に働くものとみなせる。他方、集合性は、別社会に生きる人たちによっても形成されうる。また、集合的実践は内部にダイナミズムをそなえており、社会性による規定力を突き抜けもする。こうしたことは、社会運動のように、単位を自己生成するような集合的実践において顕著である（この論点は、第Ⅲ部への橋渡しの役割をもつ）。

この章の後半では、副題で示しているように、成り立たせていくものとして社会を捉えることがいかにして可能になるかを論じる。前の章で、社会性の有効範囲と共同性のそれとが表裏一体化するという事態の理路を示したが、これはすなわち、成り立ったものとしての社会を支える理路が社会性と共同性の概念セットで形成されるということである。それに対し、成り立たせていくものとして社会を捉えようとするなら、相互性と集合性の概念セットで社会を理解する必要がある。その理解の内実を述べることで、本書の主要四概念、およびそれらの関係についての考察が完了する。そこでこの章の末に、第Ⅰ部・第Ⅱ部の議論を整理するための節（第4節）を設ける。

第Ⅲ部「社会秩序の変化」。すでに述べたとおり、ここで、第Ⅰ部・第Ⅱ部での議論を踏まえ、四概念を用いながら、社会秩序の変化について理解する。社会秩序は安定性をもつものでありながらも変化する。そして、その変化にも秩序がある。社会秩序についての考察は、おのずと秩序変化の秩序についての考察をも求める。ゆえに、第Ⅲ部で秩序変化について考察する。

まず第7章「言葉の運動としての社会運動」では、前の章で触れた社会運動について、そこでの言葉の働きを主題にするかたちで論じる。社会秩序を成し、それを変化させていくのが人間である以上、言葉の働きは一つの重要な考察対象である。第3章では、相互性と共同性および社会性の結びつきを考察するために約束という関係づけの言葉の働きをみた。この章では、いわば言葉自体も運動するようにして社会運動がなされるという捉え方をする。そう捉えることで、集合性に立脚した運動が自己生成する単位であるということの内実を確認し、最終的に、共同性および社会性の変化へと論を運んでいきたい。

社会運動が始まるにあたっては、そのための言説環境が必要で、運動の生成・展開には、しばしば言説状況の変化が付随している。また、問題を指摘する言葉こそが社会運動を始めさせる。運動の進行中、スローガンが叫ばれ、それを構成する言葉の働きに依拠するかたちで共感が拡がり、運動が増殖する。そして、やがて社会運動は終わるが、言葉の運動は終わらない。一方で、運動の語彙が日常に定着するということが起こる。それは、言い換えれば、運動の主張内容に含まれる規範性が共同性へと吸収され、定着することだと言える。他方で、運動の言葉が制度的枠組みにいわば収まる場合もある。それは、社会性への組み込みとも言える。これらのことから、運動を経て社会の既存の言説状況が変化したと、つまりいくぶんか社会秩序が変化したと言える。さらに、運動の言葉が歴史へと定着することも重要である。そのとき、抽象概念を用いて運動の位置づけがなされること、これに着目することで、第9章へと議論を接続する。

けれどもその第9章に先立ち、次の第8章「相互性・社会性と秩序変化―松永哲学試論―」で、松永澄夫の哲学において相互性および社会性の概念がどのようにして社会秩序変化と結びつけられているのかを軸に、その哲学の理解を試みる。社会哲学書である本書は、相互性と共同性の概念を社会秩序の基礎と捉えるところから論を始めていた。だが、「人と人」および「人びと」を生きるのは「人」であり、「人」を生きるとは、〈私〉を生きることである。人が〈私〉を生きる以上、社会秩序とその変化について論じることの基盤にも〈私〉についての哲学がなくてはならない。そこで、最終章の手前で、〈私〉についての哲学と社会哲学との両方を論じ、しかも、そのつながりについての重要な洞察を展開している松永哲学の理解を試みることで、「基盤」へと視野を広げる。それが、この章の位置づけである。

この章ではまず、松永哲学における〈私〉の哲学と社会哲学について、以降の議論を導くかたちで概観する。そこでとりわけ重要なのは、それら二つの哲学を架橋するようにして、技術概念が用いられることである。〈私〉が反復的に「同じ」と目される行為をおこなえること、すなわち技術的な行為をできること、それがあって社会性の位相が成り立つという洞察である。次に、松永哲学において秩序変化がどのように捉えられているかを論じる。そこで、社会秩序の変化に関し、技術によって社会性を変化させることと、想像の力によって相互性を媒介にして社会性を変化させることという二つの通路が描かれているという整理をする。さいごに、論を政治および歴史の話へと展開させ、松永哲学における希望について触れつつ、一つの問いを発する。

そして第9章「社会秩序変化の秩序」では、前の二つの章をうけて、本書の主要四概念を用いつつ、社会秩序はどのように変化するのかを理解する。第7章で、運動の語彙の「共同性への定着」、および「社会性への組み込み」と呼ぶべき事態について述べた。また、第8章で、技術と想像とが社会秩序を「変える」力であることを松永哲学に依拠して述べた。それらを踏まえて、この章では、社会秩序が「変わる」ことの方へと焦点を当て、社会性と共同性の内実が相互に影響を与えつつ一体的に変化する水準で秩序変化を捉え、その「変わる」ことに「変える」力がどう関わるかを論じる。

この章ではまず、社会秩序の変わらなさが社会性と共同性のセットに由来することを確認する。それらは、もろもろの行為を社会秩序の通常の作動の内にいわば吸収する力を有する。だが秩序は変わる。その変化の特徴をおさえるため、自発および意志の概念を導入し、両者の絡み合いによってこそ社会秩序変化が起こるという基本認識を示す。次に、それを踏まえ、技術の伝播・普及がもたらす社会秩序変化について論じる。技術は、意志による対処を可能にするものであるのと同時に、その伝播・普及自体が、社会にとって対処するべき相手ともなる。社会の「外」から来る技術を導入するべく社会が迫られもするからだ。そうして、特定技術は標準化し、社会性はもちろんのこと、その使用が当然であるという規範性を振りまいて共同性をも変化させる。

ところで、技術が伝播するとは抽象の力に存する規格が伝播することと捉えられる。この点をおさえることから、想像の一種である抽象の力こそが社会を「変える」力であるという論を導く（先述の第7章末の議論の接続先であり、また、以上の論展開により、第8章の鍵概念だった技術と想像とが、社会秩序が「変わる」方へと焦点を当てた議論の中に再導入されることになる）。そこで、抽象の力能が「理解の拡がり」を予定するようにして発揮される場面と対比させるかたちで、言葉の抽象の力能が「納得の拡がり」を希望するようにして発揮される場面があることについて述べる。そして、納得の複数の拡がりが、社会秩序を変えていくものであるのと同時に、社会秩序のありようそのものであるという結論を導く。これは、第Ⅱ部において論じた「成り立ったものとしての社会」（社会性と共同性の組で理解するべきもの）と「成り立たせていくものとしての社会」（相互性と集合性の組で理解するべきもの）の関係を述べることでもあり、本書の試みの到達点である(「おわりに」については次の項で述べる)。

(D)本書の意義

このように本書では、四つの主要概念を用いて、社会秩序の基礎と上層、そして社会秩序の変化についての構造的理解を示すが、それにはどのような意義があるだろうか。もちろん、学術上の意義はあるだろう。哲学史研究でも、社会秩序に関する各論研究でもない仕方で、社会秩序とその変化について概念連関を通じた理解を示すのだから、哲学固有の仕事の具現化である。だが、それを超えてどのような意義があるか、ということである。少しだけ述べたい。

私が書く以上、本書には私のあり方が反映している。そこで、たとえば私は怒っている人に共感することはあっても、人に怒れと言う人に共感することは滅多にない。社会や組織に対して怒れ、立ち上がれと言う人である。そうした人の存在に社会的意義があることを頭で知ってはいても、本当に怒った人が、そうしたければそれぞれ勝手に立ち上がればいいだけではないかと思う心の動きがそれに勝る。

怒り立ち上がれと言う人は、自分の混乱に人を巻き込んでいるように感じることが多い。どういう混乱か。たとえば、相互性、共同性、社会性、集合性の四概念のうちのいずれかといずれかを混同することによる混乱である。もちろん混同していい。そうした混同から価値観が立ち上がる側面もある。概念は現実をどう捉えるかに規定される。本書で展開するのは、私が混同と捉えるものが混同にみえる視点に身を置いた考察であり、別の視点に立つことを排除するものではない。だが言いたい。混乱への巻き込みと私が呼ぶものに当惑し、場合によっては脅える人がいるのも事実だと。そして、混同を混同と捉えるような理解の仕方、その具体像に触れることは、当惑・

脅えから脱け出し、自分で考えるための拠点を確保することに寄与するはずだと。

こうした考えとも関係し、「おわりに―社会と関わる〈私〉と個人―」において、第8章末で発した問いに対する松永からの応答を踏まえ、〈私〉と抽象化・規格化された個人との「切り替わり」というべきものについて論じ、人が社会秩序とその変化の秩序の中で生きるのみならず、それらと関わって生きるということについて短く述べて結論とする。

大目次／社会秩序とその変化についての哲学

詳細目次／社会秩序とその変化についての哲学

第2章　家族の共同性と社会……28

第5章　社会の内と外――政治について――……108

第6章　集合性について——成り立たせていくものとしての社会の理路——……141

第Ⅲ部　社会秩序の変化

社会秩序とその変化についての哲学

第Ⅰ部　相互性と共同性

第1章　相互性について
——共同性との断絶——

はじめに

育てられることなしに生きつづけられた人はいない。誰もが個別具体的な誰かに育てられた。育てる人と育てられる人のあいだには、本章の主題である相互性の関係、すなわち個別具体的な二者間において開始し、維持されうる関係がある。ところで社会とは、生きつづけられた人たちが形成するものである。それゆえ、社会で生きている人は誰であれ、生きることの最初期において相互性の経験を経ている。そして、一定以上育ったのちも、さまざまな人と相互性の関係をとり結んで生きている。この関係は、人と人との関係であるから、社会秩序の基礎を成すものと捉えられる。それゆえ本書の出発点として、相互性とはどのようなものかをおさえよう。

だが、相互性の関係について考えようとすると、その関係に規範性の力が関与していることに気づく。たとえば、二人の生徒が相互性の関係をとり結んでいるとき、その関係が上司と部下の関係のようであるべきでなく、生徒同士のそれにふさわしいものであるべきだとされるように。育てる人と育てられる人の関係の場合にも、どういう関係が望ましいかをめぐって規範性の力が働くが、それにくわえて養育監護等の権利・義務を指す親権という概念が関与し、両者の関係を「親子」の関係として法的に規定する力が働く。これら規範性の力は、個別具体的な二者の関係に対し、その外から関係を規定しようとするものである。

こうした力の源泉は共同性にこそある。二者間関係に規範性をもたらそうとするのは、通常、その二者が一員であるような「人びと」において発生する力だと言えるからだ。「人びと」の共同性は次章での考察主題だが、それは、「人と人」において生じる力の性質である相互性と並び、社会秩序の基礎を成すものである。親子関係を例に述べた法的規定の場合、それにくわえ、制度的に構築された社会の性質である社会性の概念をも用いて理解することが適切だが、第5章で示すように、法的規定もまた共同性に吸収されてはじめて規範的効力を発揮すると考えるがゆえ、本章では、二者の関係を規定しようとする力一般を「共同性の力」と呼ぶことにしたい。

相互性の関係の只中にいる二者の関係には、すでにして共同性の力が働いている。それゆえ、相互性について考えようとすれば、実際に存在する人間関係のある側面だけを切り出す必要がある。切り出すということは、切り出し方はさまざまだということである。そのため、相互性をめぐる議論において、論者によってその語で念頭に置いているものに違いがあり、相互性の概念自体に道徳的・倫理的ニュアンスが含まれると捉える人もいる。「他者にして欲しいことを己も為せ」という言葉に含まれるような規範性が相互性概念そのものに含まれるのだと。あるいは、相互性について述べているはずが、いつのまにか共同性の議論に移行しているようにみえる議論も少なくない[1]。

そこで本章では、相互性の関係がどのように成り立つかを一から積み上げて理解するという方針をとる。つまり、Aが土台となってBが可能となり、そのBが土台となってCが可能になり、というかたちで相互性の関係の成り立ちを理解するということである。これは、経験の順序に即した理解であるが、もちろんのこと、分析する視点からの理解であり、当事者が相互性の関係をとり結ぶときにこの順序を意識しているというものではない。当事者の意識の問題ではないこと、それからなにより、人が最初に経験する相互性の関係であり、事柄としての重要性をもつことから、幼子と育てる人との関係を考察の出発点に置くが、相互性の関係一般の成り立ちをいま述べた方針で論じるのが本章の趣旨である。

この方針をとることで、相互性の概念で理解するべきことの領域を明確化できる。本章の以下の展開を述べるかたちでそれを説明しよう。まず第1節では、先に述べたAにあたるものとして、「ペースのすり合わせ」について論じる。第2節では、Bにあたるものとして、物や言葉のやりとりについて論じ、Cにあたるものとしての、互いに「それでよければそれでよい」と納得する関係、これを二者単独でつくりあげられることを示す。ここまでは、相互性の概念でこそ理解するべき事柄であり、そうして理解される二者間関係は二者に由来するものの「積み上げ」でこそ成り立っている。

次の第3節がポイントである。そこで、先にあげた「他者にして欲しいことを己も為せ」のような「規範として提示される相互性」について論じるが、こうした言葉には、人間の位置関係がどうであるべきかを指定する作用（いまの例の場合、人と人との対等な関係の指定）がある。それはとりもなおさず共同性の力の発揮であり、Cが土台になって可能になるDと言えなくはないが、そこで積み上げられるものは二者に由来するものではなく、共同性由来のものである。ということは、相互性の位相における「積み上げ」のプロセスからは断絶した事柄と捉えるべきものである。第3節ではこのことを示し、相互性と共同性という二つの概念領域のあいだに断絶があることを理解するところまで進みたい。

そして第4節で、「一から積み上げる」のとは逆方向に、すでに成り立っている共同体から何かを取り除き、より自然な状態に遡ることで相互性の関係に辿り着くと考えるタイプの言説について批判的に考察する。そうした言説は、取り除くという思考プロセスの結果得られる社会像を相互性から成るものと捉え、それを称揚する傾向をもつが、その実、すでに成り立ち現前している共同体のものとは別の共同性を称揚することにしかならないと筆者は考える。それを示すことで第3節の議論を補完し、相互性の概念領域と共同性の概念領域のあいだの断絶が、「指定された位置関係の確認」のところにあるという結論を導きたい。

第1節　相互性の出発点——ペースのすり合わせ——

幼子と育てる人のあいだでペースのすり合わせがなされる。本節ではそのことを出発点に、(A)ペースのすり合わせとは何かを整理し、(B)その経験の根本性を確認する。

(A)ペースのすり合わせとは何か

生きるのに必要な栄養を与えようとすれば、幼子は口を開く。だが、与える側のペースだけで与えつづけられるわけではない。普段どおりに吸ったり食べたりしないことがしばしばある。だが、ならばもう与えないとは通常ならない。そこで互いのペースのすり合わせが起こる。幼子のペースを確認しつつ、与える側のペースにしたがって促し、幼子が少しそれに折り合い、というかたちで。こうして幼子は栄養を得ることができる。供与が放棄されたとしても、別の誰かがやってきて、その人と幼子のあいだに折り合いが生まれるのでなければ幼子は生きつづけられない。そうして、生きつづけられた人は、生きることの最初期に、かならずペースのすり合わせを経験している。それゆえ、これを相互性の関係の出発点に置こう。

いくつか断りたい。まず、ここで述べているのは、「幼子と育てる人においては主客が分かれておらず、関係性こそが先立つ」という類のことではない。「互いに」と言って意味があるのは、はっきり区別された者同士の関係においてのみである。相互性について議論するのであれば、個体同士の関係をはじめから問題にする必要がある。また、生存をめぐる本能（個体に刻み込まれていると想定されるもの）から話を組み立てようとしているのでもない。一定以上育ち、自ら選択して自由に生きるようになっても、人はさまざまな場面でペースのすり合わせをおこなう。食べることに関して言えば、多くの人が共に食事をする人と一定以上ペースを合わせようとする。相互性の関係が維持されているとき、ペースのすり合わせの実現が広く観察可能で、生きることの最初期に人はすでにそれを実際経験しているというのがここで述べたいことである。なお、集団同士の相互性も、集団を「個体」と捉えることで議論可能だが、ここでは人間同士の関係だけを問題にする（集合と単位という話題で、第６章で関連議論をする）。

ペースが問題である以上、相互性の関係は一定の時間幅において始まる。[2]そして、関係が継続すれば、より長い時間幅において、ニュアンスの変化や場面に応じた切り替えなどの複雑さを伴ってペースのすり合わせがなされる。また、すり合わせである以上、誰かと相互性の関係に入ることで、自らのペース自体が少しずつ変化するということも起こる。育てる人と育てられる人の関係で言えば、多くの場合、育てられる人は育てる人とのペースのすり合わせによって自分のペースをつくり、それを複雑化させていく。成長するにつれ、食事のとき、散歩のとき、遊びのときというかたちで自分のペースを分節化し、場面に応じて適用できるようになる。また、一定以上育ち、さまざまな人と相互性の関係をとり結ぶ中で、それぞれのかたちでペースをすり合わせるようになる。親戚、幼稚園の友達、先生、散歩のときによく会う近所のおじさん。私たちは複数の相互性の関係を生きることで、それぞれの〈私〉でありつづける。

子供であれ大人であれ、誰に対しても同じように接するという人は滅多にいない。だが一般に、成長するにつれ自分のペースと呼ぶべきものが固定化していく傾向にあるとは言える。その結果としての人間のあり方を「主体」と呼ぶとしたら、それは、さまざまな人とのペースのすり合わせを経て生まれたもの、複数の相互性によってこそ織り成されたものだと言える。だがもちろん、固定化が完遂することはない。生きていく中で、〈私〉はくり返し他の人とペースのすり合わせをしながら、少しずつそのありようを変えていく。論理的な先後関係で言えば、つねに相互性が先立って、ある時点での〈私〉が形成されているのであり、その逆ではない。

(B)ペースのすり合わせという経験の根本性

三つのことに注意を促したい。まず、ここで述べているのは、道徳的主張ではないこと。「ペースのすり合わせが大事だ」とか、「人間関係とは、より完璧な調和を目指していくものだ」といったことを述べたいのではない。相互性の関係が成り立っているところに一定程度のペースのすり合わせを観察可能であり、それが継続性を得ることもあれば、そうでないこともあるという事実を取り出したいというのが趣旨である。

二つ目に、次節で論じる「やりとり」との関係について。本章の方針は、一から積み上げて相互性の関係を理解するというものだった。だが、もちろんのこと、ペースのすり合わせが実現し、その後にやりとりが開始されるわけではない。何かをやりとりしつつペースのすり合わせが起こる。本節冒頭の栄養供与の話からして、言うまでもなく物のやりとりがなければ成り立たない。本章はじめに、相互性の関係とは「個別具体的な二者間において開始し、維持されうる関係」だと述べた。通常この関係はやりとりと共に生まれると言うことができる。だが、この関係を始めさせ、維持させる当のものは、やりとりそのものではなく、やりとりにおいてなされうる事柄、すなわちペースのすり合わせである。それゆえたとえば、商店において貨幣と引き換えに商品を得るというやりとりをするとき、ことさら相互性の関係を言う必要はないと考える。[3]

さいごに、第3節で論じる共同性をめぐる議論との関係について。ペースのすり合わせは、たくさんの人が集う場の雰囲気に同調すること(いわゆる「空気を読む」こと)とは区別すべき事柄である。それは、一定以上に育った人が、効率的で円滑な人間関係を共同性においてとり結ぶため、ペースのすり合わせを技術化したものと理解できる。論理上、ペースのすり合わせの経験がそれに先立っている。

関連して、松永澄夫は幼子の模倣についていくつもの重要な指摘をしている。まず、形式に関して、①幼子が誰の模倣でもするわけではなく、模倣の前提には「安心した世界」があること。②幼子の側が一方的に模倣するのではなく、年長者の側が幼子を模倣し、それを幼子が「模倣し返す」という相互性があること。次に、内容に関して、③相互模倣において、「理解し合っている」ことだけを理解の内容とする「共通理解」「共通感情」が生じ、それが「意味の世界」の原基になること。④年長者の模倣が、幼子の活動を分節化し、それを意図せずして幼子に「押しつけ」るものであり、そのやりとりの「リズム」が幼子を「共同性によって紡がれる時間へと誘う」こと。以上である。[4]

ここで書かれているのは、まさに共同性と相互性の関係である。①に先立つ箇所で松永は、「生物としての個体」から「人格的な個人」になる過程で、人はかならず「個々人に先立って」すでに存立している「共同体」、「他者と他者が生きる価値的世界」を経由して「自分を見いだす」と指摘する。同時に、そのような世界を維持するのは「やはり生きている個々人」なのだとも述べる。[5] つまり、共同性を前提とした「安心した世界」(①)が先立つが、その世界(価値・意味の世界)に参入する(③)ための相互的な関係(②)がなければ、共同性の時間(④)へと幼子は入りえないということだと整理できる。

共同性の側に視点を置けば、そこでは「押しつけ」による秩序維持がなされていると言える。他方、幼子の側に視点を置けば、相互性の関係がすべてに先立つことが重要である。幼子が共同性へと参入する際に経験しているのは、単なる受動的な経験ではなく、相互的関係における経験である。自分のものとしての「安心」が得られるのは、相互的関係においてでしかない。「個体」から「個人」への生成は、瞬間的になされるとは考えられない。相互的やりとりの反復と並行して、「安心した世界」の前提となる共同性が開示されるものと理解できる。そして、そのような相互的関係(「生きている個々人」の相互的関係)を通じてしか人間社会の共同性は維持されない。そこでのやりとりの「リズム」は、ペースのすり合わせが紡ぐものであると筆者は考える。それゆえ、ペースのすり合わせこそ社会で生きる人間の経験の根本をなすと言いたい。これが本節の結論である。

第2節　やりとりの相互性と「それでよければそれでよい」

ペースのすり合わせについで主題とするべきは、すでに触れた「やりとり」である。人は実にさまざまなやりとりをするが、ここではまず、(A)物のやりとりに関して、本章にとって重要な三つの要素を取り出す。ついで、

(B)言葉のやりとりについても同様であることを確認したうえ、言葉のやりとりに固有の要素を指摘する。これらの作業を通じて、やりとりすることが土台となって、二者間で「それでよければそれでよい」という了解・納得が生じうることを示したい。

(A)相互性の関係における物のやりとり

幼子は、しばしば周囲の者におもちゃなり食べ物なり紙片なりを渡す。それを受け取れば喜ぶし、受け取ったのちに返しても、たいてい喜ぶ。人は生きることの初期から、相互性の関係の中で物をやりとりする。ここでは物のやりとりに関し、三つの重要要素をみる。すなわち、それが、①ペースのすり合わせを基盤としつつ、それを促す作用をもつこと、②双方に感情およびその変様をもたらしうること、そして、やりとりを通じて、③相互性の関係が確認されつつ、互いの納得が生み出されうること。これら三つである。

①物のやりとりが、ペースのすり合わせを基盤としつつ、それを促す作用をもつこと。先に、幼子が誰の模倣でもするわけではないという松永の指摘をみた。それと同じく、幼子は誰にでも物を渡そうとするわけではなく、誰からでも受け取るわけではない。物がやりとりされる基盤として、すでにペースのすり合わせが進行している場合がほとんどである。他方、物のやりとりがペースのすり合わせを促しもする。幼子は、物を渡してもいつでも同じ反応が返ってくるわけではないことを知り、年長者の側も幼子の機嫌の良し悪しなどを知る。そうして物のやりとりを通じ、より複雑化したペースのすり合わせがなされていく。ペースのすり合わせと物のやりとりの相互亢進は、相互性の関係が築かれるとき、広く観察できることである。相互性の関係は、つねに更新されつつ維持されるものだと言ってもよい。

②双方に感情およびその変様をもたらしうること。ペースのすり合わせと物のやりとりの相互亢進において重要なのは、感情の動きである。やりとりがくり返されるとき、そのつど相手に受け入れられているという安心の感情がもたらされ、それが強化されていく。これは、育てられる人においてとりわけ重要なことである。感情を介して自分のペースを確立し、やがて「主体」と呼びうる存在になっていくことにおいて、こうした安心の感情が基盤になると言えるからだ。もちろん、やりとりにおいてもたらされるのは安心の感情だけではない。なぜか育てる側の人が不機嫌で、いつものようには返してくれずに寂しく思ったりすることもあるだろう。だが、また次の機会には普段どおりに返してくれて、安心するといったことも起こる。そうしたことのくり返しにおいて、より複雑さを帯びた、いわば陰影をも含んだ感情の基盤を得ていく。

こうも言える。物のやりとりにかぎられないが、相互的なやりとりを経て各人に感情の多様性が生まれるのだと。ニュアンスに富んだ多様な感情を感じ分けられるようになるには、名づけられた特定の感情が存在すると教わるのではなく、実際に感じることが必要である。そうしたことの体得は、相互的なやりとりの経験においてこそなされる。映画を観て、それまで意識しなかった感情の機微に深く感じ入るということもあろう。その場合でも、大半は映画の登場人物AとBとの相互性の関係に身を置く想像をして感じ入るのであり、それが可能なのは、相互性の関係におけるやりとりから感情の多様性を獲得してきた経験ゆえだと言える。

③相互性の関係が確認されつつ、互いの納得が生み出されうること。幼子は物のやりとりを通じて周囲の人との関係を漠然と捉えているだろう。そうした関係に対する「捉え」が、育つにつれてはっきりと意識されるようになり、やがて特別に物を贈り合う関係に自ら選択して身を置くことも可能になる。すると、物のやりとりを通じて相互性の関係の維持が確認可能だということにもなる。贈り物には儀礼性が関わり、その面では共同性の力

の働きがある。だが、たとえば職場において特定の数人とのあいだでだけ誕生日プレゼントがやりとりされるとき、それがなされているのは相互性の関係においてであり、毎年贈り物をやりとりしていることを通じて、その関係を確認することができる。この事態は共同性の力の働きだけでは説明できない。

このことは重要である。なぜなら、その延長上のこととして、相互性の関係が、共同性をいわば突き破るような潜在力をもつということにつながるからだ。ある社会Aで当然とみなされる贈り物のやりとりが、別の社会Bではそうでなかったとする。それは、共同性のあり方の違いだと言える。そこで、やがて社会Bでもそうしたやりとりが一般化するとしよう。そのときいくつかの要因がありうるが、社会Aに生きる人が社会Bに生きる人と相互性の関係を築き、実際に贈り物をすること、これが一つの要因でありうる。[6] これは、相互性の関係が共同性のあり方を変える事態だと言える（第6章および第9章で論展開する）。

物のやりとりを通じた納得もまた相互性の関係の中で生まれる。物のやりとりを通じて関係が維持されているとき、そのやりとりについての納得が得られていると捉えられる。不本意なところがありつつ関係が維持される場合もあろうが、その場合でも、関係が維持されるなら、不本意さを伴う関係として結局は納得しているということである。あるいはそこで、共同性由来の規範性が意識されることもあるだろう。贈り物に関して言えば、「相場」が意識されるなどして。だがそうだとしても、贈り物のやりとりにおいて厳密な等価交換が目指されることは滅多にない。それよりもずっと、物のやりとりを通じた安心や喜びの感情、両者において納得へと結実するような感情が重要であり、それが関係の維持における軸となる。そのときの納得のあり方は、互いにとってそれでよければそれでよいというかたちでの納得である。こうした納得が相互性の関係において成り立ちうること、これが本章で述べたいことの核心の一つである。

物のやりとりに類するものとして、労力の与え返しがある。それに関して「お互いさま」という言い方があるが、やはり厳密な等価交換を志向するというニュアンスは稀薄である。もちろん、物や労力のやりとりにおいて一方が不公平感をもつこともある。そのとき、次にみる言葉のやりとりが重要なこととなる。言葉を通じて互いの納得が目指され、場合によっては、共同性に由来する規範性が会話の中で参照されたりもする。たとえば、世間ではこれが普通だ、というかたちで。そのときはじめて相互性の関係に道徳的・倫理的なニュアンスが加わる。重要なのは、相互性の関係において「それでよければそれでよい」という納得が生じうること、これが基盤となってこそ規範性が意味をもつのであり、その順序は逆ではないということである。

(B)相互性の関係における言葉のやりとり

言葉は情報を伝え合うためだけのものではない。幼子が数語の言葉を発するようになると、周囲の人がそれに応えて同じ語を返したり、「そうなの」、「そうだね」と言ったりする。ここでは、物のやりとりに関してみた三つの事柄が言葉のやりとりにおいても同様であることを確認し、ついで言葉のやりとりに固有の側面を指摘したい。まず、①言葉のやりとりもペースのすり合わせを基盤としつつ、それを促す作用をもつ。幼子が言葉を発しはじめるのは、多くの場合、育てる人と相対している場面、すなわちすでにペースのすり合わせを経ている関係においてである。そうした関係が成り立っているところ、言葉のやりとりによって、さらにペースのすり合わせが促される。幼子と育てる人の関わり合いのペースは、幼子が使う言葉のあり方とそれへの対応とによって変化していく。一定程度育ったのち、さまざまな人と言葉を使って関わるときにも、会話のペースのすり合わせが進められる。あるいは、沈黙がつづくことに居心地の悪さを感じ、「暑くなりましたね」などと言う。こうした言葉は、関係を円滑化し、持続化する働きをもつ。付言すれば、言葉のやりとりがなされるとき、意図せずして、表情、声のトーン、強さ、早さなどがペースのすり合わせに影響を及ぼすことも重要である。

次に、②言葉のやりとりにおいても、感情の生起・変様が起こる。物のやりとりと異なるのは、言葉によって十全にではないにせよ感情そのものを表現できる点である。相手の言葉によって自分の中に特定の感情が生まれる。その感情を言葉によって相手に伝え、それが相手の感情に変様をもたらす。こうした相互性の関係は多くの人が日々実感していることであろう。

さいごに、③言葉を通じた相互性の関係の確認と納得の生み出しについて。まず、関係の確認。人は誰に対しても同じように話すのではなく、相手との関係性に応じて話し方を変えている。そのため、言葉のやりとりのあり方を通じて、相手との関係性が確認されるということがある。もちろん普段は意識されないが、たとえば相手が妙によそよそしかったりすることから関係の変化を感じ取るという場面があるだろう。ひるがえって、普段どおりに言葉のやりとりがなされているとき、そこに意識をむければ、相手との安定した相互性の関係を確認しうる。それゆえ、関係の確認については、物のやりとりの場合と共通の枠組みで理解できる。

他方、納得に関しては、物のやりとりとの違いが前景化する。先に、関連することを二点述べた。一つは、一方が不公平感をもち、言葉のやりとりを通じて互いの納得が目指される場合があること。もう一つは、言葉のやりとりにおいて十全にではないにせよ感情そのものを表現し、互いの感情に変様をもたらしうること。それらを踏まえて、言葉のやりとりによって納得が目指される場面のことを考えよう。たとえば、一方が不公平感をもち、それを他方へと伝え、自らの思いや考えの正当性を主張する。それに対して他方が、場合によっては反論する。こうして、一見すると主張の正当性が競われているようにみえる場面がある。だがもちろん、そこで重要なのは、互いに納得して感情の安定が得られることである。はじめは不公平感を抱いた側の感情の問題であったはずのところ、言葉のやりとりを通じて相手の感情も動き、結果として、互いの納得へと結実するべく言葉のやりとりがなされると言える。

相互性の関係における言葉の特別な役割は、このように、納得そのものを直接に目指してやりとりがなされうることにある。そのようにして納得が得られるということは、言葉をやりとりすることで、関係のあり方そのものを新たに明確化して了解し合うことも可能だということである。場合によっては、両者間で関係についてとりきめる場合もあろう。了解し合うということは、ペースのすり合わせから始まった関係が、言葉の力を借りて、より明確な関係として納得されるということである。そこでの了解は、やはり、「それでよければそれでよい」というかたちのものである。規範的なものが参照されるにしても、そのことに変わりない。社会で生きる人間はいやおうなく共同性の力の影響を受けるのだから、相互的な関係もその影響を受ける。けれども、そこで得られる納得や了解される関係は、あくまで相互性の位相で理解するべき事柄である。これが本節の結論である。

第3節　規範として提示される相互性——位置関係指定の作用とそれによる納得の変質——

「他者にして欲しいことを己も為せ」という言葉がある。これは、「己」と「他者」との相互的関係がどうであるべきかを関係の外部から命じる規範的な言葉である。以下、こうした言葉が志向している相互性の関係のことを「規範として提示される相互性」と表現する。やや分かりにくい表現だが、「すでに規範化された相互性」でも、「相互性に関する規範」でもなく、まさに規範的な言葉が現在進行形で志向しているものとしての相互性を指すために選んだ表現である。本節では、まず、(A)「規範として提示される相互性」が、相互的関係のあり方を指定しつつ、人間同士のあるべき位置関係を指定する作用をもつことについて述べ、次に、(B)「それでよければそれでよい」という納得が、「規範として提示される相互性」を考慮に入れた場合に、どのように変質するかを考察する。

(A)あるべき位置関係を指定する作用について

同害復讐の法としてあまりにも有名な「目には目を」を例にとろう。本章のはじめに触れたように、法的規定は、社会におけるもろもろの規定の中でも特殊なものではある。だが、まさにその特殊性の一つとして明確な言葉で表現される点があり、それゆえ例にしやすいという利点がある。ハンムラビ法典一九六条には、もし自由民が他者の目を損なうなら自らの目も損なわれなければならないとある。注目すべきは、次の条で骨についても同様だと述べられたのち、一九八条では、「賎民」の目や骨を損なうなら銀一マナを支払わなければならないと書かれることだ。

一九六条では自由民と自由民の対等な位置関係が指定され、一九八条では「賎民」が自由民より低い位置に置かれて、金銭との交換関係に入る存在だと指定されている。政治哲学者のデイヴィッド・ジョンストンは、この条項を紹介しつつ、相互性には、「バランスのとれた(balanced)相互性」と「バランスを欠いた(imbalanced)相互性」があると指摘している[7]。一九六条においては人間が対等なものとして扱われているのでバランスがとれており、他方、一九八条では特定の人間が差別的に扱われているのでバランスを欠いているという考えによるものだと理解できる。

筆者も人間の位置関係は対等であるべきだという価値観を共有している。そのうえで述べるなら、一九六条も一九八条も、人間の位置関係を指定するという同じ作用をもつことこそ重要だと考える。「それでよければそれでよい」という互いの納得が得られる関係においては、等価交換関係があるかどうかは通常問題にならないと前節で述べた。他方、「規範として提示される相互性」においては、どのようなものであれ、何と何が等価であるかを規定し、それをもって人間の位置関係の指定がなされる。そのとき、特定の規範が通用している共同体内においては、どのような位置関係の指定であれバランスがとれているとしか言いようがない。一九八条が「バランスを欠いた」ものだと言えるには、別様の規範意識をたずさえた現代の視点から当時の規範を観察し、それを相対化するという力学作用が不可欠である。

　いま述べたいのは、時代・地域に応じて価値観が多様だという類のことではない。「規範として提示される相互性」の出処は共同性であり、差別的なものにせよ対等なものせよ、個別具体的な二者がペースのすり合わせから始める相互性と性質を異にしている点で変わりがないこと、これが述べたいことである。つまり、人間の対等性が言われていれば個別具体的な二者が始めるような相互性に近いということにはならないということである。もちろん、「規範として提示される相互性」にも、人間同士が相互的な関係の中で積み重ねてきた納得のあり方が反映している。現代の法規範を考えてみても、刑事事件の量刑の「相場」は、「世論」の納得のあり方と連動して変わるし、被害者およびその家族の処罰感情が量刑に加味されたりもする。民法に関する事柄では、より強く納得のプロセスが意識されるだろう。だが、それらはいずれも共同性に関する事柄であり、個別具体的な二者間で始められる相互性とは位相を異にしている。

　前節で、ペースのすり合わせから始まる相互性の関係が、言葉のやりとりを通じて明確に了解された関係になりうると述べた。言葉のやりとりにおいて規範的なものが参照されるとしても、結局は「それでよければそれでよい」という納得が目指されるのだとも指摘した。それに対し、「規範として提示される相互性」の作用は、一般的な位置関係を指定することに尽きており、それは相互性の関係における個別具体的な納得・了解のプロセスとは断絶した事柄である。その作用が個別具体的な納得に影響を及ぼすことがあったとしても、そのもの自体は、「一から積み上げて理解する」という方針でみてきた相互性の関係に二者由来のものをもう一つ積み上げれば生じるようなものではなく、それは、もっぱら共同性に由来するものである。これが本節で述べたいことの核心である。

「それでよければそれでよい」という相互性の関係を強調しすぎれば、人間社会に存在するさまざまな力関係によって一方にだけ都合のよい関係が他方に強いられることをどう捉えるのかという問題に直面する。それゆえたとえば、「互いの等しい人格を尊重せよ」、「互いの基本的人権を尊重せよ」という言い方が実際に貴重であるのは言うまでもない。だが、「普遍的」とみなされるこの種の言い方も、長い時間を経てもろもろの社会で規範性を得たものであり（本書「おわりに」で論じる）、人間の位置関係を指定する作用を有する「規範として提示される相互性」の一種だと言うべきである。そして実際、たとえば日本の憲法に、基本的人権は「国民」に付与されるものだと明記されるとき、「国民」とそうでない人間との位置関係もまた憲法の効力範囲内において指定されていると言える。このことの確認を踏まえ、次に進もう。

(B)「それでよければそれでよい」という納得の変質

「規範として提示される相互性」を考慮に入れると、「それでよければそれでよい」というかたちで生み出されうる納得の何が何によって変質するとみなせるか、これを次に考えよう。ここで言う変質とは、理屈上の話であり、もともと純粋だった相互性の関係がその純粋さを失うという類の議論ではない。何度も述べているとおり、人はつねに社会における規定の影響を受けており、純粋な相互性の関係はそもそも存在しない。

前節で、物や言葉のやりとりを通じて相互性の関係が確認されつつ、納得が生み出されうると述べた。そこで、納得がどのように変質するかを論じるには、まず二者間での関係の確認がどう変質するかを言っておく必要がある。それは一言で、個別具体的な二者の関係の確認から、規範性を経由することによる互いの一般的な位置関係の確認への変質である。本章冒頭で触れた例で言えば、個別具体的な育てる人と育てられる人の関係は、規範性を経由させることで、「だから言うことを聞かなければいけない」とか、「だから養わなければいけない」といったことが確認されるような関係へと変質する。さらに、親権という概念をも介在させれば、法的規定に基づく親子関係の確認へと変質する。そのとき確認されている当のものは、特定の親子関係というより、共同性の力を背景としたあるべき一般的な親子関係になっている。

「互いの等しい人格」のようなものが念頭に置かれる場合も、基本的には同じだと言いたい。相互性の関係があるなら、「等しい人格」に類するものが暗黙のうちに前提とされていると考えることもできるが、あえてそれが問題にされるとき、問題にされる当のものは、やはり一般的な人間関係になっているからだ。共同性の力に基づく位置関係の指定が明確に意識され、それが二者間での関係の確認においても前面化するということである。先に、ペースのすり合わせをするような相互性の関係が先立ってこそ、ある時点での〈私〉が形成されると述べた。いってみれば、人と人との関係を生きる〈私〉はつねに形成途上である。そうした〈私〉と別の〈私〉との関係は、位置関係を指定された人格と人格の関係とは論理上分けて考えるべき事柄だが、ここで、前者から後者への変質が起こる、これが言いたいことである。

そのことによって、二者間での納得にもいやおうなく一般的な位置関係の確認が含まれることになる。そのときもはや納得の内実は、相互性の関係において生じうると述べた「それでよければそれでよい」という納得とは明瞭に異なるものへと変質している。くり返しだが、言葉のやりとりを通じて、互いの関係を明確に了解された関係にすることが可能で、そのとき規範的なものが参照されることもある。だが、そのかぎりでは、相互性の関係における納得の材料としての参照であり、納得の内実は規範的に指定されるものを単に受け入れることと等価ではない。いま述べているのは、納得の内実そのものが人と人との位置関係を指定する作用に由来するものとなったとき、それは、やりとりを通じた「それでよければそれでよい」とは異質のものだということである。

もちろん、二つの種類の納得は両立する。互いに「それでよければそれでよい」という納得を得つつ関係を了解したうえ、互いの関係が一般的にどう規定されるかを踏まえた納得を重ねることもできるからだ。だが重要なのは、異なる種類の納得を重ねることが可能だということであって、指定された位置関係の確認に基づく納得は、「それでよければそれでよい」という納得には少しも由来しないということである。両者のあいだには明確な断絶がある。これが本節の結論である。

第4節　断絶としての「指定された位置関係の確認」

さいごに、既成の社会から何かを取り除き、より「自然」な状態へと遡ることによって相互的で自由な社会を構想するタイプの言説をとりあげ、前節の結論を補強する。まず、(A)その構想が水平的社会像に基づくものであることを確認し、(B)その事例としてピョートル・クロポトキンらの議論を参照することで、それが結局は相互性の社会像ではなく共同性の社会像でしかないという理解を示し、本章の結論を述べる。すなわち、共同性から何を取り除いても「指定された位置関係の確認」までしか遡りえず、「自然」で相互的な状態に行き着くことはない、共同性と相互性のあいだにはそうした断絶線があるという結論である。

Ⓐ水平的社会像に基づく社会構想について

規範性の力は、一般的なこととして指定された位置関係の確認とそれを踏まえた納得へと人間をいわば閉じ込めていき、自由な人間関係を阻害すると捉えうる。そうした認識のもと、相互性の関係における「それでよければそれでよい」という納得をイメージとして利用しつつ、共同性の力がもつ抑圧的な作用を社会から取り除くことで、よりよい社会を構想できると考えた思想家たちがいる。高度に体系化された制度とそれを支える官僚機構が整備された一九世紀後半以降、近代国家批判の文脈で、そうした構想が語られるようになった。システムの硬直性、それゆえの抑圧性を批判し、人と人とが互いに納得し合う可塑的な関係の連なりを称揚しようとする発想である。全体の利益の最大化とか、自分たちで決めたわけでない義務の遵守とか、そうしたものから解放され、相互性の関係の自律化を目指す発想、要するにはアナキズム志向の発想である。

こうした社会構想は、しばしば空間的なイメージとともに語られる。共同性の力は、相互的関係に対して「上」から規範性を持ちこむものとイメージされる。そのベクトルは垂直的である。対して、人間が互いに納得し合う関係の構築は、水平的とイメージされる。第5章・第6章で論じるが、私たちが社会をイメージするとき、垂直的な力が働いているイメージをもつこともあれば、水平的な関係が網状に連なるイメージをもつこともある。たとえば、国家領域と外延を等しくする社会全体のことを考えるときには、通常、垂直的な力がイメージに入り込む。他方、たとえば、互いにフォローし合うソーシャル・ネットワーキング・サービス（SNS）において「一つの社会」

が成り立っているとみなす場合、水平的関係の網状的連なりがイメージされるだろう。ただし、実際にはＳＮＳにも管理者がおり、水平的関係で完結した仕組みではないのだが。

それを踏まえて言えば、いま話題にしている社会構想は、すでに成り立っている社会から、垂直的とイメージされる力関係を取り除き、水平的な関係の連なりだけで社会を構想できないかと考えるものだと整理できる。[8] こうした発想は、現前の社会のありようを批判し、それを相対化する視点をもたらす点で貴重なものである。そのうえで述べたいのは、こうした水平的社会像は、相互性を称揚しているようにみえて、実際には共同性を称揚しているにすぎないということである。なぜなら、水平的社会像に基づく社会構想もまた、「規範として提示される相互性」を議論の中にいわば密輸しており、その作用である「位置関係の指定」を批判するところまではけっして進まないからだ。事例とともにそのことを確認しよう。

Ⓑ水平的社会像探求の事例と結論

人類の歴史においてつねに「相互扶助」がみられたと主張する社会思想家のクロポトキンは、個人主義や、孤立した家族を人間の原初的な結合の仕方と見なす立場（ホッブズら）を批判し、家族という単位や、個人をベースとした社会像は、人類において非常に浅い歴史しかもっていないと指摘する。その狙いは、近代国家を批判し、脈々と生き残ってきたような「自然発生的な」相互扶助を称揚することであり、たしかに、人と人とが相互性の関係の中で助け合うことに価値を置いた思想と言える。

だが、個人主義をも同時に批判するという立論からも分かるように、クロポトキンが称揚している当のものは、歴史上存在してきたという相互扶助を基礎とした共同性である。その最大の証拠に、クロポトキンが「相互扶助」の実現していた社会の実例としてあげるものには、ほとんど必須のこととして、独自の裁判機構がそなわっている[9]。それがどんな内実のものであれ、裁判機構をもつ社会は、垂直的力の働く社会である。それはすなわち、二者間の相互性の関係に対して共同性の力を働かせる社会である。

つまるところ、クロポトキンの議論は、近代社会にみられる特殊な共同性を批判して（この「特殊な共同性」をめぐっては第5章で論じる）、より自然的な相互扶助の共同性を称揚することにしかならず、その限界を超えることはない。近代社会においては、個人および家族を単位として、各々が利益を求めるような社会像が想定されるゆえ、資源と権利とを差配する強力な主権が必要とされる。それはたしかに有無を言わさぬ力である。だが、それを批判しつつ提示される、より「自然的」と目される共同性においても、同形の力の働きがあることに変わりない。社会に裁判機構があるということは、前提として、係争に関係する人の位置関係の指定が了解されており、当事者たちが互いの位置関係の確認を規範性経由でおこなっているということである。

そうした確認は一般的な位置関係の確認であり、前節でみたように、相互性の関係から生じるようなものではない。クロポトキンは、たしかに垂直的な力を批判して水平的な社会を探ろうとするのだが、その探求の結果としてみつけられている社会像は、どこまでも共同性の社会像であって、相互性から生まれるような社会像ではない（それゆえ、クロポトキンの立場は「アナルコ・コミュニズム」などと呼ばれており、要するにはコミュニズムである）。近代国家を批判し、より自然的な社会像へと遡ろうとしても、本章でみてきたような「それでよければそれでよい」という納得が生まれうるような、そうした相互性にまでは遡れないのだ。

クロポトキンの議論が不十分だと批判したいのではない。こうした議論が、原理的に同じような結論になると述べたいのである。理由は、既成の共同体から何を取り除いたところで、相互性の連なりには至らないからである。

同種の論として、国家の中枢と結びついた中央銀行が発行する貨幣の使用をやめて、相互性の関係の中で独自の通貨を発行するなり、物々交換をするなりして、その輪を拡げていけば相互性に基づく社会が実現する、という方向のものもある。だがその場合でも、交換に関わる人間は、互いに自らの意思で商行為をおこなえる者同士として、「等しい人格の尊重」をおこなうべき（そうでないなら、裁判機構が必要になる）という話になっていく。やはりここでも、商行為に関わる二者に対し、相互性を出処とはしない「指定された位置関係」が確認されるべきものとして課せられているのである。

さらに言えば、社会について考察しようという議論一般において、そこで生きる人間の像に、すでにして「指定された位置関係」が盛り込まれているということがきわめて多い。それは、社会においてすでに効力をもっている共同性の力がその結果として実現しているものを初期設定に紛れ込ませることにほかならない。そうした設定のもとに相互性の関係の重要性を強調する議論は、結局のところ、共同性の力が順調に働くべきことを主張するものへと転化していく傾向をもつ。そうした議論に対し、本章で試みたのは、相互性概念でこそ理解するべきものの領域確保である。

結論を述べよう。一般的なこととして指定された位置関係の確認、これを境にして、一方には、個別具体的な二者間のペースのすり合わせから始まり、互いの納得に至るような、相互性の概念で理解するべきことの領域があり、他方には、二者間の関係を一般的なこととして指定する力をもつ共同性の概念で理解するべきことの領域がある。前節末で述べたように、相互性における納得に共同性を出処とする納得を重ねることは可能である。だが、相互性の領域と共同性の領域とは断絶している。相互性に何を加えても共同性にはならないし、共同性から何を取り除いても相互性にはならない。

第2章　家族の共同性と社会

はじめに

消費は生産に先立つ[1]。「働かざる者、食うべからず」という言葉があるが、幼少期から長く食べつづけてきた人しか働きはじめることはできず、その後も日々の消費によって肉体を維持しなければ、働きつづけられない。他方、消費されるもののほとんどは、先立って生産され、交換を経て手元にやってきたものである。すると、生産こそが消費に先立つとも捉えうる。そのとき考慮すべきは、消費を人に代行してもらうことはできないが、生産は代行可能だという点である。誰かの生産は〈私〉の消費に先立つかもしれないが、〈私〉の消費はかならず〈私〉の生産に先立つ。

逆に言えば、人のために消費することはできないが、人のための生産ならできる。だが、人のためにだとしても、誰のためにでも生産するわけではない。この事実が本章の出発点になる。代行がなされる範囲のことを共同性の範囲と呼ぶこと、これが可能だと言えるからだ。本書において、共同性とは共に生きる人間集団にみられる性質と捉える。共同体において人びとは、必要事を互いに代行し合うことによって共に生きているものとイメージすることができる。

共同体のあり方は多様である。一つには、それが地域共同体なのか職能共同体なのかなど、どんな種類の共同体であるかに応じて。もう一つには、同種の共同体、たとえば同じく地域共同体であっても、文化を背景にして、何をどのように代行し合うのかが異なるという意味で（なお、文化は代行にだけ関わるのではない大きな主題であり、本書で本格的には考察できないが、本章での死と世代間継承の議論、次章および第5章での共同性と社会性の緊張関係の議論で一部論じる）。だが、いずれにせよ特定の人びとにおいて共に生きるという想念が効力をもっていること、これを共同性の内実と捉えたい。当事者たちが想念の共有を実感している、または反省的にそう捉える場合、あるいは、観察者が想念共有の実効性を見いだせる場合、それらのときに共同性が成り立っているとみなせる。これが本書の立場である。

前章で、共同性を相互的関係に対して外から働く規範性の力の源泉と位置づけた。相互性概念でおさえるべき人間関係に焦点を当てた場合、共同性がそれに対してどのような作用をもつかという議論枠組みである。対して本章では、共同性そのものについて考察する。そこで主題として、多くの人がそこに生まれて幼少期を過ごす家族を選び、家族の共同性がどのようなものであるか、また、それが社会の中でどのような位置づけにあるかを論じたい。そうすることで、人が人と生きることを理解するときにまずおさえるべき二概念、すなわち相互性と共同性のうち、後者の位置づけを明確化し、次章以降の議論の基盤としたい。

だが、共同性を有する人間集団の中でも明らかに特殊と言える家族を主題とする理由は何か。それを説明するには、さっそく本論に入るのがよい。そこで第1節で、共同性と社会性の区分について短く説明したのち、家族を主題とするべき理由を述べることとする。それは一言で、「期限の定まりなき消費の共同性」としての家族が、特殊でありながら鮮明に共同性の特質を帯びているというものだが、その内実については、次の第2節で明らかにする。第3節では、社会の中で家族がどう位置づけられてきたのかを整理し、公的なものに対する私的な場としての家庭の位置づけについて述べる。さいごに、第4節では、「個人」が重視され国家の存在感が増大した近代社会の進展に伴うプライバシー状況の変化について述べたのち、家族と社会の変化の連動について短く述べて、結論に代える。

第1節　家族を主題とする理由

家族の共同性について考察しようとすると、家族と社会全体との関係を視野に入れる必要が生じる。そこで本節では、(A)共同性と社会性の区分について短く述べ、それをステップとして、(B)家族を主題とする理由を整理し、つづく節への導入とする。

(A)共同性と社会性

社会性については、第Ⅱ部で本格的に論じるが、ここで必要なかぎりにおいて、共同性との違いを説明したい。まず、序でも述べたが、共同性および社会性の概念は、分類的な区分に基づくものではない。つまり、人間集団について、これは共同体で、あれは社会だという分類をするために持ち出している概念ではない。したがってまた、歴史的な先後関係を問題にした区分でもないので、共同体から社会が生成するという見方を本書で採用しているのではない。歴史をつらぬいて、一定程度の持続性を有する多くの人間集団において同時に働いてきた二つの別種の力として分析的に取り出せる、そうした論理上の区分として両概念を導入している。

そこで、共同性の概念にとって重要なのは、その実質を成すのが、どこまでも人びとだという点である。私たちが生きているとき、かならず「人と人」すなわち相互性の関係だけでなく、「人びと」すなわち共同性を生きることになる。共に生きる人びとの中に生まれ、その中で生きていくことになるからだ。そうした人間集団において発生する想念の位相における力の性質のことを共同性と呼んでいる。

他方、社会性とは何か。もちろんのこと、社会を形成するのも人びとである。しかし、社会性という概念をあえて持ち出すとき、本書においては、すでに体系的なものとして成り立った社会の性質のことを指す。これは、想念の位相における力ではなく、実際に領域的全体性とそれをカバーする制度が成立しているときに働いている力の性質である。たとえば今日の「日本社会」のような近代国家の成立を前提とした社会の性質と捉えれば理解しやすいが、歴史上、社会のありようはさまざまである。そこで、多様な形態をとりつつも領域内の多数の無縁の人びとに対して制度的構築性の力が働いているような社会、それがもつ性質をこの概念でおさえるということである。

(B)なぜ家族か

さて、家族を主題にする理由は何か。まず、冒頭から述べているように、①消費しつづけることこそ人間が生きる条件であることから、その消費の場と目される家族において成り立つ共同性の理解が重要であること。次に、

②家族の共同性は特殊なものでありつつも、共同性とは何かを理解するときの本質的側面があらわれていること。そして、③とはいえ、さまざまな共同性と家族の共同性とは異なっており、その異なりを社会における家族の位置づけという枠組みで理解することで共同性全般についての理解に一定の見通しを与えられると考えること。以上の三つが理由である。それぞれについて、関係する問題意識を中心に短く述べたい。

①消費の共同性としての家族。[2] 先に、生産の代行の範囲に共同性があると述べた。共に生きているという想念が効力をもつ範囲での共同性である。近代において、国民国家と呼ばれるものが成立し、それを大きな共同体と捉える傾向が前面化したと言われる。先の用語で言えば、社会性が成り立つ範囲を一つの大きな共同体とみなす傾向である。そうして、社会において生産に関する機能分化がなされ、生産者が互いにモノやサービスを交換するというイメージに基づく社会分業論のような議論が登場した。[3] そこで社会を形成する単位は、個々の役割を担った生産者=交換者とイメージされる(法人等については第Ⅱ部で論じる)。だが、冒頭で述べたように、先立って継続的に消費しているのでなければ、そうした存在にはなれない。それゆえ、消費はするが生産・交換の世界に参入していない存在、代表的には年少者をも含むものとしての「消費の共同性」が、社会秩序についての哲学にとって優先度の高い考察対象となる。

②家族にあらわれる共同性の本質的側面。先に、共同性と社会性の区分について述べた。家族を成すのは人びとである。その共同性は、制度や領域を念頭に置かずとも言える共同性だという点が重要である。もちろんのこと、家族の位置づけを社会的に安定したものとするには制度が求められるが、それは補完的役割を果たすものであり、制度の強制力を考慮に入れなくても、共に生きるという想念は十分に効力をもつ。また、歴史的にみれば、家族にとって所有地こそが重要だったと言える場面があり(所有を主題とする第4章で触れる)、所有地を家族の「領

域」とみなすこともできるが、それなくして家族は成り立たないということではない。家族の共同性は、たとえば成員が離れて暮らすようになってもただちに消滅するようなものではなく、成員こそが成しているという性格が色濃い。

さらに、家族においてしばしば世代間での共同性の継承と呼ぶべきことが起こる。そうして、家族において、期限の定まりなき共同性の想念が成り立つが、これこそが共同性というものの大きな柱である。社会性に関する事柄には日付がある。制度がいつ成り立ち、それがいつ大きく変わりというかたちで、絶対的な区切りでないにしても、開始と終了を指摘できる側面がある。他方、共同性において重要なのは、共に生きると想像できる人間集団の区切りなき永続性のイメージである。家族には、そうした意味での共同性の性格が鮮明にみられる。それゆえ実際、さまざまな共同性が家族との類比で語られる。分かりやすい例は、「国民はみな家族である」という言い方である。共同性の「本質的側面」ということで念頭に置いているのは以上のことである。

③社会における家族。先に触れたように、前章では共同性を規範性の源泉として位置づけた。そこから展開して本章で指摘するべきは、複数の共同性のあいだに規範性をめぐる諸関係があるという点である。家族の共同性に対し、社会全体において成り立っているとみなされる共同性が規範性を持ち込む。それは、家族の共同性がそうした規範性を受け入れるのに適した性質をもつがゆえだと考える。このことを明らかにするには、「消費の共同性」の内実に明確な言葉を与え、それが社会においてどう位置づけられてきたのかを論じる必要がある。

以上が、家族を主題とする理由である。次に、期限の定まりなき消費の共同性としての家族の内実をみることにしよう。

第2節　期限の定まりなき消費の共同性としての家族

家族の成員間には相互性の関係がある。前章で述べたように、人は経験の根源において自分を育てる人と相互性の関係をもつが、多くの人はそれを家族内のことととして経験する。そのとき、人はすでに家族であるところに生まれている。そして、その人が育てられるということによって家族のあり方は変化していく。そうした家族のことを考察するには、共同性の概念が必要である。成員が三人以上であればもちろん、二人から成る場合であっても相互性の概念では説明できないものが家族とみなされる集団にはある。本節を通じて明らかにしたいのは、それがなぜなのかということである。

一つ断っておきたい。家族のあり方は非常に多様である。それゆえ、本章の議論に対し、筆者はいわゆる近代家族だけを念頭に置いているのではないかという疑問が湧くことだろう。だが、いずれにせよ家族とみなされる集団は相互性の関係だけからは成り立っていないことに本節の関心はある。たしかに、近代家族においてこそ明瞭にみられる家族の特質を論じるが、それが特殊だとしてもきわめて広範にみられるようになったことにも理由がある。その大きな理由がまさに、ここで論じる家族の特質をシンプルなかたちで有することだと筆者は考えている。

以下、(A)家族における二者間関係が期限の定まりなきものであることについて述べ、それを踏まえて有限な時間を共に生きることの意味へと議論を展開させる。そこでまず、(B)時間の部分的一元化という論点から家族をめぐる規範性へと論を運び、ついで、(C)人が死する存在だという論点から「消費の共同性としての家族」という像を描く。

(A)期限の定まりなき二者間関係

　期限の定まりなき共同性の想念、これが家族において成り立つ所以を考えるにあたり、まずは家族に含まれる二者間関係の期限の定まりのなさを論じたい。とはいえ、ここで展開するのは、相互性の関係から共同性がいかに発生するかという議論ではない。また、共同性は、複数の相互性を総和したものでもない。前章で述べたように両概念は断絶している。ここでみたいのは、家族における二者間関係の特殊性を考えたとき、その核には「期限の定まりのなさ」があるということである。論じるべきは、家族の核としての、①パートナー関係、および②親子関係である。もちろん、この二つの関係だけで家族内の人間関係すべてをカバーしているわけではない。いわゆる核家族のことだけを考えても兄弟姉妹関係がすぐに思いつくし、少し家族形態の多様性を念頭に置いただけでも、より広い親戚関係、さらには使用人との関係をはじめ、さまざまな人間関係のことを考えなくてはならないと思わされる。だが、子が安定的なパートナー関係のあるところに生まれ、もって親子関係が生じるという構造は十分広くみられるので、これらの関係を核に考察する。

　まず、①パートナー関係。家族的とみなされる人間集団内部のパートナー関係について論じるには、婚姻関係から考えるべきである。制度としての結婚は本質的には財産制度であり、そうであることに応じて、今日においても、婚姻関係以外の、しかし家族的とみなしうるパートナー関係について議論されるとき、婚姻関係との異同が問題になる。婚姻関係から考えるべき理由は、そのようにして実際それが基準としての役割をもっているからであり、それを標準的な家族的パートナー関係とみなすべきだという主張に基づくものではない。

　さて結婚とは、ある種の契約である。契約は通常、明確な期限を定めて結ばれる(次章参照)。婚姻関係が特殊なのは、終了の期限が定められない契約関係であるという点にある。ひるがえって、この特質をそなえたパートナー関係は、法的なこととは別に、家族的とみなされる傾向にある。二者が同性だったり異性だったり、同居していたりしていなかったり、家計を同一にしていたりしていなかったり等々のヴァリエーションがありつつ、期限の定まりなく共に生きることが志向されている関係である。たとえば、民事連帯契約が制度化されている国があるが、それが期限に関する点で婚姻関係と異なるのは、手続き上の終了のしやすさであり、当初から終了時点を予定する契約が志向されるわけではない。相互性の関係において、「それでよければそれでよい」という関係の了解がなされうると前章で述べた。だが、実際に多くのパートナー関係がほかでもなく家族的とみなされる。そのときの指標は、関係の永続についての想念の共有が見いだされる点だと考えることができる。

次に、②親子関係。先に触れたように、子供は多くの場合、すでに家族であるところに選択の余地なく生まれ、共に生きることに参加していく。もちろん、養子縁組等もあるが、その法的規定においても、選択の余地なく家族に生まれてくることになるべく近づけようとする発想がみられる。たとえば日本では、元の親子関係の解消を伴う「特別養子縁組」をおこなう場合、子が一五歳未満でなければならないと規定されている（近年の法改正以前は六歳未満であった）。親子関係は、社会的観点からすれば、子供の養育の責任を永続的と目されるパートナー関係へと割り振ることを基本としてなされる（次節参照）。それゆえ、法的な養育義務は子供の成人までという期限をもつ。しかし、通常そこで親子関係が終わることは予定されない。その意味で、親子関係にも期限の定まりのなさを見いだすことができる。

子供がやがて成長し、誰かとパートナー関係を結び、新しく家族を形成する場面を考えよう。そのときでも、理由がないかぎり親子関係は維持されるし、もともと一員であった家族から離脱するということにはならない（世帯は別になったとしても）。会社を退職すれば、その集合性からただちに離脱することと対照的である（第6章で論じる）。それから、子が形成する新しい家族に子供が生まれたのち、幼子からみた祖父母が養育に参加する例が広範にみられることも重要である。[4] そのとき、新たな家族的関係が、祖父母と孫のあいだにも生まれ、それにも期限の定まりはない。ここでは、そうした期限の定まりなき二者間関係が家族内にみられることを確認したので、次に進もう。

(B) 時間の部分的一元化と家族をめぐる規範性

期限の定まりのなさは、共同性全般にとって本質的な事柄である。たとえば、村落共同体や職人共同体の「消滅」がことさら問題にされたりする。そこに典型的にあらわれるように、共に生きるという想念を軸とした共同性は、維持されるのが当然だという規範性を振りまく。相互性の関係が「維持されうる」ものだったのに対し、共同性は維持されることへの当然視がセットになってこそ成り立つ。区切りなき永続性のイメージである。そこで家族内の二者間関係について改めて考えれば、パートナー関係や親子関係は、単に事実のうえで一定期間維持される傾向にあるだけでなく、維持されて当然だという社会の当然視の対象となっている。それゆえに、二者から成る家族であっても、それはすでに共同性を有しているものと捉えられる。そればかりか、家族にこそ共同性の本質的側面が鮮明にあらわれる。

それはなぜか。一言で言えば、人間がそれぞれ有限な時間を生きるという根本的条件と関係しているからだと考える。時間の有限性を生きる人間が、期限の定まりなく特定の人と共に生きること、これが家族において前面化する。そこで、時間の有限性とは何か。一つには、①それぞれ一日二四時間しか生きられないという意味での有限性、もう一つには、その先にあることとして、②かならず死を迎えるという意味での有限性である。まずここでは前者についてみよう。

①それぞれ一日二四時間しか生きられないという意味での有限性。共に生きることを志向していると捉えられる家族内関係において何がなされるかと言えば、等しく一日二四時間しかない時間を一つの配分・管理のもとに置くことである。もちろんのこと程度の差がありつつ、各人の時間は、広義の家事をめぐって部分的にではあれ一元化される。[5] 日常生活の維持、季節の移ろいに応じた準備、社会生活の維持のための諸事、特別なことが起こった場合の対処等々である。これが継続的になされている場面を観察すると、人はそこに家族的なものを見いだすし、当事者が家族の共同性に現実感をもつときの核もまた多くの場合はここにある。

ところで、こうした時間の部分的一元化が尖鋭的に意識されるのは、養育、看護、介護、それから緊急に扶養が必要になるなどの場合、つまり、各人が自らの時間を融通し合う必要が生じる場面においてである。これらは、家族外の人に全面的に代行してもらうことが困難な営みである。たとえば、家族が感染症にかかって通常よりも人手が必要なとき、ほとんどの家事代行サービスは利用できないなどの事情がある。そうして、このような場面において、家族の成員がそれぞれ有限な時間を使って事柄に対処する必要性がとりわけ意識される。

先に、子が新しく家族を形成したとしても、もともとその一員であった家族から離脱することになりはしないと述べた。たとえば親の介護等の必要が生じた場合に、すでに社会の中で独立して生きている子が時間の融通をするという事態が一般にみられる。そして、それが社会的に当然視される傾向にもある。これは言い換えれば、共同性を維持しようとするのは当然という見方であり、先述の、共同性は「維持されるのが当然」という見方と表裏一体的であるという意味で重要である。

前章で、相互性の関係に対して規範性をもたらす力の源泉は共同性だと述べた。それを踏まえて、ここで規範性について二つのことが言える。一つには、次節の主題だが、大きな共同体と目される社会の規範性が効力をもち、家族内の相互性の関係に対して規範の効力を発揮すること。たとえば、子供を養育するのは当然であるとか、親を介護するのは当然であるとか。これが規範性に関して起ることの基本である。もう一つには、家族の共同性が、そうした社会の規範性のいわば媒介になること。各人にとって、時間を融通する必要性は、社会の規範性ゆえのことというより、家族内における当然のこととして意識される傾向が強い。それは、期限の定まりなく各人の有限な時間を一つの配分・管理のもとに置くことの現実感ゆえだと考えられる。本当のところ規範性は家族の外からやってくるが、家族の共同性は、いわばそうした規範性を受け入れる土壌をなしている。そうして、家族そのものが規範性を吸収した共同性とみなされていく。そういうことが起こっている。

ただし、「当然視」が歴史の中で形成されたものであるのは言うまでもない。中世ヨーロッパの農村において、老いた者が保有地を相続人に与え、代わりに面倒をみてもらう契約がしばしば交わされたという。そのとき、相続人は息子であるケースが多かったが、別の世帯の者でもありえた。そこで、息子と相続契約を交わす場合であっても、衣食住の保障をするなどのとりきめがなされた。興味深いのは、当時の説教や物語において、そうした保険をかけずして息子に土地を渡してはならないという警告が登場することである。[6] このように、家族内関係がどのようなものと捉えられるかは社会に応じて多様だが、いまの話で「警告」がなされていることからも分かるように、議論の焦点は、やはり規範性をめぐる問題である。

⒞死する者たちの消費の共同性としての家族

さて、②かならず死を迎えるという意味での有限性という論点に移ろう。期限の定まりなく各人の時間を一つの配分・管理に置くということは、強く言えば、死するまでの時間をほかでもなくその共同性へと結びつけることである。そうやって成り立っていると想像される共同性は、家族の成員が没しても存続すると捉えられる傾向にある。そうして、世代をまたいで家族の共同性が存続するというイメージが成り立つ。これは、明らかに相互性概念では説明できない事柄である。生と死とによって成員が替わりつつも維持されるのが当然だというみなしを含んだ共同性全般の特徴、これが家族において明瞭にみられるというわけである。

だが、なぜ死が問題か。それは、家族が消費の場であることに関係する。本章の冒頭以来述べているように、先立って消費しつづけているのでなければ、人は生産できない。そのことから、多くの子供がそこに生まれてくる場としての家族に「消費の共同性」の機能があることは半分まで理解できる。家族もまた一種の社会だという言い方があるが、[7]もちろんのこと社会全体にみられるような制度的構築性は家族には見いだせない。けれど、「大きな共同体」としての社会で生産の代行がおこなわれるのに似て、もっぱら消費する子供のために年長者が生産活動を代行しているという理解ができなくはない。しかし重要なのは、残りの半分であり、それが死にこそ関係する。

死とは、消費することの終わりである。特許や印税のことを考えると、場合によっては死者も生産すると言いうるが、消費に関してはできない。各人が、やがて死するまで期限の定まりなく家族の共同性に身を置くなら、それは消費することの終わりまで一つの共同性に身を置くことである。ひるがえって、生きているあいだの家族の共同性とは、子供にかぎらず、成員みなが消費しつづけることを核にした共同性だと言いうる。この点で、「大きな共同体」とみなされた場合の社会と家族とは異質である。

消費は、代行されえない単独者の営みである。死によってそれが終わるまで、自分の消費はつねに自分が消費することでしかありえない。そこで、各人の時間を一つの配分・管理のもとに置いて家事を分担し、生活を維持しているとき、何がおこなわれているかと言えば、一人でしかできない消費を共におこなうことである。共に生産することは集合的営みである（第6章参照）。他方、共に消費するとは、けっして集合化することのない単独の営みを、にもかかわらず共におこなうことである。こうした営みが永続性をもっておこなわれる場、それが消費の共同性としての家族だと言うことができる（なお、成員が没しても永続するものとしての家族については、所有について論じる第4章において「名声」の継承という文脈で触れる）。

念のために言えば、これは家族を讃美する道徳的主張ではなく、家族においてこそ共同性の本質的側面が鮮明にあらわれることの理路の提示である。もちろんのこと人は家族の共同性から離脱することもできる。だが、それは生産活動の場からの離脱よりは一般に困難である。また、実際上のこととして、もろもろの共同性が家族との類比によってこそ語られる。いま述べてきたことに対し、ある時代・地域においては消費の共同性の場が家族ではなかったという種類の反論は当然ありうる。だが、そこにも共同性が成立していたはずで、その共同性が今日広くみられるもので言った場合に何の共同性と似ているかと言えば、家族のはずである。そのことの核には、一人でしかできないことを共におこなうという逆説がある、これが本節の結論である。

第3節　社会の中での家族の位置づけ

家族の共同性について考えるには、社会の中での家族の位置づけについての考察が不可欠である。本節では、(A)公的領域と私的領域の分離とその意味について整理したうえ、(B)家族におけるプライバシーの意味について考察し、最終的に家族をどのようなものとみなせるかを明らかにして、次節へと論を接続する。

(A)公的領域と私的領域の分離とその意味

あるとき、私的領域は公的領域から切り離されたものと捉えられるようになった（念のために断れば、この「領域」区分は概念上の区分であり、先に、物理的な意味での領域なくしても家族は成り立つと述べたことと、家族が概念上、私的領域に区分されることとは両立する）。現在においても、たとえば日本の民法には、「夫婦間でした契約は、婚姻中、いつでも、夫婦の一方からこれを取り消すことができる。ただし、第三者の権利を害することはできない」という条文がある（第七五四条）。公的領域としての社会において当然のことと認められる一般的な契約関係から、私的領域である家族内の関係（夫婦関係）が除外されるということである。あるいは、しばしば指摘されるように、家庭内で起こる暴力・虐待に警察等の公的権力が積極的に関わるようになったのは、つい最近になってからのことである[8]（まだ介入が不十分だという意見もしばしば表明されるが、この変化の意味については次節で論じる）。家庭内のことは私的な事柄であり、公的権力の及ばぬものとされてきたのである。

ただし、いま述べたような公私領域の分離は、社会のあり方の一形態にすぎず、それが発明されて以降、一貫して普遍化する方向へと進んできたという類のものではない。一般に、単一の制度主体がいわば屹立するかたちで制度的構築性の力、すなわち社会性の力を発揮するような社会において、公的なものが何であるかについての解像度が増す。そのとき、それと切り離された領域もまた明瞭化し、もってその領域が私的な性格を帯びるという傾向にある。第5章でも触れるが、複数の制度主体が重層的に制度的構築性を発揮する社会、いわば諸社会のベン図のような社会形態の場合、公的領域が単一のものとしての像をもちえないため、私的領域もまた明瞭化しないということがある。中世ヨーロッパなどはそうした社会だったと理解でき、そこではプライバシー概念が有効には機能していなかっただろう。以上、注意を払ったことで十分とし、話を進めよう。

私的領域としての家庭は、単に公的領域から切り離されただけではない。社会において誰かが対処しなければならないと目される事柄の一群が、私的領域で対処するべきものとされてきた。一言で、消費の共同性において対処するべき事柄だという割り振りである。社会における当然視を踏まえた法制度によって、そうした割り振りは固定化される。たとえば日本の生活保護制度は、親族の扶養義務が先、ついで生活保護の受給の可能性が開かれるという順序になっている。その「親族」とは、同居家族や生計を共にする家族だけを指すのではなく、まさに前節でみたような期限の定まりなき家族たちのことである。これは、共に生きると目される消費の共同性に対して、社会的な責任の割り振りがなされることの一例である。先に、養育、看護、介護等において、家族内での時間の配分・管理の重要性が尖鋭的なかたちで前面化すると述べた。そのとき家族内で対立が生まれもするだろう。その背景には、社会が家族に対し、手助けを必要とする人への対処という社会的機能を割り振るのみならず、それをして当然だという規範性を振りまくことによる圧がある。

ところで、家族は社会の単位だという言い方がある。[9] 前節でみたように、家族の共同性は、「大きな共同体」としての社会の共同性とは異質である。にもかかわらず、家族は社会の単位とみなされもする。そうした発想はいわゆる家父長制と親和的である。それは大雑把に言えば、結婚により、公的領域と私的領域の両者で生きる家父長と、ほぼ私的領域にだけ生きる配偶者が家族をなし、そのいずれかになる存在として子供が再生産され、そのことが社会の安定性を支えているという図式である[10]。

社会の生産・交換活動に関わるとされる家父長の存在を軸に捉えるなら、そうした存在を含む家族を社会の単位と捉える見方もたしかに成り立つ。家族に割り当てられた社会的機能のうち、歴史的に最重要視されてきたものが、社会の維持・安定のための再生産であるのは疑いない。たとえば、よく知られるように、ローマ法において婚姻とは父の指定であった(子の母が誰であるかは事実的にも法的にも長らく自明だったという前提がある)。これは、養育の責任を、父を含む家族へと割り振る発想である。それを柱にして、家族を、生命の維持管理に必要な消費、およびそれに伴うさまざまな困難への対処をなすべき機能的単位と捉える見方が成り立ちうると言える[11]。

社会の単位としての家族という発想は、「世帯」という概念に端的にあらわれる。それは、主に経済的観点から家族を眺め、税の徴収等の単位として管理しようという発想に基づく。そのとき、「単身家族」とは通常言わないのに対し、「単身世帯」とは言う。ここには、人はみな世帯員であるとして一様に管理する発想があらわれている。税の徴収という関心からすれば、生産活動をおこない、収入を得る者を世帯の中心とみなすことに合理性があったということだろう(なお、関連することとして、名字の継承と徴税の関係について第4章で触れ、社会制度の根幹としての税制について第5章で論じる)。

以上述べたような発想は、社会の側に視点を置けば、公的領域から家族を切り離しつつ単位とみなす合理化の発想だが、家族の側に視点を置けば、私有財産の保守を中心とした実利と結びついており、それが公私の領域分離が維持される有力な要因になってきたと言える。現代においても、どのような婚姻関係、およびそれに似た関係を法的に認めるかという議論で、相続権の問題が重要な論点の一つになるが、消費の共同性を維持することに資する相続は、家族にとって大きな関心事でありつづけてきた。家族の成員が自ら意思決定できない状態になったとき、医療的処置への同意を与えるのが基本的には家族であるということも重要である。これは、社会の側からすれば、意思決定の結果に対する責任を家族へと割り振ることであり、家族の側からすれば、消費の共同性の維持に関わる重要事の決定権を家族内に留保することである。

他方、社会と家族のあいだに、潜在的な、ときに顕在化する緊張関係があることも重要である。相続税と相続権とは、社会と家族・親族とのあいだの配分の問題であり、最終的には前者の側にしか配分の決定権はない。たとえば、かつてのフランスに「他国者遺産没収権」と呼ばれるものがあったのが、分かりやすい事例である。それにより、外国出身の定住者の土地財産等は相続されない定めになっていた。相続にかぎらず、養育、看護、介護等をめぐる負担や費用のことを考えても、社会と家族のあいだには、つねに配分をめぐる潜在的な緊張関係が存在する。そうして、社会が配分のあり方を決定するが、決定の場としての公的領域に、何らかのかたちで家族の成員の一名以上が参与するための制度が整えられもした。消費の共同性としての家族が、社会の中で機能をもった単位とみなされ、その「みなし」が維持されたというのは、こうした社会と家族の関係の理屈に基づいてのことだと理解できる。

(B)家族におけるプライバシーの意味

以上でみた公私の領域分離を踏まえると、前節で述べた「消費の共同性」としての家族の考察に何が加わるか。それを、家族におけるプライバシーの意味という観点から理解したい。

このことに関し、松永澄夫がいくつも重要な指摘をしている。まず、①「繰り返し肉体が帰ってくる場所」である「ねぐら」があってこそ、人の日常性が保たれること。次に、②「必ずや無力な肉の塊として生まれる赤ん坊が世話されて大きくなってゆく過程は、そのような安全な世界での出来事であるべく求められている」こと。そして、③そこで幼子が「自分に向かう人の力」、すなわち「離れたままで人に働きかける力」である「情緒的な力」に出会うことに重要性があること[12]。それから、別の論文で指摘される、④家庭が「家族の誰にとってもプライベートな場所を提供する」こと。⑤そこで人は、「プライベートな事柄の原点である」「食べ、眠り、排泄したりなど」の肉体的営みをするが、そのとき「社会的役割などは消えて、丸ごとの自分が存在せねばならない」こと[13]。以上の指摘である。

要約すれば、家族の成員たちが社会的機能以前の肉体であることがあらわになる場所、それがプライベートな空間としての家庭であり、その安定的日常性の中で、とりわけ幼子への情緒的な働きかけがはじめて可能になるという指摘である。注目したいのは、「帰ってくる」場所としての私的領域において、公的領域としての社会での役割が「消える」と表現されることである。前節では、基本的には家族の共同性そのものについて、本節(A)では、社会の中での家族の位置づけについて述べたが、この松永の指摘を踏まえて述べたいのは、家族およびその成員が社会的機能をもつことを前提にしたとき、その機能が消えつつ帰る場所としての家庭とは何か、ということである。

そこで比喩的だが、家族の表層と内奥という言い方を採用したい。表層とは、外側からみられるかぎりの、という意味である。機能的単位、税の徴収等の単位とみなされるとき、家族はその表層がみられている。家父長制イメージにおいて、社会的機能をもった生産者＝交換者すなわち家父長の存在を媒介に、家族は社会の単位だという見方が成立すると述べたが、そうした合理化の発想が成り立つのも、もちろん家族を表層において捉える視点ゆえである。

さて、家族の「内奥」とは、松永の言葉を借りれば、日常性の基盤となる「帰ってくる」場所、社会での役割が「消える」場としての家庭である。新たに家族を築くのは、すでに社会で何らかの役割をもって生きている人である。その多くが、すでに家族において、幼子のときから、多かれ少なかれ情緒的な力に出会ってきているだろう。内奥をみた場合の家族形成とは、日常的に自らを社会から切り離す場を構築し、自分が出会ってきたような情緒的な力を引き継ぐことだと言える。それは、表層をみた場合に言える「再生産の機能的単位」という枠組みには収まりえない事態である。社会的機能が消え、肉体として消費する場こそが形成されるのであるから。

肉体であることをやめる場もまた多くの場合、家族においてである。葬儀形態は多様だが、十分広くみられることとして、葬儀は家族が中心になって執りおこなわれる。つまり、私的領域のことと割り振られる。国葬などが特別な意味をもつのは、通常は私的な事柄を公的な事柄としておこなう落差ゆえのことである。前節で述べたように、死とは消費の終わりである。肉塊として生まれた人間は、肉塊として死ぬ。その死の場所が、もともと社会での役割が消える場所であること、それが自然なこととして受け入れられている。「永眠」やそれに類する外国語表現があるが、「ねぐら」である家族においてこそ人が没するという考えの延長上の表現だと言える。

期限の定まりなき消費の共同性を志向する人びとが実際に多く存在することは、こうした内奥としての家族を求める傾向性に理由を求めることができる。前節で、家族の共同性は社会の規範性を吸収する傾向をもつと指摘したが、そうした規範性をめぐる文脈に回収されない意味が私的領域としての家族に求められもすることだと捉えられる。

第4節　社会変化の中の家族

プライバシーの空間としての消費の共同性は、安定的日常性の基盤であるがゆえ、家族のあり方は変化しにくいが、それでもたしかに変化する。本節では、(A)個人が重視されると同時に国家の存在感が増した近代社会における家族のあり方の変化について説明したのち、結論に代えて、(B)家族と社会変化の連動について短く述べる。

(A)近代社会における家族の変化

個々人に国家の意思決定権が分有される建前の人民主権と、とりわけ福祉関連の社会問題対応と国家間競争とを理由に増強していく官僚制とのセットにより、現在よくみられるような近代国家が形成されたと言われる。「国家」には「家」という字が含まれるが、かつてよくみられた王朝をイメージすれば、それが、文字どおり家を基盤としたものだと理解できる。対して現在の国家は、家というより、小さな部品が集積して非常に多様な事柄に対処する機械のイメージに近い。そうした国家像を念頭に議論を進めたい。

人民主権の歴史を振り返れば、多くの国で、はじめ一定以上の税を納めた一定以上の年齢の成年男子にのみ選挙権が与えられた。ここには、機能的単位としての家庭の「代表者」にのみ意思決定権が分有されるという合理化の発想がみられる。たしかに差別的だが、根本的には、個人ではなく家族・世帯を単位とみなす発想ゆえのことだと考えられる。それが、しだいに「個人」に重きを置くよう社会が変化し、それを一因に、選挙権拡大がなされたと言える。

松永は、近代国家の登場に関し、国家が「輪郭づけられた組織、機構として成員に見えるものとなるとき」、「個人が、そのつどには或る共同体の外では生きてゆけないにしても、もはや特定の共同体の中に埋め込まれていることからは解放されている」という状況が生まれたと指摘している[14]。ここで共同体の内実として念頭に置かれているのは、地域・職能的共同体であるが、この埋め込みからの解放の作用は、家族という共同体にも及ぶようになったと考えられる。いくつかステップを踏んで、このことを説明しよう。

近代社会に特徴的なこととして、国家と家族の緊張関係の顕在化を指摘できる。鍵概念は「基本的人権」である。松永は、前節でも触れた生活保護法を材料に家族の位置づけを論じる中で、同法が「生存権を保障しようとする」ものなら、「適用の対象単位は個人であるはず」なのに、法の実施において、世帯が単位となり、親族の扶養の補足として適用されること、「初めに家族あり」であることを指摘し、それを国家と家族とのあいだの「せめぎ合い」と表現している[15]。生存権は、基本的人権の最たるものである。それを有するとされる個人への手助けの配分をめぐり、国家と家族がせめぎ合うのだ。前節で社会と家族の緊張関係について論じたが、近代国家と家族の緊張関係は特殊である。それは、いわば幾何学における点のように無差別的なものと捉えられた個人の権利が認められるようになる傾向と連動している。

近代における個人の権利をめぐっては、やや複雑な事情がある。一方で、個人と国家の関係において、後者が前者に介入しないことが重視されたという側面がある。たとえば、「思想・良心の自由」という考えにおいては、個人が国家に介入されない権利をもつというニュアンスが強い。他方で、国家と家族のせめぎ合いを考慮するなら、国家こそが個人の権利を保障するという側面もある。たとえば、「職業選択の自由」には、家族による強制からの自由という意味が含まれ、その権利を法的に保障しているのは国家だという構図がある。そのとき近代国家は、基本的人権を保障することによって個人を家族から解放するべく促すという側面をもつ（前節で、警察等の公的権力の積極的介入について触れたが、それはこの延長上にある）。

そうして何が起こるかというと、プライバシーをめぐる家族と個人の緊張関係の前面化である。社会的役割が消え、各成員が機能以前の肉体として存在しうるプライベートな場と想定される家族内で、個人のプライバシーをめぐる緊張関係があらわになるのだ。ここで重要なのは、基本的人権という考えも、ある意味で社会的役割を消す作用をもつということである。誰もが等しく人間としての権利を有するという考えだからだ。当然のことながら家父長制は古び、家族の機能の中心を再生産に置くという考えも古びる。そこで思い出したいのは、前章の議論、すなわち「互いの基本的人権を尊重せよ」という言い方も人間の位置関係を指定する作用を前提とした「規範として提示される相互性」の一種だという議論である。これは近代において、一例以上の重みをもち、それがますます重視される傾向にあると言える。

「ますます」というのは、単に法的に規定されるだけでなく、社会の中で浸透の度合いを強めていったということである。くわしくは第5章で論じるが、これは、社会全体で成り立つと想像される共同性へと法的規定が吸収され、社会の規範性の主軸をなすに至ったことだと言える。それは、さしあたりは自発的な変化と言える。そうした変化に対して、「伝統的家族観」を背景にした規範的言説を叫ぶ人もいる。だが、一般に主義主張は、社会変化との相関関係において捉えるべきもので、反動とか保守と呼ばれる言説は、大きな社会変化が主であるところの従としての効力しかもたない。共同性の実質をなすのが人びとである以上、人びとの考えが変化すれば、共同性のあり方も変わる。共同性はけっして静的なものではないのだ。

他方で、自発的変化を押し戻すのではなく、それに基づいて新たな方向性を提案する議論もある。たとえば、マーサ・ファインマンは、ケアする者とされる者を単位とした社会保障を提案している。彼女は、被ケア者の「依存は、私的な婚姻家族に託されることで隠蔽される。依存は家族のなかに私事化され、その公的で、誰にでも起こりうるという性質は見えなくなる」と指摘し、ケアが私的領域の責任とされてきたことを批判する。そして同時に、個人ベースの保障をも批判する[16]。それは、自律的人間像（つまりは家父長イメージ）に支えられており、ケアされる側のみならず、ケアする側もまた、継続的に人をケアしなければならないがゆえに社会の生産・交換関係において弱い立場に置かれることを度外視していると考えるからだ。

「私事化」という語は、前節からの議論に通じる。たしかに、養育、看護、介護等の責任が、国家と家族のせめぎ合いの中で、あまりにも強く後者へと割り振られてきたという歴史がある。また実際の問題として、家父長制の名残がいまだ抑圧的な力として働いているという現状がある。そしてまた、ケアする者とされる者とに相互性の関係が成り立つことを考えれば、家族の共同性でも個人でもなく、相互性に焦点を当てる考えが示されているとも言える。それらゆえに、この議論は、現前の社会保障制度への批判における強度をもった意義深い提案である。だがこれは、当然のこと、別様の機能的単位の発明であり、社会性に立脚した制度をどうするかということを志向した議論である。

これらを通じて何が言いたいか。近代社会において、国家とそれが制度的に保障する個人の権利という枠組みによる社会観が前面化し、多くのことが社会性の領域のこととして認識的に再編されることになったが、そうだとしても、社会秩序における共同性の領域とその固有の論理が消滅することはないということである。くどいようだが、共同性も大事だという道徳的主張ではない。消費が生産に先立つ以上、理屈上のこととしてそう言えるということである。

(B)結論に代えて――家族と社会変化の連動――

本章では、期限の定まりなき消費の共同性としての家族に共同性の本質的側面が鮮明にあらわれるという理解を示し、そうした家族が社会の中でどう位置づけられるものなのかをプライバシー概念を軸に整理した。そして、そのプライバシーをめぐる状況変化がありつつも、共同性の働きが消滅することはないと述べた。

ところで、社会改造を志向するさまざまな計画（広義のユートピア的計画）の多くには、家族の変革が含まれていた。それはある意味で正しいものだと言える。理由は、社会の変わらなさの核に消費の共同性としての家族があると考えている点に誤りがないと言えるからだ。他方、そうした試みが実現する可能性はほとんどない。先に触れた反動的言説が社会の自発性を抑えようという試みであるのに対し、社会改造の発想には、自発性をほとんど度外視して社会を設計しようという志向がみられる。日常生活の基盤である消費の共同性に生きたことのある人が、新奇な計画に基づく家族において生きつづけられる見込みはほとんどない。

社会の変わらなさの核に家族の共同性の変わりづらさがあるとしたら、ひるがえって、社会の大きな変化は家族の共同性のあり方の変化と連動していると言える。だが、共同性のあり方はどのようにして変わるのか。社会秩序の変化については第Ⅲ部で本格的に論じるが、本章の結びにあたって、前章の議論を思い出し、一言だけ述べたい。相互性の関係における変化こそが共同性の変化を促す有力な要因であるはずだと。なぜなら、「人びと」において機能する共同性の力の規定力を受けつつも、人と人とが「それでよければそれでよい」という納得を生み出しうるのは相互性の関係においてだからであり、そうして生じうる新たな納得の拡がりと呼ぶべきものがなければ、社会変化が実現することはないと言えるからだ。いわば、<u>納得</u>の発明とその拡がりである。そうした事態がやがて制度変更を促し、社会秩序を変えるということが、これまで実際起こってきたのである。

第3章　相互性と共同性へのまたがり、社会性へのつなぎ

——約束について——

はじめに

約束は守られないことがある。[1] それでも約束には意味がある。もちろん、守るつもりもないのに約束したり、理由もなく反故にしたりするのはよくないだろう。だが、種々の事情で約束が果たされなかったとしても、約束したという事実がもつ価値は減じない。また、そのとき起こっているのは契約の不履行とは異なる事態だと考える。西洋哲学史において、歴史文化的背景もあり、契約と約束とがほとんど同義的に捉えられる場面が少なくなかった。だが、両者を分けて論じることも可能であり、むしろそうするべきだと考える。たしかに契約もまた約束の一種でありつつ、いわゆる約束と契約とは大いに異なるのだから。

本章では、いわゆる約束と契約、それぞれがどのような営みであるかを理解することを通じて、言葉を用いる存在である私たちが相互性と共同性とにいわばまたがるようにして生きていること、それから、その基本に乗っ

かるかたちで、相互性と社会性とをつなげるようにして生きていること、これら二つの事態の内実を描きたい。どういうことか説明しよう。

まず、相互性と共同性への「またがり」について。相互性と共同性について、両概念の断絶を強調して論じてきた。理解のために所与の全体から概念上の切り出しをする際には、一方に他方が混じらないようにすることが肝要だからだ。しかし当然、私たちは相互性と共同性とを同時に生きている。しかも、単に両者を生きるだけでなく、両者を結びつけるようにして生きている。その理屈をみるためには、二者を関係づける言葉の働きの典型である約束を主題に論じるのがよい。二者が二者を関係づけようとしてなされるかぎりにおいて、約束は相互性の領域の事柄である。だが、まさに二者が約束することによって二者間関係に規範性を呼び込み、もって共同性を生み出そうとしていると解釈できる場面がある。相互性の関係において、互いに「それでよければそれでよい」という納得が生じうるが（第1章）、その納得は、最終的には二者それぞれにおいて起こることである。関係づけの言葉としての約束を論じることで、まさに二者において相互性と共同性にまたがって生じる事態を考察すること、これが本章の第一の課題である。

次に、社会性への「つなぎ」について。社会性とは、前章で触れたように、すでに成り立ったものとしての社会がもつ性質であり、領域内の多数の無縁の人びとに対して制度的構築性の力として作用するものである。やや議論を展開させれば、そうした社会性の力は、規範性を有する複数の共同性を上位から包括するようにして一つの制度のもとに置く。そのとき、制度の正当化・維持を機能とする法体系による裏づけが要請される。こうして、法は規範の一種でありつつ、他の諸規範とは同列に扱えない性質をもつ。先述の、いわゆる約束と契約との違いは、このことに関係する。契約とは何かについて考察することを出発点に、先に述べた「またがり」の構造に社会性由来のものが接続される理路を示すこと、これが本章の第二の課題である。

本章での記述上の方針について、二点述べておきたい。

一つ目は、比較の視点を効かせること。「約束」は広い概念である。そこで、まずその典型をおさえるために予定を入れることとの比較をする。そして、典型をおさえたのちには、それと約束形式のいくつかの言語使用との比較、およびそれら同士の比較をしながら論を進める。具体的には、婚約、公約、誓約、そして、法体系に依拠してなされる現代社会の契約である。はじめ典型としておさえたものを「類」としての典型とするなら、これらは、「種」としての典型と呼ぶべきものである。そうして、典型間の距離をはかりながら記述を進めることで、構造的な理解を目指す。

二つ目は、約束がもたらす感覚を論展開に必要なものとして機能的に用いること。具体的には、拘束感であり、それを「約束そのものからくる拘束感」と「相互拘束感」とに分けて論じる。こうした語彙は道徳的主張を含むようにみえるかもしれないが、その意図はない。また、実際に人が感じる一体の感覚を分けて論じることに違和感を覚えるかもしれないが、理解のためには分析が必要である。なお、「負債感」についても同様の目的で論じるが、筆者はそれを約束固有の感覚とは捉えない。

以下、本章の展開は次のとおりである。まず第1節で、相互的関係における約束について、予定を入れることとの違いに触れつつ論じ、約束の典型を取り出す。次に第2節で、約束と共同性との関係について考察し、公約・誓約について論じることを通じて、私たちが相互性と共同性にまたがるようにして生きることの成り立ちを理解する。そして第3節で、契約とは何かを整理し、そこから「約束における自由」と「契約における自由」の違いについて論じることへと議論を展開させ、私たちがどのような理屈で相互性と社会性をつなげつつ生きているのかを理解する。さいごに、第4節で、結論に代えて、組織内や業界内での約束事について短く論じ、第Ⅱ部へと論を接続する。

第1節　相互的関係における約束——約束と予定——

「指切り拳万」という儀式がある。「嘘ついたら針千本呑ます」と言って、指を切る約束の儀式である。「嘘」と呼ばれるものの内実は複数あると考えられるが、主には、果たされるべき時点で実際には約束が果たされない事態を指すだろう。そのとき、「嘘」という語には未来の時点における非難のニュアンスが先取り的に表現されている。ほかでもありえた可能性を約束によって消去したのに、というニュアンスである。そうして、約束には時間の経過と可能性の中での選択とが関係することを確認できる。そのことを念頭に、以下、(A)一人で予定を入れることと二者で予定を入れることの違い、(B)二者による約束、(C)約束の拘束感の順で考察し、相互的関係における約束の典型とそれに関わる感覚をおさえたい。

(A)一人で予定を入れることと二者で予定を入れることの違い

まず準備作業として、人が単独で予定を入れる場面を考える。たとえば一つの仕事を終えるまでに、この日に何を、別の日に何をというかたちで予定を立てる。仕事に必要な材料があると気づけば、店の定休日や営業時間を調べ、特定の日時に行くと決める。資材購入の日に店の近くでコンサートがおこなわれると知り、行くことにする。これらはいずれも自分だけでは成立しない事柄である。仕事の納期、店の営業時間、コンサートの開催日時は自分で決めるものではない。だが、いつ何をやるかを選択するのは自分である。スケジュールを守ろうと心に強く決めるということを「自分との約束」と言えなくはないが、一人で予定を立てるに際して約束の過程はなく、かなりの程度まで自由に予定を変更できる。

ごく当たり前のことを述べたが、二者で予定を入れる場合には何が変わるだろうか（なお、三者以上の場合でも、複数の相互的関係の重なりと捉えられるかぎりにおいては同様だが、二者の場合に議論を絞る）。先の話のつづきとして、仕事を進めるうえでインタビューが必要になり、依頼するとしよう。先方と約束し、特定日時にインタビューの予定を入れる。結果、自分のスケジュールはそれにむけて一定程度拘束され、スケジュール変更の自由度が減じる。ところがしばらく経ったのち、相手の都合でインタビューをコンサートと同時間帯に移動できないかと言われ、やむなくコンサートの予定をキャンセルすることになるとする。そのとき、ありえた別の可能性を消去する選択をしている。そして、日時が変わったとしても自分が依頼したインタビューなのだからと考えてそうするなら、そこには約束の拘束感が顔を出している。だが、予定を入れることと約束することとは同義ではない。次に進もう。

Ⓑ二者による約束

予定は特定の時点を指定してなされる。指定される時点に幅があっても本質に変わりはない。二者の予定を入れる過程には約束があるが、約束はかならずしも予定に結実しない。「いつか沖縄に行こう」、「こんど水族館に行こう」、「今後はちゃんと忘れないようチェックします」、「これからも健康には気をつけます」、「ずっと一緒にいましょう」。いずれも予定に結実しないが、約束の言葉である。本章では、これら特定時点を指定しないものの方を約束の典型と捉える。日常における使用頻度の問題ではない。予定へと結実する約束は、約束の機能を特定時点へと焦点化させて用いる場合のもの、つまりさまざまにありうる約束の一形態だという理解が成り立つからだ。

では、約束の機能とは何か。一言で、未来へとむけて希望を共有することである。たとえば、「いつか沖縄に行こう」とは、実際に沖縄に行くまで希望を共有しつづけることである。二者はそれを楽しみにしつづけるなどして、部分的にではあれ互いの生きる時間をいわば同調させる。このとき、二者それぞれが約束する前と比べていくぶんか変化する。つまり、沖縄旅行を楽しみにする存在へと変化する。これこそが約束の価値だと考える。仮に約束が忘れられたとしても、約束し、それを楽しみにしていたという事実は残るし、たとえば、「やっぱり北海道にしよう」と約束し直すとしたら、それは一度ならず旅行についての希望を共有することだと捉えられる。人は人と約束し、約束し直し、自分を変化させつつ時間の流れを生きる。

もちろん、先のインタビューの例のように、特定時点へと焦点化させて約束機能を用いる場合、別でもありえた可能性がそのことによって縮減する傾向が強くなる。だが、その場合であっても、約束が守られるかどうかの手前で、再び話し合い、希望の共有をし直すということが多くの場合起こる。これはありふれた事実だが、約束に関する議論は、約束が守られずに問題が発生するという特殊な場面の方に着目しがちなので、この事実を再確認しておく必要がある。それから、むしろ遠い未来にむけた約束を念頭に生きつづけることで、時間をかけて別でもありえた生き方の可能性を縮減するという捉え方もできるだろう。だがそれは、もっと単純に言えば、人と関わりつつ自分を生きることそのものである。とはいえ、約束を介して人と関わることが特別な感覚をもたらしうる。それを拘束感と呼び、次に論じよう。

(C)約束の拘束感

約束がもたらしうる拘束感は二種に分けられる。一つは、約束そのものからくる拘束感。もう一つは、約束した二者における相互拘束感である。約束の拘束感は両者のセットだと考えてよい。だが、それらを分け、それぞれの場に定位させて理解することを試み、次節以降の議論へと接続したい。

未来へとむけて希望を共有する約束は、すぐさま過去へと変貌する。約束の効力は、松永澄夫の言葉を借りれば、「過去が過去たる資格で」もつような効力である。そうした過去は「意味」へと変貌し、人間が生きることにおいて効力を発揮する。[2] そのとき、二つのことが同時に起こる。一つには、過去がいわば自律性をもちはじめること。もともと二者それぞれが主体的に関わって約束したのだが、その事実自体は変更できず、そのことゆえに、過去がそのものとして効力をもつという事態である。そのとき二者は、いわば第三項に拘束されるような感覚をもちうる。これが「約束そのものからくる拘束感」である。もう一つのことには、過去の事実そのものは変更できないにしても、約束内容は改められるということが関係する。もともと約束は二者だけが関わって交わしたものである。一方だけでそれを変更することはできないが、相互的関係の中で自由に約束し直すことができる。過去の効力が働くときに起こることの二つ目は、「改変可能なのに実際には改変していない」という事態である。

「相互拘束感」は、この後者に由来する。改変可能ということは、過去なる約束を再び時間の流れの中に置き直す自由を二者がもつということである。その裏返しとして、改変しないままにしているのも二者である。そうした二者だけの場において発生しうる感覚が相互拘束感である。この感覚をもつかどうかは人によっても場合によっても異なる。だが、もつとしたら、相互性の位相においてである。説明の便宜上あえて図式的に表現すれば、約束を交わした二者の相互的関係という場が、潜在的には相互拘束感の発生を用意していると言ってもいい。いわば、場そのものがゼロの相互拘束感であり、実際に感じるときに正の量として感じるというイメージである。

では、一つ目としてあげた「約束そのものからくる拘束感」はどのような場に定位させるべきものか。約束とは希望の「共有」だと述べた。二者が何かを共有する場面を理解するとき、二つの方途がありうる。一つは、相互的関係における共有である。もう一つは、共同的に有すると考えることである。そこで、第三項としての過去に二者が拘束される感覚をもちうるという場合、後者の方途で理解することができる。すなわち、二者が共同性へとむかっていくその傾向性を場とした共有という理解である。本節冒頭で触れた「指切り」の儀式を思い出そう。それは、約束の時点において、あらかじめ未来の視点からみた「過去」をまさにいま生み出し、それへの互いの拘束を宣言する儀式だと捉えられる。いわば、二者の共同性を生み出そうという営為であると。

第2節　相互性と共同性へのまたがり——約束と公約・誓約——

本節では、前節末で述べた「共同性を生み出そうという営為」の位置づけを明確にし、言葉を使うことによって相互性と共同性へとまたがるようにして生きる私たちの姿を素描したい。以下まず、(A)共同性へとむかう傾向性を場とする約束について整理し、それをうけて、(B)公約や誓約といった形式性こそが重要であるような約束について考察する。そして、それらを足がかりに、(C)相互性と共同性への「またがり」の内実を明確化する。

(A)共同性へとむかう傾向性を場とする約束

ここでは三つのことを指摘し、約束が共同性へとむかう傾向性を場とするという理解が成り立つことを示す。その三つとは、①共同体を単位とした予定を入れられること、②関係の継続が前提となった約束の存在、③約束による共同性への志向である。

まず、①共同体を単位とした予定を入れられること。前節で、一人で予定を入れることと二者で予定を入れることについて述べたが、第三の予定の入れ方がある。たとえば、家族の予定をカレンダーに書き込むような場合。予定を入れる過程で話し合いがなされたとしても、約束が予定へと結実するというより、予定を入れたことそのものが約束として機能するという側面の方が強く感じられるような場面である。これは、いわば「個」であるようにして共同体の予定を入れることとみなせる。だが、なぜそのようなことが成り立ちうるのか。次に進もう。

②関係の継続が前提となった約束の存在。前節でみた約束の典型の議論を思い出そう。インタビューを依頼して予定を入れる場合、「いつか」「こんど」という言い方は通常ありえない。他方、「いつか沖縄に行こう」の場合にはそれができている。ここで言えることは三つある。まず、そうした約束ができるということは、それに先立って関係の継続があること。次に、その関係の継続には、希望の共有としての約束を蓄積してきたという来歴が大きく絡んでいること。さいごに、そもそも約束による希望の共有の中には、関係の継続への希望が要素として含まれていること。以上の三つである。これらは相互性の関係の維持・強化に関する事柄だが、①でみたような共同体がすでに成立しているときには、その成立過程にあったはずのものと捉えうる。

③約束による共同性への志向。先に、「個」であるようにして予定を入れる共同体の例に家族をあげた。前章で述べたように、パートナー関係などの家族内関係において時間の部分的一元化と呼ぶべき事態が起こる。それ

に先立ち、時間の一元化の約束があえて交わされる場合がある。すなわち、婚約である。[3] これを事例に考えよう。

婚約は多くの場合、関係継続の実績を踏まえ、改めて関係継続の希望を共有する約束である。それなくしても相互性の位相で関係は継続してきたし、その後も継続可能だろう。だがあえてそれがなされる。そのとき、約束形式の言葉がもつ機能を意識的に用いて、一定の儀式性を帯びるかたちで共同性の方へとむけて二者を関係づける約束をしているものと解釈できる。これを「共同性への志向」と呼びたい。こうした約束においてこそ、前節で述べた「約束そのものからくる拘束感」がはっきりと顔をあらわす。二者は相互性の関係において約束するのだが、約束の事実そのものを第三項として生成させ、それを二者間関係に持ち込むようにして約束する。婚約の場面に証人（第三者）が立ち会う事例が歴史上多数あるが、その機能の一つは、約束の事実そのものの代理表象たることにあるだろう。

約束の事実を第三項とする三項構造を指摘できることは重要である。相互性の場そのものがゼロの相互拘束感だという言い方（前節）に比すれば、三項構造を生成させているときの相互性の場そのものが、「ゼロの、約束そのものからくる拘束感」であり、そこに「ゼロの規範性」が呼び込まれていると言いうる。すなわち、「動かしてはいけない」という規範性の手前、「動かせなさ」が実感しうる状態にあるということだ。このとき、二者がいわば「動かせなさ」を共同保有する共同性を志向していると捉えることができ、この見方をとれば、相互性の場が共同性へとむかう傾向性の場になっているものと解釈できる。

婚約は特殊な事例だが、約束を交わすときに、相互性の場が共同性へとむかう傾向性の場にもなっているという理解は、さまざまな場面で成り立つ。先に触れた「指切り」は、そうした約束のあり方を踏まえてつくられた儀式の一つだと言える。だが、いまみたのは、相互性の関係にある二者が共同性を志向すると解釈できる営みであって、共同性の生み出しそのものではない。次に、形式性こそが重要であるような約束において何が起こっているかを考え、それを足がかりに(C)で相互性と共同性への「またがり」と呼ぶべきものの内実について述べよう。

(B)形式性こそが重要であるような約束

形式性こそが重要である約束として、形式性の度合いがより強まる順に並べて、①政治家の公約、②競技会での誓約、③ギルド参入の誓約、これら三つのものをみたい。

まず、①政治家の公約。選挙が近づくと、立候補した人たちが、「当選した暁には、何々を実現してまいります」といった約束形式の言葉を用いて自分への投票を促す。公約には、議会の多数派の一員でないと実現しえないようなものも多く、また、はじめから実現度の低いものも少なくない。だが、ほとんどの立候補者は、相互性の関係における約束の機能に乗っかるようにして約束形式で有権者にむかって演説する。立候補するからには、未来に実現するべきことを述べるのは当然だが、ほかでもなく約束形式の言葉が用いられることには、代議制の政治文化とでも呼ぶべきものが深く関与している。いってみれば、数年に一度、約束形式の言葉の巧みさが競われる場が立ち上げられ、それが政治文化の維持を可能にしていると解釈できる。

次に、②競技会での誓約。スポーツ競技会の開会式で、選手の代表が「私たちは正々堂々戦うことを誓います」といった選手宣誓をおこなう。公約が有権者とのあいだに擬似的に相互性の関係をとり結びつつ、場を立ち上げる営みと解釈できたのに対し、競技会の誓約の場合、二者間における約束からは遠いものとなっている。もちろん、誓約には、「自分自身となす約束」という実質もあるが[4]、定期的に開かれる場を再び立ち上げようとする儀式において、ときにアレンジしつつも、毎年くり返されてきた言葉を形式的に用いること、そのことにこそ意味があると捉えられる。〈私〉が「私たち」を名乗ることで、その「私たち」の場にいわば息吹を吹き込み、場を正統なものとして権威づけるために約束形式の言葉が用いられる。それが可能なのはもちろん、競技会という場が文化的背景を有しているからである。

　このとき、競技会という場は、共同性そのものではないにしても、それに似たニュアンスを帯びたものと捉えられる。婚約、公約、選手宣誓の順で、約束の言葉の形式性が強まるが、それと連動して、婚約に関する議論で述べた「共同性への志向」のベクトルは弱まり、文化的背景ゆえに「再び立ち上げる」ことがいわば保証された場に参加する、あるいは、呼び出しさえすれば再び立ち現れることが保証された場を呼び出すというニュアンスが強くなる。形式性を帯びた約束の言葉を発することで場を呼び出し、立ち上げつつ、その場の規範性に従う者としての立場をあらわにするような傾向、共同性へとむかっていくベクトルより、共同性のようなものから発するベクトルの方が強く意識される傾向、これが前面化してくるということである。選手宣誓が多くの場合、その場の主催者にむけておこなわれるというのも、このことのあらわれかもしれない。もちろんのこと婚約にも文化的背景、共同性由来の規範性が関わるが、二者が婚約することにおいて志向する先の共同性は、二者の共同性であり、約束の言葉を交わすことで、婚約というものを可能にしている文化の場に参加するというニュアンスは稀薄である。

　以上を踏まえて、③ギルド参入の誓約に話を進めよう。中世ヨーロッパのギルドにおいて、そこに新たに参入する人は、聖遺物を前に形式性を帯びた誓いの言葉を述べたという[5]。これは共同性への参入としか言いようのない約束形式の言葉の使用法である。先に、婚約の証人に触れたが、それが生成させつつある第三項（約束の事実そのもの）の代理表象としての機能をもちうるのに対し、聖遺物の場合には、それを代々受け継いできた職能共同体そのものを代理表象している。こうした事例は歴史上多数存在するが、誓約者は自らの意志で、共同性に固有の規範に従うという約束をするわけである。この場合でも、新たに共同性に加わる者なくしてそれは維持されないことから、誓約することによって共同性に新たな息吹を吹き込むという側面がなくはない。だが、それによって場を立ち上げようとするニュアンスは乏しく、共同性の側からの規範性のベクトルの方がずっと強く意識されるだろう。

以上の議論を通じ、形式性こそが重要であるような約束にもその形式性のグラデーションがあり、そのことに応じて、共同性への志向のベクトルと共同性の側からの規範性のベクトルのどちらが強いものと解釈できるかも変わってくることを確認した。

(C)相互性と共同性への「またがり」

ところで、子供はしばしば空約束をする。「明日からはちゃんとお片づけする」のように。このことは、私たちが、約束できるようになってはじめて約束形式の言葉を用いるようになるわけではないことを物語っている。希望の共有が約束の典型であり、公約や誓約は特殊な約束である。理解の順序はそうであるべきだが、経験の順序としては、約束によって希望を共有できるようになった後に特殊な約束もできるようになるということではない。むしろ、さまざまな約束形式の言葉を聞き、それを模倣し、という経験の積み重ねが先立ち、やがて希望の共有としての約束をとり結べるようになるというのが実情だろう。[6] これが本節の結論を導くポイントである。

本節(A)の議論を思い出そう。婚約のような約束は、二者が共同性を志向すると解釈できる営みだが、共同性の生み出しそのものではない（③）。他方、家族が「共同体を単位として予定を入れる」ときには、すでに共同性が成立しているものと捉えられる(①)。ところで、婚約の前提には相互性の関係の継続(②)がある。それは、事後捉え返してみれば、共同性の生成過程だったと思うこともできるようなものとしてある。共同性とは想念の位相の事柄であり、生成前の時点を起点にして、それ以降に何か要件を満たせば生成し、そうでなければ生成しないというものではない。つまり、共同性の成立は、事前ではなく、事後の視点からこそ捉えうるものである。

ところで、共同性は規範性をめぐる場でもある。共同性を志向し、「ゼロの規範性」を呼び込むようにして約束を交わすとき、実際には多くの場合、すでにして規範性そのものを二者間関係に呼び込みはじめている。「動かせなさ」が実感されるという「ゼロの規範性」から離陸し、「動かしてはいけない」という規範性を感じる人が実際相当程度多くいるということだ。これは、約束の言葉そのものが帯びている力を借りるがゆえのことだと言える。

約束形式の言葉は、本節(B)でみたように、共同性への志向のベクトルと、共同性、あるいはそれに類するものから発するベクトル、いずれの傾向性をも帯びている。どのような種類の約束かによって、それら傾向性の濃淡がある。だが、どれもが約束である。人は幼い頃から、そうしたヴァリエーションを有するさまざまな約束形式の言葉をいずれも約束として経験する。そうしてやがて、共同性への志向と解釈できるような約束をするとき、分析的にみた場合に指摘できる断絶、すなわち相互性と共同性のあいだの空隙のこちら側とあちら側にまたがるようにして約束する。その約束なしでも、やがて気づけば共同性が生成していたと思われるような、事前と事後との認識上の隔絶を乗り越えるようにしてあえて約束し、言葉の力によって、二者ではないもの、すなわち第三項をいわば呼び寄せるのだと解釈できる。これが、相互性と共同性へのまたがりと呼びたい事態である。

この議論はもともと、約束の拘束感を二つに分けることから始まっていた。二者が改変することもできる約束を実際改変していないときの相互性の場が「ゼロの相互拘束感」、約束の事実そのものの「動かせなさ」を実感しうる状態が、「ゼロの、約束そのものからくる拘束感」である。後者こそ規範性に関わり、それが帯びる「ゼロの規範性」を実際、いわば正の規範性へと仕向けるものは経験の蓄積であるというのがここでの結論である。形式性こそが重要な約束に関して述べたように、さまざまな約束形式の言葉は、濃淡はあれ、それが関わる固有の文化を背景としている。それゆえ、経験の蓄積は、共同性との関わり方の来歴とも言い換えられ、約束する二者においても、約束の事実をめぐる規範性をどの程度感じるかには差がある。これとの違いということを念頭に置きつつ、契約についての議論に移ろう。

第３節　相互性と社会性のつなぎ――約束と契約――

契約もまた非常に特殊な約束だが、前節までにみたような約束とは大きく異なる。本節では、契約について論じることから、相互性と社会性の「つなぎ」と呼ぶべき事態の内実を明確化したい。以下まず、(A)契約の特徴を短く整理し、(B)約束における自由と契約における自由の違いについて述べる。そして、(C)それら自由と表裏一体にある感覚について「負債感」の位置づけを中心主題として論じ、(D)相互性と社会性の「つなぎ」の論理を素描する。

(A)契約の特徴

「契約」は、とりわけ宗教的な背景を抱えた広い概念だが、本節では民法体系（民法および商法等）の成立を前提に法的効力をもつ現代社会のいわゆる契約に考察対象を絞りたい。制度の存在を前提に、それが有効であるかどうかを他者が検証できるような仕方で結ばれる契約を問題にすることで、いわゆる約束との違いを明瞭に理解しようという趣旨である。

さて、多くの契約に含まれ、約束には含まれないものは何か。それは、①条件の明確化、②責任範囲の明確化、③期間・期限の明示である。これらは一言で、不確定性をあらかじめ除去することを目的としたものである。未来へとむけた希望の共有が事後には過去として効力を発揮するという特質上、約束には不確定性がつきものである。契約は、そうした不確定性を事前になるべく除去し、契約の現在においていわばすべてを一望しようとする傾向をもつ。その意味で、契約は予定的とも言える。

いまあげた三点の関係をみよう。まず、①条件の明確化から。いわゆる約束も条件付きの場合がある。「雨が降らなかったら明日出かけよう」というように。だが、契約における条件は、②責任範囲の明確化へと直結するかたちで設定される点が大きく異なる。場合によってはテロや大地震の発生可能性まで織り込んだうえ、どのような場合にどのような責任が「甲」または「乙」にあるのかないのかが定められる。ここに明瞭にあらわれているのは、契約に関わる二つの「個」（個人や法人）が、契約によってそのあり方をけっして変化させることはないという発想である。約束が二者のあり方をいくぶんか変化させるのとは対照的である。そして、そのことは、③期間・期限の明示と密接に結びついている。変化しないと目される個人が一定期間においてのみ、特定の契約関係に身を置く（なお、法人については第Ⅱ部で論じるので、以下、個人のみを念頭に展開する）。生きる中で一定期間のみ特定の契約を人生に加え、それが終われば、元に戻るようなイメージである。もちろん、実際には特定の契約によって個人のあり方が変わることもあるだろう。ここで述べているのは、契約の発想は、そうしたことに着目しないようにする性格のものであり、一言で、単位としての理念的な個人像に立脚したものだということである。

(B)約束における自由と契約における自由の違い

そうして契約は、対等で自由な契約主体同士が結ぶものとされる。その発想において働いているのは、第1章で「共同性の力」が有するものとして述べた、二者の位置関係を外から指定する作用である。共同性と社会性の関係については第5章で論じるが、さしあたりいまは、契約というものが可能になるには、制度的に構築された社会の性質である社会性に由来する単位化の力が不可欠だということが理解できれば足りる。契約は、法制度上の指定要件を満たした者（たとえば、成人）であれば、誰でもその当事者になれるものである。つまり、法制度によって契約行為の単位たる資格が得られる。もちろん、実際に契約を結べるか否かには信用・評価が関わるが、いま述べているのは資格の話である。前節で述べた「経験の積み重ね」との関係で言えば、人は約束形式の言語使用に熟達し、徐々に約束できるようになるとは言えるが、徐々に契約できるようになるとは言えない。指定要件を満たした瞬間、突然にして契約可能な主体になる。

約束は相互性の関係において約束し直す自由のあるものだった。他方、契約における自由とは、差別なく望んだ契約を結べることであり、法制度こそがこの自由を保障する。社会思想史において、個別契約の連鎖的拡がりを法に代置することはできないかと考えた論者がいる。そうした発想はおそらく、契約の自由の内実を考えるときに、あまり自覚せずして約束に固有の自由のイメージを混入して生まれる。契約の自由は、個別者間で発生するようなものではなく、社会において契約の自由とその安全な遂行とを保障する位置にあるものから発するものとみなすべきである[7]。

そうした契約の自由は、相互性の位相における約束の自由に任せておいては解決困難なトラブルを未然に防ぐという合理化の発想を基盤としている。前節末で述べたように、約束の事実をめぐる規範性をどの程度感じるかは、人によっても異なる。他方、たとえば細かい字で書かれた契約書に署名したという事実によって、対等で自由な者同士として互いに納得・了解して契約したのだというみなしが機能し、割り切りを生んでいくものこそ契約である。そうして契約は、契約相手が本当にそれを履行するかどうかという不安から解放されるという意味での自由、事前に定められた責任範囲を超えたことに責任を負う必要がないという意味での自由をも人にもたらす。

Ⓒ「負債感」の位置づけ

約束の自由と契約の自由の違いを理解することで、それと表裏一体の感覚の違いも理解できる。ここでは、そうした感覚の違いを述べ、相互性の位相と社会性の位相の接続の理路を素描する足がかりとする。

約束の自由と表裏一体の感覚は、相互拘束感である。それは、約束を「改変可能なのに実際には改変していない」という事態に由来し、ほかでもなく相互性の場において生じる。第1節でそう述べた際、実際には感じていなくても相互性の場がそれをいわば準備していると述べ、「ゼロの相互拘束感」という表現を用いた（「約束そのものからくる拘束感」の方については後述する）。そこで、契約の自由と表裏一体の感覚は何だと言えるか。これを考えるとき、約束を守らなければならないという規範性が論点として浮かび上がる。哲学・社会思想において、約束の規範性に対して人がもつ感覚を「負債感」と呼ぶ議論がある[8]。だが、契約の自由と表裏一体の感覚は何かという問いに対しては、「負債感」も含めて三つの答えがありうるはずだと考える。

まず、契約の自由が、①単に外的な位置関係指定の力に由来すると捉えれば、表裏一体の感覚は、「何もない」という答えになる。次に、②位置関係指定の力を社会に生きる人たちが能動的に生み出しているものと捉えれば、社会構成員としての「義務感」のようなものが答えになりうる。ここで「義務感」とは、何かを「しなければいけない」

と人が思うときに、「しよう」「したい」「できるはずだ」といった能動性の心の動きが一定以上に強く働いている場合の感覚のことである（この義務感については、本書「おわりに」で重要なこととしてとりあげる）。そして三つ目の答えが、③貸借契約の語彙を援用して言われる「負債感」である。

だが、負債感とは何だろうか。人によってはこの負債感こそが義務感そのものだと捉えるかもしれないが、筆者はそう捉えない。いまあげた三つの答えのうち、「何もない」（①）でもいいところ、能動の理屈で言いうる「義務感」（②）とは逆に、受動の理屈で規範性のベクトルと相対するときの感覚、何かを負っているという感覚が「負債感」とか「借り」の感覚と呼ばれるものだと考える。

そこで言うべきは、何かを負っているという受動の感覚はいわば何からでも感じることができ、固有の場をもたないということである。相互性という固有の場が用意する相互拘束感とは異なり、特定の場を「ゼロの負債感」と捉えることはできない。それは、何かに負いを感じると同時に内実を伴ってさまざまな場で生起するものだと言える。もちろん、手助けをしてくれた人に対して、単に感謝の気持ちをもつだけでなく、返報しなければならないと感じる人・場合を典型とみなすことが可能である[9]。だが、それと同じようにして、遠い祖先や国に対して恩義を感じるという人・場合もある。遠い祖先や国に対し、人に返報するのと同じようにして返報することはできないのだから、これは別の場で生起した負債感と捉えるべきである。こうした負債感を約束した相手から感じるという場合もあろうが、それはいわばたまたま相互性の場で生じた負債感であって、相互拘束感とは概念的に別物だということになる。

(D)相互性と社会性の「つなぎ」

前節末で、約束の事実を「動かしてはいけない」という規範性を人が感じうることの理屈を、相互性と共同性への「またがり」という言葉を用いて説明した。いま問題にするべきは、その「動かしてはいけない」から一歩進んだものとしての、約束を「守らなければならない」という規範性を人が感じることの理屈である。

そこでまず、契約が公約・誓約とどう違うかを述べたい。公約・誓約は、共同性を志向するベクトルと、共同性の側からの規範性のベクトル、両者を前提に成り立つものだった。言い換えるなら、人と文化との関係においてこそ成立するものである。他方、契約は一言で、社会性からのベクトルのみで成り立つ。個々の公約、個々の選手宣誓、個々の参入誓約が、それぞれ固有の文化に息吹を吹き込むというベクトルを有するのに対し、個々の契約が契約文化に息吹を吹き込むとは言い難い。もちろん、契約なるものも文化的背景なくしてはありえず、巨視的にみれば人が契約することによってこそ契約関連の法制度が改訂を含みつつ維持され、ひいてはそれが契約文化を支えると言えなくはない。だが、相対的に独立した固有の場において、約束の言葉が直接的に場に対して力を及ぼすということはない。

次に、婚約との違い。前節で、婚約の場合にも、個々の婚約によってそれを可能にしている文化の場に参加するというニュアンスは稀薄だと述べた。それは二者間関係に「ゼロの規範性」を持ち込みつつ共同性を志向する営みであって、それを支える文化への関わりという側面は稀薄だとも言い換えられる。だがもちろん、約束の言葉の力を借りることによって、それなしでも済ましうる約束をするのだから、共同性を志向する傾向性の場において、約束の言葉が直接の力をもつ。ひるがえって、人が契約を結ぶとき、それによって共同性を志向しているとはまったく言えない。個人が個人のままで別の個人と契約を結ぶこと、これに尽きる。そして、約束の事実を「動かしてはいけない」という規範性をどの程度感じるかは人それぞれであるのに対し、契約の場合には、人が何を感じようが、定められた契約内容を守らなければならない。逆に言えば、守らなければならないと感じる必要もなく、守りさえすればよい。

そうして本題である。契約は社会性からのベクトルのみで成り立つと述べた。契約を履行するとは、二者がつくったわけではない法制度上の決まりを守ることであって、二者間における約束を守ることとは違う[10]。そこで負債感について再び論じよう。すでに触れたように、負債感は貸借契約の語彙を援用したものである。貸借契約とは、契約の現在（その後の視点から見れば、改変不能の過去）において定められた負債を、事前に定められた条件において、個のあり方の変化の影響をなるべく受けないかたちで、期限までに返済するよう定める契約である。それを返済しなければならないのは、契約なるものを有意味化する法制度体系ゆえのことである。

だが実際、「返さなければならない」という負いを感じる人もいる[11]。そして、固有の場をもたない負債感の特質ゆえ、それと同じようにして、二者間の約束も「守らなければならない」という負いを受動の感覚として感じる人・場合がある。つまり、一方向的な受動の感覚として、約束を守らなければならないという感覚が生じうる。これを筆者は、私たちが経験の積み重ねによってなしている「またがり」の構造に乗っかるかたちで、相互性の関係へと社会性由来のものが接続されているものと捉える。

約束の事実を「動かしてはいけない」という感覚と、約束を「守らなければならない」という感覚とは違う。だが実際上、両者は融合する。「守らなければならない」という感覚が、「動かせなさ」を実感できる状態、すなわち「ゼロの規範性」が呼び込まれている状態を、「動かしてはいけない」という感覚の方へと誘導するべく浸透する。つまり、「動かしてはいけない」という感覚に、すでにして「守らなければならない」という感覚がつながれて、盛り込まれてしまっている、そういう事態が起こる。

前章で、家族の共同性が社会の規範性を吸収する場でもあると述べた。第5章で論じるように、一般に、共同性は規範性の力の源泉になるだけでなく、それを吸収する場でもある。このことは、図式的に言えば、言葉を用いて相互性と共同性にまたがって生きるという基本構造に社会性由来のものがつながれること、これが理由だと考える。教育の場面を思い浮かべれば、いまの図式の具体像がみえてくる。家庭や学校などで年長者が年少者に約束の規範を教え込むことがある。これは、社会において契約主体としての資格を有する者が、その資格を得ていない者に約束の規範を教えるものと言える。そのとき、教えられる側は、契約の世界に導かれるようにして約束の規範を教わる。資格の有無は線引きの問題であり、契約主体たりうるか否かは、形式上の事柄である。そこで、社会において、形式上の切断線が実質を伴ったものとイメージできるための、実質に関する基準が機能するべく求められる。その基準として、相互性の関係においても約束を「守らなければならない」という負債感をもちうる者としての振る舞いができているかどうかが暗黙のうちに一定の共通了解を得て機能させられる、そういうことだと考える。

いわゆる約束と契約とが同義的に理解されるという傾向性（本章冒頭）もこのことに関係する。論理的な順序としては、人間が相互性の関係において約束できるという土台があってこそ、社会性の事柄である契約なるものが成り立つと捉えるべきである。だが、経験の順序として、多くの場合、約束という行為ができるようになる過程で、契約のようにして約束を「守らなければならない」という規範が教え込まれ、その体得がなされる。前節でみたように、人は文化を背景としたさまざまな約束形式の言葉を実際に用いつつ、約束できるようになる。それは、約束の行為に熟達することである。その過程において、規範そのものを直接に教わり、約束を守ることへの習熟も同時に起こるよう仕向けられる。これが、相互性と共同性への「またがり」の構造に、相互性と社会性の「つなぎ」が乗ることの具体像である。

第4節　結論に代えて――約束事をめぐって――

以上、まず予定を入れることとの比較から約束の典型を取り出し、希望を共有することの価値について述べた。次に、そうした約束の典型と公約・誓約の関係をみることで、相互性と共同性にまたがるかたちで言葉を使って生きる私たちの姿を素描した。そして、いわゆる約束と契約の違いを説明することから始め、約束の自由と契約の自由、その裏返しとしての相互拘束感と負債感の違いを述べることを足がかりに、相互性と社会性をつなぐようにして社会で生きる私たちの姿をも素描した。さいごに結論に代えて、組織などでの「約束事」をめぐって短く論じ、第Ⅱ部へと議論を接続したい。

会社などの組織には約束事がある。法体系に依拠してつくられる規程とはまた別に、組織内に共同性をつくっていくような約束事のことであり、それは「ローカル・ルール」などと呼ばれもする(次章で論じるように会社は共同体ではないが、しかしそこへと参集する人びとによって共同性が生じうること、これについて述べている)。近年、「コンプライアンス」といった言葉が流布し、組織内や業界内で通用してきた約束事が否定的に評価される場面も少なくない。そのとき、本章で論じた、いわゆる約束と契約の違いを再現するようなせめぎ合いが起こる。すなわち、約束することで人と関わり、それによって徐々に変化していくという人間像に立脚した発想と、法理上の契約主体としての個人像に立脚した発想とのせめぎ合いである。

まず、「コンプライアンス」といった言葉が用いられるときの方から言えば、そこには法体系が普遍的に保障するものの方へと世の中のさまざまなルールや慣例を仕向けようという発想がみられる。契約的な発想で万事を処理していくのが望ましいと捉える傾向性である。こうした発想の意義は、個々人が対等であることを人に確認させ、狭い範囲での共同性がもちうる息苦しさ、理不尽さに対し、外から風を吹き込むような力をもつ点にあるだろう。

他方、近年そうした発想に含まれる形式主義に対して危惧を表明する人も多い。それは、何かにつけ同意書（一種の契約書）を必要とするようになったり、ある種の場面で「口約束にも法的効力がある」といったことが盛んに言われるようになったりという傾向と同根のもの、要するには「文化の解体」を招きかねないものへの危惧だと要約できる。そうした危惧の表明には、たしかに肯首できる側面がある。「せめぎ合い」における約束事の方は、組織における文化をつくり出していく機能をもつと考えられるからだ。

約束事は、事の処理に関する知恵の蓄積と呼ぶべきもので、組織内の具体的な人間関係の中で、「こういうときにはこうしましょう」というかたちで、希望を共有するようにして生まれる。それは、すでに組織が存在しているところ、そこでの共同性を生成・更新していくようなものとしてある。会社を設立し、規程をつくり、人を雇用して形式を整えても、それだけでは組織は十全に機能しない。内実を埋めるには、人と人とが希望を共有し、その蓄積を共同化していく営みが必要である。それが結果として組織文化と呼ばれるものをつくり上げたものと捉えられる。一元的なルールを多様な組織に適用しようとすることは、形式重視の合理性への過大評価に由来すると解釈でき、そう捉えるなら、それが文化を解体していくという主張に説得性を見いだせる。契約もまた、非常に特殊な約束であり、私たちが日々約束できているというその能力に依拠してしか成り立たない。第２節で述べたように、そうした能力を文化的背景の中で得ていく、そうした過程とともに開かれる通路があり、それなくしては、契約の発想も基盤を失うと言える。

本章での表現を踏まえるならば、いま述べた「せめぎ合い」は、相互性と共同性にまたがり生きる私たちのあり方と、相互性と社会性をつなぐようにして生きる私たちのあり方とが対立的様相をもって現前するという事態である。だがもちろん、両者は相互に影響を与える関係にもある。組織文化なるものも社会との関係において変化するし、社会のルール変更は、もろもろの組織のあり方の変化に促されもする。それゆえ、「せめぎ合い」のどちらかにだけ肩入れする立場は、結局のところ足場を失う。次なる課題は、いま述べたことを踏まえ、共同性と社会性の一筋縄ではいかない関係の内実に明確な言葉を与えることである。

第Ⅱ部　社会性と集合性

第4章　所有と権利の世界

はじめに

ほとんどの人は名前をもつ。名前のあり方は非常に多様だが、ファーストネームと家名・父称等とのセットによる名前がきわめて広範にみられる（父称とのセットによる名前とは「父○○の子△△」を意味する名前である）。そうした名前は、現在における識別機能だけでなく、過去から未来へとむかう社会の時間軸における権利関係表示の機能をも帯びている。筆頭にあげるべきは相続の権利者を表示する機能である。名前を所有し、それを名乗ることによって、人は周囲にむけて自らの資格を表示している。

歴史的にみれば、誰もが同じように名前を所有し、それを名乗れたわけではないし、現在でもそうである。名前を所有すること自体が一種の権利であり、周囲に認められることなく名前を正当に所有することはできない[1]。ここで言う「周囲」とは、持続的に規範を共有しているとみなせる範囲内、つまりは共同性の効力範囲内のことである。そこにはもちろん、社会性の力、すなわち領域的全体性をカバーする制度的構築性の力が関与する。そうして画される範囲を柱としつつも、境界の揺らぎ、中心からの近さ遠さ等による規範性の濃淡、複数の共同体による重層性を許容するものとして「周囲」は構成される。人はそうした世界で名前を所有し、名乗っている。

所有された名前は、先述のとおり権利関係表示の機能をもつ。特殊だがそのことが鮮明に分かる例をあげよう。羽柴秀吉は近衛家（藤原摂関家の一つ）の猶子となって藤原姓を得た。それが貴族共同体において認められ、関白職に就く資格とその資格が引き連れる諸権利をもつ者として自身を周囲に知らしめた。ここには、本章で論じたい所有の特質の一つが端的にあらわれている。何かをもつことが資格となって、別のものをもつことにつながるという特質である。

名前という手に持てないものから所有について論じることは奇異に感じられるかもしれない。もちろん一方で、食物を筆頭に、手に持ち、他者とやりとりし、消費できる具体的な物の所有が生きるうえで重要なのは疑いない。だが他方で、所有権があえて問題にされる対象の多くは手に持てない。一つの典型は土地である。また、貨幣はたしかに持てるが、所有されている当のものは他の物との交換可能性であり、それは抽象的な価値体だと言える（本章では、具体抽象問わず価値をもつもの全般を「価値体」と表現する）。本章で着目したいのは、こうした持てないものをもつことを可能にする所有の特質の方である。

いま所有の二つの特質に言及した。だがなぜ、これら二つに着目するのか。前章までの第Ⅰ部において、社会秩序の基礎をなす相互性および共同性について論じた。他方、本章から始まる第Ⅱ部では、社会秩序の上層をなす社会性（と集合性）の領域について論じる。それは制度的構築性を伴うという意味で「上層」のものだが、制度的構築性において、権利とそれを通じた資源の配分は最重要である。そこで本章では、所有概念を軸にした権利の世界の内実をまず理解したい。先にあげた所有の二つの特質に着目するのは、それらが、権利の世界のあり方の体系的理解に直結するものだと考えるからである。

本論に入る前に、いくつか断っておきたい。まず、ここで展開するのは所有の発生・展開を主題とした歴史的考察ではなく、それゆえ土地の所有と家畜の所有のどちらを先立つものとみなすかといった議論には足を踏み入れない。ともかくも所有という考えが定着し、権利の世界が安定性を得て多くの人が定住生活を営んでいる現代社会を念頭に論を構成する。歴史的なことに触れる場合も、現役で効力をもっている要素の意味を探究するという限定された目的のために触れる。

次に、所有の根源的意味のようなものを考察することにまでは進まない。自然からの獲得があって所有が成り立つことから、そうした考察を展開するには自然と人間との関係を本格的に考えなければならず、本書の範囲を超える。また、人間同士の相互的所有関係というべきものについても論じない。[2] そうした考察には、所有の動態構造というべきものの理解が先立つべきであり、それをなすのが本章の仕事である。

以下、本章の展開は次のとおりである。まず第1節で、「持てないものをもつこと」をめぐり、名前、土地、財貨の所有の順に論じ、所有が抽象的な権利の世界の成立・維持に寄与しているという基本をおさえる。次の第2節では「何かをもつことが資格となって、別のものをもつことにつながる」という権利の世界のあり方について整理する。所有は「手段的性格」をもつが、手段に対する目的（帰着先）を消費、および名声の獲得に設定し、手段的性格を帯びた所有の連なりの体系と呼ぶべきものの理解を試みる。そして第3節では、消費と異なる理屈でなされる生産の場面での経営という発想の導入が、所有をめぐる権利の世界を複雑化させる有力要因であることについて述べる。第4節では、結論に代えて、二つの主題に関する議論への見通しを述べる。生命の所有をめぐる議論、および所有の平等をめぐる議論である。

第1節　持てないものをもつこと――権利の世界の成立・維持――

事実として物を所持・占有することと、権利として物を所有することは異なるが、権利として所有する対象は物にかぎられない。持てないものをもつことができるという所有の特質をおさえるため、ここでは性格の異なる三つの所有対象だけを材料に論じる。まず、(A)物を所有するわけではない名前の所有、次に、(B)物理的に存在するが、やはり持てはしない土地の所有、さいごに、(C)持てるけれど持てないもののように所有されもする財貨の所有である。なお、食物などの短期的消費財については次節で少し触れ、法人を所有すること、および家畜や奴隷などの生命体を所有することについては第3節で論じる。その際、いまあげた三つの所有対象との異同についても言及する。

(A)名前の所有

名乗るとき、人はすでに名前をもっている。使用の前提に当人の所有がある。所有者と使用者の一致が社会的に要請されもする。たとえば、名義貸しによる契約が違法とみなされるなど。名前の所有のこうした性格が、名前をもつ者の集まりたることを志向する社会の安定性に寄与している。所有している名前の名乗りが禁圧された事例が歴史上多数あるが、その場合でも、屋号や通称等、別様の名前が発明され、何らかのかたちで所有する名前を名乗るということがなされた。

名前の所有はどのように始まるか。現代社会の新生児の場合、基本的に年長者がファーストネームをつけ、社会のルールにしたがい（半）自動的に定まる家名・父称等とのセットで、行政機関に受理・承認され、住民管理制度等に登録されることで、というのが一般的である。自ら改名したり芸名等を名乗りはじめたりすることもあるが、いずれにせよ土地や財貨とは異なり、譲渡・交換、すなわち所有権移転によって所有が始まるのではない。いわば自然のこととしてほとんどの人が名前をもつ。それゆえ、名前を価値体とみなす傾向はいまや稀薄だとも言える。

だが、かつて名前は、①誰でも同じように所有できるものではなかったし、②譲渡されるものでもあり、これらのことに重要性があった。現代においても、王族・貴族、聖職、芸能等の領域においてそうした傾向性を確認できる。[3]「○○何世」とか、「何代目△△」のようなかたちで。

過去の一例をみよう。まず、①名前が誰でも同じように所有できるものではなかったことについて。「宮座」と呼ばれる祭政組織をもった中世日本の村において、その成員の子が一歳または三歳になると、神前で「名づけ」の儀式がおこなわれ、もって「村入り」が認められたという。宮座の成員は村に住む人すべてではなく、そもそも女性は除外されていた。[4]名前の所有が承認され、村の行政に将来関わる成員と認められること自体が特権的資格だったと言える。

重要なこととして、そこで名前は二つの意味で複数所有されもした。一つには、成長に応じて村の通過儀礼を経て新たな名が所有されたという意味で。そのとき、嫡出長男だけが村の運営にあたる「老衆」用の「官途名」を有することができ、次男以降は村の防衛にあたる「若衆」用の「成人名」までしかもてないということがあった。これは、名前が共同体の規範性に結びついた特権的資格だったことを示す。二つ目には、それらとは別に実名の所有があり、公式の場面でのみそれが用いられたという意味で。[5]「公式の場面」とは、共同体内ではなく共同体間の水準に位置する場面と理解でき、そこで実名を用いるとは、すなわち特権を行使することである。

次に、②名前が譲渡されるものだったことについて。ファーストネームの世襲が分かりやすい事例だが、いわゆる家督相続における名字の継承も名前の譲渡とみなしうる。たとえば、分割相続が基本だった時代、所領を継承する者が「惣領家」として名字を継承し、その兄弟等は別の名字を名乗って所領の一部を分与されるということがあったという。[6] 名前を譲渡される者が相続権の核を得る者として共同体に示され、特権的資格の世代間継承がなされたことだと理解できる。それは同時に、徴税の対象としての単位の継承でもある。こうしたことは家名や父称等が名前に用いられる文化圏に明瞭なかたちでみられてきたことである。[7] もちろん、そうでない文化もあるが、きわめて広範囲で名前の所有のあり方が似ていること、このことに意味があると言うべきだろう。

こうして、名前はすぐれて共同体的規範に結びついた価値体であり、資格として所有されるものだと言える。そして、それが所領の継承と結びつくことにおいてすでに明らかなように、名前の所有は権利の世界のいわば基盤であると考えられる。誰が所有するのかということの安定的帰着先に、所有された名前があるのだ。

Ⓑ土地の所有

土地は所有を問題にするにふさわしい性格を多くそなえている。まず、土地の所有は法的に規定された権利たることが求められる。これは、占有・保有（possession）は事実的なこと、所有（property）は権利的なことという区別で語られてきたことである。秀吉が藤原姓を得ても、もともと藤原姓を有する者の資格そのものは減じない。他方、すでに誰かの所有地である土地の権利を新たに得ようとする者がいて、それが認められるなら、所有権は分割されるほかない。それは、所有の排他性があって成り立つ権利の世界での抽象的操作である。そうした操作が安定性を得るには、度量衡の統一に基づく測量制度や所有者名の登記制度などが必要である。

法制度が求められる背景としてすぐに思いつくのは、三つのことである。まず、①土地には栽培、牧畜、建造など誰にとっても明らかな複数の利用価値があること。けれど、②土地には二重の意味で限界があること。すなわち、そもそも地表が有限であり、また、所有をめぐる規範の通用する共同性の範囲も限定されること。そして、③土地が人体に比して格段に大きく、事実的に占有しつづけるのが困難であること。これら三つである。①と②は、土地所有が係争性を帯びることにつながる。②に付言して土地の価値に関して述べておくと、限定性がもたらす稀少性だけでなく、政治経済的中心との距離などに基づく価値序列も重要であり、それも係争性につながる。そして、③は係争性への対処に事実性とは別の位相が要請されることにつながる。

こうして、安定的な土地所有には権利の力が必要になるということが理解できる。権利の位相で所有するとは、持続的な時間幅において所有しつづけるということでもある。そのことから、不在の所有者が土地への権利を保ちつづけたり、その権利を次世代に継承したりということが可能になる。さらに、その土地を見たことすらない人に譲渡したり、直接対価と交換したり、使用権を分離して人に貸して対価を得たりといったことも可能になる。[8]こうしてすぐれて所有権の対象とみなされてきた土地に関することとして、①数量性、および②不可逆性の二つに着目したい。いずれも、権利の世界の成立・維持に寄与するものだからである。

まず、①数量性については、所有権の分割とそれを可能にする測量という議論のつづきである。一つの林檎を包丁で二つに割れば、それぞれ約半分である。他方、土地の場合、まず「一つの土地」が言えるために、すでに権利の視点が入る。ただそこに広がっている土地を、権利の力で切り取って「一つの土地」とみなす。そして、それを二つに割るとき、約半分では済まされない。測量技術を用いて数量化し、その数値が正確に二等分される。そうして、それぞれ半分の土地への権利をもつAさんとBさんとが、移転可能な物のように土地を扱えるようになる。これは、持てないものを持てる物のようにしてもつための操作である。これがあってはじめて、土地所有を資格として対価を得るなどのことができる。

次に、②不可逆性については、占有と所有の区別の議論のつづきである。この区別が問題になる場面は大きく分けて二つである。一つは、正当に所有された土地を他者が事実的に占有する場面、もう一つは、誰のものでもない土地をはじめて占有し、それが正当化されて所有に転化する場面である。哲学史において所有権の議論がきわめて盛んになされた時代が、土地囲い込みや植民地開拓の時代であったことから、今日でも所有権について論じられる際、後者のイメージが念頭に置かれることが少なくない。だが、現代においてこれが問題になるとすれば多くは前者の場面であり、それと関連して、ひとたび誰かの所有地となった土地が誰のものでもない土地に戻ることはほとんどないという不可逆性こそ重要である。

土地は物のように消滅することはない。海やダム湖に沈むことはあっても、土地そのものが消費され漸減することはない。土地の酷使による土壌悪化で利用価値が漸減するとしても、それはもちろん土地そのものの漸減ではない。その性格ゆえに土地は、ひとたび権利の世界に招かれるや、そこから離れて事実の世界に戻ることは滅多にない。たとえば日本の民法において、相続者のいない土地は「国庫に帰属する」(第九五九条)、つまり国家の所有地になると規定される。誰のものでもない土地に戻るのではない。

こうして土地は、持てないものを権利としてもつという所有の性格が明瞭にあらわれる所有対象である。それは、権利の力によって財貨のようにやりとりされるものへと変質させられ、しかも、そうして参与することとなった権利の世界にとどまりつづける傾向をもつ。それゆえに土地所有は、今日みられるような権利の世界の成立・維持に大きく寄与しているものと理解できる。

Ⓒ財貨の所有

持てる物の所有はどのように捉えられるか。物理的に移転可能な価値体をここで財貨と呼び、その所有について二つの観点からのみ論じたい。①耐久性の観点、および②価値を測る価値体の存在という観点である。

まず、①耐久性。土地は漸減しないと述べた。財貨の場合にも、耐久性のあるものが特に所有権の対象とみなされる傾向がある。生きるために必要なのは食物だが、その貯蔵庫の所有こそ問題にされるというように。典型的には家屋や「耐久消費財」と呼ばれる自動車など、時間幅をもって価値体でありつづけるものは、誰が所有者なのかが明確に指定される傾向にある。これは、移転の困難さに正確に比例するわけではない。容易に移転可能なものであっても、たとえば歴史的評価が定まった芸術品のように持続的に価値体とみなされるものは、やはり所有者が明確化される傾向にある。これらは、持てる物としてやりとりされる場合にも、権利の世界のものとして、いわば土地のようにやりとりされると言ってもよい（なお、所有する名画の副葬を望んで非難された人がかつていたと聞くが、芸術品の場合には、価値体の所有に関する特殊事情がある）。

先に、土地が財貨のようにやりとりされると述べ、こんどは、財貨が土地のようにやりとりされると述べた。どちらが原型なのかと疑問が湧くだろう。事実的には、具体的な価値体である財貨のやりとりが先立ち、やがて抽象化された価値体としての土地のやりとりがなされるようになったと考えるのが自然だろう。だが、そうした先後関係はそれとして、重要なのは権利の世界における無差別性だと言いたい。権利の世界に招かれれば、財貨であれ土地であれ、同じようにやりとりされる傾向をもつ。土地は財貨のようであり、財貨は土地のようである。これが同時的に成り立つのが、持てないものをもつという権利の世界なのである。

そうした権利の世界でのやりとりを合理化する手段が、②さまざまな価値体の価値を測る特権的な価値体である。かつては穀物の種子や貴金属などがそれにあたるものだったが、現代社会では法定貨幣がその地位にあり、とりわけ金本位制が放棄されてからは、その地位をほぼ独占していると捉えられる（とはいえ同時に、ゴールドが安定的価値体として注目されるということも起こる）。土地であれ財貨であれ、価格がつく[9]。貨幣はさまざまな価値体を数値によって序列化する。そして、それ自体があらわに価値体であり、もちろん所有対象である。貨幣が成り立つ前提に、信用をめぐる強固な社会制度が必要である。貨幣は、権利の世界の無差別的やりとりを円滑化し、その世界をより堅固なものとする機能を帯びる。

貨幣を所有することも、持てないものをもつことと言える。それは、さまざまな価値体との交換可能性を所有することだからだ。貨幣所有が資格となり、他の価値体が得られる。そして、貨幣所有の特殊性として指摘するべきは、土地や耐久的財貨とは異なり、匿名的に所有されることである。もちろん、たとえば銀行口座にどれだけの預金があるかは口座の所有者名とともに記録される。だが、それは単に数量であって、どの特定の貨幣を誰が所有しているかは問題にならない。稀少な記念硬貨などは、価値を測られる側の財貨に転化した貨幣と捉えるべきである。そうして、特定社会の貨幣さえもっていれば、どこから来た人でもさしあたりは生活できるという点で、貨幣は自由をもたらすものでもある。

ところで、現代社会での貨幣の働きをみると、いくつかの仕方で貨幣所有自体を資格としてそれを数量的に増やすことができるという特質をみてとれる。その仕方とは、①貨幣を元手に生産体制を整えて生産し、生産物の対価としてより多くの貨幣を得ること、②土地・貴金属・株式・金融商品・他国通貨等と交換し、その価値の上昇の結果として利潤を得ること、③貸すこと・預けることで利子を得ること、などである。こうした増殖が可能なのは、土地や一般的財貨と異なり、貨幣の所有が特定の物理的存在へと帰着するような所有ではない（あるいは、そういう方向に押し進められてきた）という性格ゆえである。匿名的で量的に増殖可能な貨幣の所有は、資格の効力を所有するという共通性をもちつつ、こういってよければ名前の所有と対極にある。

本節では、権利の世界の基盤としての名前の所有、権利の世界の成立・維持に大きく寄与する性格をそなえた土地の所有、持てるけれど持てないもののように権利の世界に入る財貨の所有、そして、さまざまな価値体の価値を測る価値体の匿名的所有としての貨幣の所有についてみた。以上を踏まえて次節以降、それらの所有の結びつきについて考察する。

第2節　もつことが資格となり、別のものをもつこと——所有の手段的性格とその帰着先——

ある価値体を所有することが別の価値体の所有に結びつくことに関し、すでにいくつものことに触れた。①藤原姓の所有が資格となり、それが引き連れる諸権利をもてること、②名前の所有が資格となり、所領をもてること、③土地所有が資格となり、対価が得られること、④貨幣所有が資格となり、他の価値体が得られること、それから、貨幣所有が資格となり、⑤生産を媒介に、⑥他の価値体との交換を媒介に、⑦利子を得ることで、さらなる貨幣の所有に至ること、である。

貨幣の量的増加である⑤〜⑦は特殊なものとみなされることが多い（③も⑥の裏返し、④も⑥の一部と扱われもする。⑤については後述するように次節で論じる)。狭義の経済事象に特化して論じる場合、そうした見方が適切だろう。だが本節で考えたいのは、これらも含めて、ある価値体を所有することが、ただ所有するにとどまらず、次々と結びつき、もってそれぞれの所有が手段化するという一般的構造である。それを関心の対象とする場合、先述の七つを同列に扱う視点も成り立ちうる。貨幣の特殊性とは、所有をめぐる一般的構造があってこその特殊性であるのだから。ある所有が別の所有に対する手段となること、この性格を本節では、「手段的性格」と呼ぶ。前節でみたような権利の世界は、手段的性格を有する所有の連なりによって体系をなすとイメージできる。

ところで、手段を言うからには、その目的としての帰着先が何であるかを考えるべきである。そこでまず、(A)消費への帰着をあげたい。所有を媒介にして安定的消費が成り立つという構図である。これは食物こそ重要という言い方で何度か触れてきたことに関係する。そして、もう一つには、(B)名前への帰着をあげたい。その含意は、所有が手段となって名声を獲得する、それが名前の価値をいわば高めるという事態である。

本節では、これら二つを帰着先として設定した場合に、手段的性格を有する所有の連なりの体系をどう理解できるかを示したい。そして次節では、結局は帰着先をもつと解釈できる所有が、なぜこれほどまでに複雑な結びつきの体系となっているのか、その有力な一要因を明らかにしたい。あらかじめ言っておけば、それは、消費とは異なる理屈でなされる生産の場面における経営の発想の働きである。

(A)消費への帰着

人は消費しつづけなければ生きられない。生きていくためには、食物摂取とそのための環境が不可欠である。どれだけ多く所有しても、人間は有限な時間を生きる一つの生命体でしかなく、その条件を超えて消費することはできない。そのことから考えれば、所有の最重要の意味は必要な消費と直接関わるもの、たとえば植物の種子の所有にあるのは当然で、ついで消費の安定性をもたらすための手段としての所有があるという順序での理解が成り立つ。土地所有は食住を安定的に確保するためのもの、というように。そして、その安定性をより持続的で強固なものとしていくかたちで、手段的性格を帯びたさまざまな所有の結びつきがあるというふうに理解は進む。

そうした順序での理解を示すに際し、「多産財」という言葉について考えておきたい。所有に関する議論において、さまざまなものを生み出す多産財こそ所有対象として重要だとしばしば言われるがゆえのことである[10]。この表現において重要なのは、「多産」が複数の意味をもつことである。まず、①量的に多くのものを生むこと。たとえば、一粒の種の所有から、多くの果実と、より多くの種とが得られること。次に、②量的に変化しないまま、特定の質を恒常的に生むこと。たとえば、自動車の所有により、長い期間つねに便利な移動が得られること。そして、③その用途が複数的で、質的に多様なものを生むとみなせること。たとえば、土地所有によって、栽培、牧畜、建造などの用途のいずれか（複数でもありうる）を選んで、①や②をおこなえることである。

安定的消費を維持するためには、①や②が直接的に重要であるが、より強固な安定性を求めるにつれ、③の重みが増していく。なぜなら、生きていくうえでの不確定性に対処しつつ安定的消費を確保しつづけようとするとき、選択幅の広さが重要になるからだ。それ自体消費することのできない価値体、特に価値を測る側の価値体を所有することの意味も、そこから理解できる。土地を所有すれば、栽培や牧畜等に使用できるだけでなく使用権の対価を得ることもできるとか、貨幣を所有すれば、いつでもさまざまなものと交換できるだけでなく使わずに利子を得ることもできるとか。そして、それらを通じて蓄財しておけば、事後の消費の安定性が確保されるというように。それゆえ、より強固な安定性が求められるにつれ、所有の結びつきの体系において貨幣（価値を測る側の価値体）が中心的な役割をもつものと捉えられていく。こうして、消費への帰着ということから考えれば、手段的性格を帯びた所有の結びつきの体系は、消費の安定性の確保と、その安定性の強化という理屈から理解できる。

そこで重要なのは、安定的消費の確保は、通常、個人単位というより、共同性において目指される点である。ということは、すなわち世代をまたぐ共同的消費の安定性が求められるということである。そのことをおさえれば、家族を単位とした相続が成立しつつ、それを守護する所有関連制度が整備されるという事態を理解できる。税制を軸として、家族における所有・相続と法制度とは相互に支え合い、互いの安定性を強め合う方向に進んでいく。関連して、しばしば法制度は富める者のために整備されてきたという趣旨のことが言われる。それはそうだとして、これを単に不公平だと切り捨てるわけにはいかない。ごく一部の人の消費の安定性の確保が目指されたのだとしても、守護されるべきものがあってこそ法制度の安定性が得られていき、そうした制度の安定性は、事後、より多くの人びとの消費の安定性を確保することに資するとも言えるからだ。

以上のことすべては、消費を帰着先とするさまざまな所有の結びつき（およびそれを守護する制度）という構図で理解できるものである。だが、所有の結びつきの構造をよりよく理解するためには、もう一つ帰着先があると捉えるべきである。

⒝名前への帰着

人は消費できるより多く所有することができ、場合によっては幾世代にわたっても消費できないほどの蓄財ができる。だが、必要を超えた所有は無意味だということにはならない。所有を通じた名前の価値の上昇とでも呼ぶべき事態がある。手段的性格を帯びた所有の結びつきが名前へと帰着するという側面である。そのことは、人間が社会において相互に評価し合うということから説明できると考える。

まず基本からおさえよう。松永澄夫は、もともと生命体であるものが「食べられるばかりの形態」になるに至る「転換過程」、すなわち貯蔵・加工・調理といった活動が積極的になされたことの所以を、「人々の間での評価の対象となることにおいてであろう」と述べている[11]。重要な指摘である。貯蔵のことだけを問題にしよう。食物を腐らせずに貯蔵するには技術が要る。そうした技術を生み出し、あるいは継承・発展させることは共同体にとって大きな価値があり、それゆえに評価される。今日的な事例で言えば、発明への知的所有権も同種のことと言える。一方で、技術への権利が特定者によって専有され、その使用対価等が得られるということがありつつ（それは消費の安定性につながる）、他方で、技術を生み出したこと自体が普遍的価値のあることとして評価され、それをなした人が名声を得るということも起こる。

だが、技術を生み出した人がその功績を評価されることと、所有そのものが名声につながることには当然距離がある。前者から後者への架橋はどのようになされるのか。まず、先に税制に触れたが、①安定的な社会制度が構築されているという条件のもと、所有は税を通じて共同体の維持に貢献するとみなせるという構図があること。高額納税者ランキングが発表されたりするのも、納税を一種の功績と捉えるがゆえのものだろう。次に、②そのようにして構築されている社会において、かならずや身分・称号の類のものが存在し、それが直接の獲得対象に転化していく傾向にあること。かつて、官職や身分が売買の対象になったことにはそれが典型的にあらわれているし、今日においても、同種の事例は数多く存在する。ということは、さいごに、③多く所有することは、すでに潜在的に名声獲得につながっているとみなしうること。こうして、所有が名声へとつながる所以を理解できる。

別角度からみよう。前節末で、貨幣の所有は匿名的で、名前の所有と対極にあると述べた。消費の安定性に資するとみなせる量を超えて貨幣を所有することは、それだけでは何にも帰着しない。本節冒頭で触れたように、貨幣の増殖が特別視され、「自己目的化」と言われたりもする。だが、量的に増えたところで、何にも帰着しないものは社会的に有意味たりえない。そこで帰着先としての消費はと言えば、個人レベルでは有限であり、死とともに終わる。他方、名声は死後にも残る。このことが、所有の帰着先として、消費とは別の帰着先を想定するべき大きな理由となる。

もちろん、得られた名声がふたたび所有につながりもする。先に官職や身分が売買の対象になったことに触れたが、その場合も、地位がもたらす名声のみならず、地位が生む実際上の利益が視野に入っていることが大半だろう。こうして、名声と所有の相互亢進的なループ構造と呼ぶべきものを指摘できる。だが、そうであっても、名前への帰着を言うことは可能である。そこで起こっているのは、そのつど所有が名前へと帰着し、その名前の価値を高めつつ、さらなる所有の獲得が可能になるという事態だからである。

これは、前節(A)でみたように、名前においては所有者と使用者が一致しており、かならず一者への指定的帰着があるということが可能にする事態だと考えてよい。必要を超える所有とその顕示は、政治的なものとも絡み、人間社会で古くから広範にみられる事柄の一つである[12]。それは多様な姿をとりつつ、名前をもつ者によって形成される社会の重要な要素でありつづけてきた。名前の質自体の変化とでも呼ぶべき事態、それが、相互に評価し合う人間社会において価値を有するのである。重要なのは、価値の高められた名前は、ある種の遺産として家族の共同性において継承されもすることである。それが、社会における権威構造を支えてきたと言える。

こうして、手段的なものとしての所有の連なりが、一方で、消費に帰着するのを基本としつつ、他方で、所有された名前へと帰着するという構図を取り出した。前者を論じる中で、消費のより強固な安定性の確保において、価値を測る側の価値体としての貨幣が所有の連なりの体系において中心的役割を担うようになることについて述べた。利子などの話である。そうして、貨幣のもつ力が人間社会において他を凌駕する方向に進んできたのは間違いない。だが、貨幣の威力の増大も、後者で論じた名前への帰着が人間社会で重要性をもつということ、これとの関係なしにはありえなかったと考える。これが本節の結論である。

第３節　生産活動への経営の発想の導入による権利の世界の複雑化

生産に関し、すでに二つのことに触れた。①土地の利用価値として、栽培、牧畜といった生産のための用途をあげられること、②貨幣を元手に生産活動をおこなえること。この二つである。本節では、経営的発想に基づく生産活動が、所有の結びつきの体系を複雑化させている大きな要因であることを示したい。

意図を明確にするため、まず①について、さしあたり栽培だけを念頭に少し議論を展開させよう（牧畜については後述）。土地を利用し、少人数が消費するのに足るだけの生産をおこなうことと、生産物を流通過程にのせることとは大きく異なる。後者において、生産者と消費者とが分かたれ、生産と消費のあいだの時空的距離が増大する。そのとき、生産行為は経営的行為の性格を帯びる。生産物がかならず誰かの消費に帰着するとはかぎらず、消費されるには、まず購入されなければならない。それゆえに、購入を宛先とした経営の発想が必要となる。生産と消費のあいだの時空的距離が拡がるほど、生産物が誰の消費にむかっているかがみえにくくなるだろう。そうして現代社会では、数値的なものが信頼され、統計的に処理された匿名の消費者（購入者）にむけて生産するということが一般化した。経営の発想は、生産を消費の理屈から離れさせる傾向をもってきたと言える。

以下、順序が逆にみえるかもしれないが、まず、(A)会社組織のような法人をめぐる所有、すなわち法人を所有すること、および法人が所有することについて論じ、その生産活動にみられる経営の理屈がどのようなものであるかを明らかにする。そして、そうした経営の理屈の萌芽とみなせるものとして、理由を明らかにしつつ、(B)家畜や奴隷といった生命体の所有について論じ、経営の理屈の導入による権利の世界の複雑化についての概略を得る。

(A)法人をめぐる所有と経営

まずは法人そのものを所有することの方から述べたい。第1節で土地の所有について論じた際、権利の世界での抽象的操作によって土地を数量的に扱えるようになると述べた。それを踏まえて法人を所有することを捉えれば、それは抽象的操作によって物理的存在でないもの（法人）をも所有するという一歩進んだ事態だとみなせる。今日広くみられる株式会社においては、法人を所有する権利が株式を通じて数量的に分割される[13]。権利の細分化によって、小株主にとっての所有権は実質性をほとんどもたないということにもなる。非物理的なものを所有するという共通性があるものの、個人への指定的帰着が実質をもつ名前の所有とはここが大きく異なる。

そして次に、法人が所有することについてである。たとえば、個人所有にみえる財が、実は出資者一名の法人所有のものだということがある。事実ほとんど同じことにみえても、両者は権利の世界においては区別されねばならない。法人は、抽象的な存在として主語の側に立ち、法人格を有するとされる。そうした法人による所有は、持てない者がもつという事態だと言ってもよい。株式会社の話で言えば、株主は分割された権利を通じて法人を所有することに与るが、法人は、株式を通じて得られる資本の全体を所有する。成員が入れ替わりながら名前が保持される（改称・合併等によっても権利が引き継がれる）法人は、実際上はともかく、原理的には生命体としての人間よりも長く所有しつづけることができる権利の世界の抽象的主体である。それは、ある時代以降、所有の連なりの体系において大きな存在感をもつようになった。

法人を主語とする生産活動に経営の発想が導入されることの意味を考えよう。もちろん、法人にもさまざまな種類のものがあるが、ここでは主題上、営利企業を念頭に置く。その考察の前段としてまず重要なのは、法人そいれ自体が手段的な性格を帯びたものだという点である。法人は、共同的消費のなされる場ではなく、前節の言葉で言えば、「消費への帰着」の帰着先とみなすことはできない。もちろん、責任とリスクを分散化させつつ、広範囲から資本を調達する手段として法人を捉えるなら、それが不確定要素に対処しながら生きる人間の工夫の一つであるのは間違いない。たとえば、個人にとってはあまりに高価な大型生産機械を法人が所有し、それを活用した生産活動の結果、給与や配当金のかたちで個人に財が分配され、もって個人の消費の安定性にも寄与するという側面があることは疑いない。だがそれは、法人を通じてのことであり、法人において人が消費するのではない。

また、「名前への帰着」に関しては次のように言える。たしかに法人にとっても名前の価値向上は重要だが、それは経営資源として法人が所有している名前の価値が上がることの重要性であると。社名がブランドとして通用するようになれば、そのことによって新たな価値体の獲得につながる。前節で、名前へと帰着し、それがまた価値の獲得につながり、という事態を「ループ構造」と表現したが、法人の場合、ほぼ「価値の獲得」の方にのみ重要性がある。企業買収時の買収額と（買われる側の企業の）純資産との差額（超過収益力）を指す「のれん」という会計用語があるが、これは、ブランド化した社名などの無形の価値が実際に価格として評価されるという事態があってのものである。所有された名前が濃厚に手段的性格を帯びていることだと捉えられる。この二段落の結論として、それ自体が手段的な性格をもつ法人は、手段的性格を帯びた所有の連なりの体系に主体として参加しながら、最終的な帰着先になっているわけではないと言える。法人に関わるそれぞれの人（有限な時間を生きつつ消費する名前をもった存在）の合成によってではなく、そこから独立した法的水準で権利の世界に参入しているのが法人だからである。

さて、経営の話である。以上のような性格をもった法人が生産活動をおこなうとき、そのもとで働く人や、所有している価値体（資本）、あるいは、所有している価値体を媒介にして得られる資源、それらを一様に経営資源として捉え、その組み合わせによって生産活動がなされる。その組み合わせをいかに巧みにおこなうか、これが経営である。そこで目指されるものの根幹にあるのは、より効率的に生産し、効率的に所有を増大させることである。そのことが結果的に法人の存続を可能にするということがあるにせよ、経営において目指されるのは、安定的な消費の共同性の維持とはまったく異なる事態である。つまり、生命体維持のための消費の理屈から隔絶したものとして、生産活動における経営の理屈が働いている。近代以降、そうした理屈の存在感が増すにつれ、社会における所有対象の規模が格段に増大しつつ、権利の世界が極度に複雑化したと言うことができる。

さらに言えば、経営の理屈は、消費の理屈で構成される人間の基本的な生き方を改変する力さえもつに至った。たとえば、遺伝子組み換えによって翌年には発芽しない種子を開発し、それによって利益を永続化するなど。こうしたことは、消費が根本においては変わりえないのに対し、生産のあり方は可変的であり、そこに政治的なものが大きく絡みつつ、基本的には経営の視点を主軸にして変わっていくことのあらわれだと言える。前節で、特別視されがちな貨幣の増殖も、所有の手段的性格の働きの一種だと捉えられると述べた。また、法制度が富める者のために整備されてきたとしても、結局は共同的消費の安定性が求められることの一環として捉えられるとも述べた。だが、これらについても、巨大な資本を背景にして経営する法人が権利の世界を複雑化させたという事態を考慮に入れれば、そこでニュアンスが変わったと言うべきだろう（なお、本章で政治のことを主題的には扱っていないが、次章において、名声および資源配分に関する特殊な経営という捉え方を基本に論じる）。

(B)生命体の所有にみられる経営の発想の萌芽

法人による価値体の所有は、経営資源として所有することであった。そうした所有の萌芽にあたるものとして、家畜や奴隷といった生命体の所有を位置づけたい。本節冒頭で述べたように、ある段階から農業生産にも経営の理屈が関わる。ここで展開したいのは、そこになかったものが、家畜や奴隷を介した生産活動において生まれたという類の歴史的段階論ではない。植物も家畜・奴隷も、多くの社会において経営資源として所有されてきた。重なる部分の方が大きいと言ってよいだろう。そのうえで、とりわけ家畜・奴隷の所有において色濃くみられる「経営資源として所有すること」の萌芽の側面を抽出し、その重要性を示すのがここでの目的である。ポイントになるのは、繁殖をめぐる管理技術である。

まず、植物と家畜とでは、所有されるものとしての性質がどう違うか。それを考えるにあたり、前節(A)で述べた多産性の複数の意味についての議論を思い出そう。そこで、①量が得られる、②いつも同じ質が得られる、③さまざまな質が得られる、この三つをあげた。①の例に植物の種をあげたが、その結果をいつも享受できるという意味では、②であるとも言える。③の例に土地をあげ、土地利用の結果として①や②も得られるのだと述べた。栽培を介して①や②を得られるように。

これに当てはめた場合、家畜は、まず③の意味で多産的であり、乳を得たり、皮革や毛を得たり、農耕に用いたり、いざとなれば食用にしたりができる。そして、ここが重要な点だが、土地を利用して栽培し、というような媒介をはさまずに、直接的に②（いつも同じ質を得る）を実現させ、しかも、繁殖によって①（量を得る）ができる（もちろん、その前提に土地所有、そこでの餌の栽培がみられることが多いとして、そのうえで、である）。現代的価値観からすれば否定されるべき奴隷も、歴史的にみれば実に多様な役務のために使役され、しかも、その子孫までも所有権の対象となったことを考えれば[14]、その点において同種の構造を指摘できる。家畜や奴隷の所有こそ所有の起源だとする論者は、この直接性に注目しているのだと考えられる。

さて、植物との違いである。もちろん、植物であれ家畜であれ、それを資源として管理することは容易ではない。そのうえで、後者の場合には、サイズの大きさと可動性という特徴のほかに、先述の多産性の裏返しとして、価値を享受するための技術の組み立て構造がより複雑だと指摘できる。植物の場合、栽培にさまざまな困難がありつつ、基本的には季節的循環に基づく管理がなされる。それは消費のリズムと調和的である。春に植え、秋に収穫し、それが冬への備えとなり、というぐあいに。他方で、家畜の場合には、生から死へとむかう線形の時間性が基本である。つまり、所有する側と同種のリズムをもった相手を所有・管理することとなる。複数の生命体それぞれの成長に合わせて飼育し、病に気をつけ、といったことがより必要になり、複雑で体系化された管理技術が要されることになる。

さらに、時間幅をもってそれが生み出す価値を享受するには、なにより繁殖が重要となる。そうして、生命体の継続的所有のためには、これらのことへの対処において経営という発想を導入するほかないという方向に進む。かつて奴隷が担わされたさまざまな役割の中でも、家畜の管理は最重要のものの一つだった。奴隷を管理し、その奴隷が家畜を管理し、という経営がおこなわれたものと捉えられる。

繁殖ということから、ある意味で生命体の所有も土地の所有のようでありつつ、そこからはみ出す特徴をもって「無差別的な権利の世界」に参与していると言える。まず、ある意味で土地の所有のようであるというのは、生命の連なりというべきものから、個別の所有権対象を切り取っていると解釈できる点である。これは、ただ広がる土地からの権利の力による切り取りと同型と言える。そうして、特定の生命体を財貨のように売買できる。他方、はみ出す特徴というのは、土地そのものから土地を生めないのに対し、先述のように、特定の生命体が所有権の対象となったとき、それが生む生命体をも所有できるという点である。

ここで生じているのは、所有される側が世代をまたぐ経営資源とされるという事態である。それに応じて、所有する側もまた、世代をまたぐ経営主体たることが求められる。この意味で、家畜や奴隷の所有において、経営的発想を含む所有関係の萌芽がはっきりみられると考える。ただし、それはあくまで「萌芽」であって、法人をめぐる所有のあり方と同じわけではない。家畜・奴隷の所有形態は多様だが、ここでは家族によるものを想定しよう。その場合の家族は、消費の共同体であり、かつ、生産活動において、資源所有の主体と経営の主体とを兼ねているものと捉えられる。他方で法人は、先に述べたとおり、消費の共同性を形成しない。また、所有者と経営者とが権利の世界において分離している。「権利の世界において」というのは、実際上、経営者と大株主とが一致しないという場合だけでなく、法人所有者と経営者が一致している場合であったとしても、権利上のこととして両者は違うということである。それゆえ、あくまで「萌芽」なのだが、ひるがえって、法人とは、いま述べてきたようなことをベースにして抽象的操作性を加えたものと理解することも可能であろう。

さて、世代をまたぐ経営主体が世代をまたぐ経営資源を所有するというところに話を戻せば、生命体の所有において、所有する側は名前をもつが、所有される側は、人間であったとしても、所有する側のように名前をもちはしない傾向にある。このことは重要である。そこでみてとれるのは、名前をもつ者たちが、匿名的な存在を所有するという非対称性である。こうして、第1節(A)でみた名前の所有が特権的資格であるという議論へと戻ることになる。思い出すに、そこで例としてあげた中世日本の村において、村の運営、すなわちある種の経営に関われる者だけが名前を所有できたのだった。もちろん、生産活動における経営と村の運営とがまったく同じものだとは言えないにしても。

第4節　結論に代えて――生命の所有、所有の平等をめぐる見通し――

以上、「持てないものをもつ」ことを可能にする所有の特質と、それが手段的性格を帯びて結びつく権利の世界の構造、その帰着先としての消費と名前、その結びつきの体系を複雑化させるものとしての経営の理屈についてみてきた。ここでは、前節の議論を踏まえ、結論に代えて、(A)生命の所有をめぐる議論、および(B)所有の平等をめぐる議論について短く見通しを述べたい。

(A)生命の所有をめぐる議論

「生命を所有する」という表現がある。近代において所有権を言うときに含意される処分権の議論と絡み、自らの身体、さらには生命を所有財のように自由に扱えるのかという問題が論じられてきた。たとえば、臓器売買や安楽死の問題として。ここでは、「生命を所有する」という表現がどのような理屈で成り立っているのか、ごく簡単な見通しだけを述べる。

まず確認として、生命は所与的なものであり、権利の世界からは独立に事実的なこととして一定期間恒常性を保つべく駆動し、事実性のレベルにおいて「継承」されうる（生命をもつ者が生命をもつ者を生む）ものである。「生命を奪う」という表現もあるが、当然のこと、財貨をやりとりするようなかたちでの移転はできない。もちろん、同じく「持てないもの」であるにしても、名前のように人間がつくり、与えることはできない。すると、「生命を所有する」という表現を認める場合に、「もてるもの」への転化の理屈が問題になる。その理屈について本格的に考えるには多くの準備が必要だが、さしあたって本書では、①事実、生命体の生み出す価値を享受できる、②そこから、生命体（物理的存在としては身体）を所有できるという考えが生まれる、③さらに、それを駆動させているもの（生命）をも所有しているという考えに転化する、という順序を理解の枠組みとして置きたい[15]。

この枠組みにおいて、所有される側の生命体は、他の存在でも自分自身でもありうる。所有対象が他の存在である場合に、たとえば債務奴隷などは、②（生命体を所有できる）の水準において財貨のようにやりとりされ、「生殺与奪権」などと言われる場合には、③（生命を所有できる）にまで進んでいると考えられる。他方、所有対象が自分自身である場合に、人が自らの身体（②）・生命（③）をもつという捉え方に結実する。そこで重要なのは、享受し、所有する側には、前節(B)でみたような、経営する者としての人間像が織り込まれていると捉えられる点である。つまり、名前をもつ者が経営資源を所有するようにして、ということである。臓器を流通過程にのせるとか、生命の駆動の停止を自ら決めるという発想は、そのようにして理解可能になるのではないかと考える。他方、臓器移植が匿名の贈与であるべきという考え方は、その裏返しとして、名前をもつ経営主体の行為であってはならないと考えるがゆえのものであろう。

生命体がみな所与のこととして生きていることと、それぞれが生命を所有すると捉えることのあいだには大きな開きがあり、後者は、権利の世界の複雑化の過程に関与していく傾向をもつと考える。ここではそう述べるにとどめ[16]、次の(B)でそれと通底することとして「自分自身の経営」と呼ぶべき事態に関することを述べたい。

(B)所有の平等をめぐる議論

まず前提として言うべきは、持てないものをもてるようにする権利の世界は、かならず事実的に存在するものとの対応関係において説明・理解されるということである。いわゆる所有権の正当化の理屈とは、いかに事実から権利が生み出されると考えられるかというものである。すると、実際上の問題として、所有する者とそうでない者との不平等まで正当化されてしまう、少なくともそう読めるということが起こる。

そうした問題意識から、社会哲学者プルードンは、「他国者遺産没収権」に所有の本質をみた[17]。第2章でも触れたが、それはかつての領主権の一つで、定住外国人の遺産は相続されず、領主のものにできたという権利である(やがて領主権から国王特権になる)。プルードンの洞察は、そこに典型的にあらわれるように、所有権の本質は権利の世界での線引きであって、それは事実性から正当化できるようなものではないという趣旨のものである。権利の世界での線引きが社会における権力関係を反映することを考慮に入れれば、線引きに基づく適用が公正であったとしても、線引き自体、すなわち所有の資格の有無をめぐる分岐それ自体の不公正さを問える。そうした考えである。

そこで、現代社会のことを考えれば、全般的には、奴隷制廃止、性の平等、そして、外国人住民の権利の平等の方向に進んでおり、それは誰もが所有者になりうる方向だと要約できる。そこで焦点が当てられてきたのは、基本財を誰もが享受できることであり、理念として「健康で文化的な」(たとえば日本の憲法第二五条)という言葉が掲げられてきた。本章の議論を踏まえれば、安定的消費と、名前をもち、他者と相互評価の関係に入りうる者としての生き方の普遍的確保である。もちろん、それがどの程度実現したかに関する評価は別としてである。

近年、個人がそれぞれ自分自身の「マネージメント」に努めるべきだとする考えが流布し、経営主体のような生き方が推奨されたりする。そうしたことの一つのあらわれとして、インターネット上で名前の価値を「高め」、もって広告収入を得るという営みがみられる。それは一方で、経営主体の遍在化であり、誰もが等しく所有者になるという方向の延長上にあると捉えうる。つまり、誰もが自分自身の所有者であり、しかも、それを経営する主体でもあるのだと。他方で、経営するとは競争することであり、競争の普遍化は資本制の極度の発達ゆえのこと、こうした傾向はむしろ富の偏在（所有の不平等）を推し進めるものであると警戒的に捉えることも可能である。

本章の議論を踏まえて言うならば、いま触れたことは、名前自体が所有される価値体であり、その価値は一定にとどまるわけではないということと関連している。そこで、見通しとして、所有の平等について考えるとき、名前もまた所有される価値体だということへの繊細なまなざしが必要になるはずだと述べておきたい。ここで念頭に置いているのは、コミュニズムの主張である。それは、きわめて経営的な性格をもった国家において、個々の名前とは逸脱的なことだったと言えるだろうか。コミュニズムを標榜した国家において個人崇拝が起こったことへの「帰着」が阻害され、もって特定個人の名前へと所有の連なりが強烈に吸収されたこと、いってみれば理の当然の出来事だったのではないだろうか。ほとんどの人が名前をもち、その価値を享受し、名前をもつ者同士として互いを評価すること、そのことと所有の平等とはどのように両立しうるのか[18]。問いはそこにあると考える。

第5章　社会の内と外
——政治について——

はじめに

「地球社会」が希求される。人類みなが支え合い、戦争が起こらないような社会として。だがそれは、実際に実現が難しいばかりか、理屈上の困難をも抱えている。私たちのもつ「社会」の観念は、基本的に外部との関係において機能するものであること。そして、「外」と画された「内」に共同性が成り立っていると捉える見方において共に生きる人びとによる「支え合い」のイメージが成立すること。これらが理屈上の困難の大きな要素だと考える。地球全体が共同性を有する一つの社会になることを想像はできても、その実現の論理を言うこともまた難しい。私たちが外部なき社会というものを経験したことがないというのが大きな理由だと考える。

本章の課題は、「共同性と社会性の一筋縄ではいかない関係の内実に明確な言葉を与えること」（第3章末）にある。それに取り組むにあたり、社会性概念について改めて述べておく必要がある。それは、領域内の多数の無縁の人びとに対して制度的構築性の力として作用するものだと述べてきた。すでに体系的に成り立ったものとしての社会がもつ性質である。だが、「社会」という語は、別のイメージ、すなわち成り立たせていくものとしてのイメージをも喚起する。第2章以来、共同性の実質をなすのは人びとだと述べて、制度的に構築された社会と対比させて論じてきた。だが、社会もまた人びとなくしてはありえず、当然のこと社会も変化する。そのことから、社会は人が関わって成り立たせ、変えていくものだという第二のイメージが成り立つ。社会について理解するとき、これら二つの社会像の構成理路それぞれを理解する必要がある。

そこで、二つのイメージの先後関係を述べれば、成り立ったものとしての社会の方が先立つと言いたい。成り立たせていくものとしての社会のイメージをもつのは、すでに社会に生きる人である。すでに生きられているその社会は、成り立ったものとしての社会である。帰着先の像をもたずに成り立たせていくプロセスを捉えようとしても、イメージは拡散して像を結ばない。だが実際、成り立たせていくものとしての社会のイメージは像を結ぶ。そのとき、像を結ばせている当のものは何かと言えば、社会を一つの全体へと閉じるものである。それが暗黙のうちに前提とされる。ところで、社会を成り立った一つの全体へと閉じるもの、外と画された内にするものは何か。それは政治の力だと考える(第1節で詳細を述べる)。このような見立てのもと、本章では、政治を主題に、成り立ったものとしての社会の性質をおさえることに注力し、成り立たせていくものとしての社会についての考察は、次章に取り置くこととする。

以下、本章の展開は次のとおりである。まず第1節で、成り立ったものとしての社会の特徴について整理し、本章の主題が政治であるべき理由を明確化する。それをうけて第2節では、まず政治の力が実現しているものとしての諸制度が完結性を有することを理解する。つづく第3節では、政治の力が発生するための論理上の基盤について述べ、政治の力と社会性の関係を理解する。第４節では、それらを踏まえて、社会が内と外とに分かたれることにおいて、社会性と共同性の関係がどのようになっているかを解き明かす。最後の第５節で、結論に代えて、成り立たせていくものとしての社会について短く述べて、次章へと論を接続する。

第１節　成り立ったものとしての社会——なぜ政治が主題になるのか——

ここではまず、(A)成り立ったものとしての社会の性質について整理し、(B)それに対する予想される疑問に答えることで政治が主題となる理由を明確化し、つづく節への導入とする。

(A)成り立ったものとしての社会の性質

翻訳語である「社会」の原語にあたる society や société 等のニュアンスを確認することから始めよう。これらの語には、「日本社会」のようないわゆる社会だけでなく、協会、組合、結社のような「会」の意味がある。日本語で「社会」という場合、通常この意味はほとんど含まれないが、成り立たせていくものとしての社会のイメージには、この会の方のニュアンスが入っている。そこで、いわゆる社会（全体社会）と会（個別社会とも呼ばれる）の違いは何かと言えば、まずは二点、①いわゆる社会には領域的全体性が必須であるのに対し、会はそうでなく、多くの場合領域自体をもたないこと、②会が任意加入であるのに対し、いわゆる社会の場合にはそうは言えないこと、これらをあげることができる。この二つについて述べ、いわゆる社会の最大の特徴、③制度的構築性をもつことへと議論を展開させよう。

まず、①領域的全体性。今日の「日本社会」のようないわゆる社会には物理的に明確な領域があり、その内部が一つの全体を成すと捉えられる。領土問題を考慮に入れても、そう言えることに変わりない。それは、「明確な領域」が複数主体によって定められるからこそ起こる。他方、会の場合、それが法人として所有地をもつことがあるにしても、領域的全体性をもつことはない。それは人こそが成すものである。「社会」の語は多義的で、人が成すというニュアンスの強い「日本人社会」という言い方もあるし、実際に海外で「日本人会」がつくられりもするが、いずれも領域的全体性をもつものとしての「日本社会」の観念に依拠している。[1]

次に、②加入の非任意性。会には個々人が任意で加入するのが基本である。他方、「日本社会」の場合、その領域的全体性の内に生きるなら、選択の余地なくそこに「加入」しなければならないのが基本である。当人の意思とは関係のない出生届の提出はもちろん、自らの意思で定住を希望する外国出身者もまた、その意思は任意のものであれ、意思の実現において選択肢をもたない。

これらのことから、いわゆる社会の最大の特徴に導かれる。③制度的構築性をもつことである。①で述べた領域的全体性は、制度によってこそ担保される。国境に物理的に線が引かれていなくても、内と外とを画す力が働いている。制度の強制性がカバーする範囲の内と外としてである。領域という物理的実態のないところで制度がつくられはじめることはないが、領域を画している当の力は制度の方である。また、②で述べた「加入」の議論は、新生児や外国出身者が社会の一員になるにあたって、かならず制度上の所定の手続きを経なければ、領域的全体性の中に位置を占められないことだと言い直せる。[2]

そうして、本書で「社会性」と呼んでいるものの内実を改めて述べれば、制度的構築性の強制的な力によって領域内に生きている無縁の人たちが一様にカバーされるような社会の性質である。これが成り立ったものとしての社会の性質である。

Ⓑ予想される疑問への応答と、政治が主題となる理由

予想される二つの疑問に答えるかたちで、社会性の概念をこのように使う理由について補足説明する。というのも、社会思想史等において、「社会(性)」の概念は、翻訳語としての出自を反映し、「成り立たせていくもの」や会の方のニュアンスを強く帯びて用いられてきており、本書の用語法はそこから遠いものと言えるからだ(またそもそも、「社会性」という語は、人間のもつ性質として用いられることの方が普通だろう)。疑問に答えることで、政治が主題となる理由を明確化する。

予想される疑問の一つは、無縁の人たちが成す共同性こそが社会を成り立たせているのではないか、というものである。第3章で、それ自体は共同体ではない会社においても共同性が生じうると述べた。たしかに社会全体においても、それとはまた別の仕方で共同性の想念が成り立ちうる。むしろ、よく知られるように、言語政策や近代教育等を通じて国民の共同性意識が意図的に強化されたという歴史がある。社会全体の安定性、外に対する内の単一性を目指してのことである。だが、先立っているのは制度的構築性の力の作用であり、社会全体で効力をもちうる共同性の想念は、それを補完するものと位置づけるべきである(第4節で論じる)。補完される側の性質をあらわす概念が社会性である。

予想される疑問の二点目は、ここで社会性と呼ばれているものは社会ではなく国家(とりわけ近代国家)の性質ではないかというものである。この疑問の背景には、成り立たせていくものとしての社会イメージが働いていると考える。しばしば、近代社会には「政治的なもの」と区別された「社会的なもの」が存在すると指摘される[3]。そ

の「社会的なもの」には、社会の中で個々人が互いに支え合うイメージが伴われる。保険や年金が代表例である。だが、そうした「支え合い」の全体を画するのは政治の力であり、また本書で言う社会性の効力範囲である。それはたしかに近代社会において、国家領域と外延を等しくする傾向をもってきた。だがそれは、国家主権の及ぶ領域の話であり、国家そのものは集団ではなく単なる法人である。

歴史を振り返れば、さまざまな社会の形態があった。たとえば中世ヨーロッパには、しばしば指摘されるように、同じ土地に対して効力をもつ複数の制度主体が存在した。国王、領主、教会など。そのとき、個々の権限に機能分化と補完性がみられたとしても、それは、単一の体系を前提としたものではなかったと言える（次節で税制を根幹とする諸制度の体系を論じるが、中世ヨーロッパの徴税主体の複数性は、近代の連邦国家にみられるような中央と地方の分担のようなものではない）。その場合、そこには複数の社会の重層があったと捉えることができる。複数の制度主体が、いわばベン図を描くように固有の社会領域をもっていたというイメージである。それらの効力範囲それぞれは、今日の国境線のような明確さをもってはいなかった。だが、それゆえにこそまさに、制度的構築性の効力範囲がそれぞれの社会の領域だったわけである。こうした複数の社会の重層を言うときの「社会」もまた、本書の言う社会性を有している。このように、社会がさまざまな形態をとるにしても、それらが共通して有する性質をあらわすために、先に整理して述べた意味での社会性概念が必要になるのである。

さて、なぜ政治が主題となるのか。一言で言えば、すでに述べたように、社会性の効力範囲を画するものこそ政治の力だからである。この画する力を措いて社会を論じることはできないと考える。前章で、所有とその連なりによる権利の世界の構造の一端を理解した。それは、広義の経済的な側面から社会秩序の上層を理解したものである。だが、その議論においても言及したように（たとえば、度量衡の制度の議論など）、権利の世界には政治の力が必要である。前章で政治について、「名声および資源配分に関する特殊な経営」という捉え方を基本に論じると予告したが、何が特殊かと言えば、制度をつくって社会全体を経営する点である。

会社のような法人の経営においては、それが用いる経営資源の範囲は明確で、法人が所有・利用するものの全体である（それを可能にしているのが所有権をめぐる社会全体の制度である）。また、法人において生み出される仕組みを「制度」と呼べなくはないが、それは社会全体の制度が許容する範囲を超えることはない。他方、政治の場合には、政治体が所有しているわけではないものに関して、次節でみるように、とりわけ権利の配分を軸にした制度をつくることで、一つの社会としての安定性が目指される。そのとき、まさにそうすることによって、制度の効力が及ぶ範囲とそうでない範囲とが内と外とに分かたれる。それゆえ、制度的構築性の力が働く「内」なる社会について論じようとするなら、内と外とを分ける当の力である政治こそ主題とするべきなのである。

第2節　政治の力を背景とした諸制度の完結性

まずは政治の力が実現しているものの方からみよう。以下、(A)諸制度構築の根幹部分と呼ぶべき資源徴収の制度、すなわち税制、(B)資源配分をめぐる制度、(C)諸制度の維持に資する制度の順に概観し、政治の力を背景とした諸制度が完結性を有することを確認する。それが目的であるから、諸制度のすべてを網羅的に扱おうというのではないことを断っておく。

(A)資源徴収の制度としての税制

税制は、諸制度の体系に養分を与える根幹的制度である。それはもちろん、物的・人的資源を広く徴収することがなければ、社会運営に必要な諸機能へと資源を配分することができないからである。税金、現物、そして労力など、社会があるところ、かならず資源が徴収される必要がある。そのとき、どのようなかたちで誰から資源徴収するのかを決定し、制度化するのは政治の力である。なお、この政治の力は、後述するように武力を背景にすることが通常ではあれ、それと同義ではない。武力によって私的な「税」徴収がなされる場合があるが、それは、次の(B)以下にみる諸制度への展開をもたず、それゆえに単なる略奪でしかない。もちろん、歴史的にみれば、そうした周縁的な略奪主体がやがて社会の中心的位置を占めるということがあるが、そのときには諸制度構築がなされるわけである。

税制が成り立つための前提として二つのことが重要である。それは、いずれも技術に関わることであり、一つには、徴収される側を個人や世帯として単位化する統治技術（第2章）、もう一つには、徴税額等の決定のために要される一元的な測量・数値化に関わる技術（前章）である。これらが社会において通用するようになるためにも政治的な決定が必要である。そうして、単位化されたものから一元的規則に基づく資源徴収をおこなうことが可能になる。

(B)資源配分をめぐる制度

徴収された資源は配分される。その制度こそが、諸制度の軸である。これに基づき社会が運営されるからである。そのとき重要なのは、多くの場合に権利を配分する制度をつくることによって物的・人的資源が配分されることである。[4] 現代社会においても、中央と地方とに権限の分割があり、それぞれにおいて管轄する資源に応じた統治機構がつくられ、たとえば省庁単位での権限の分割がなされる。そうした統治機構が法に基づくかたちで制度を実際に運用し、社会における可能事と不可能事とを分ける。また、制度変更をおこない、権利を配分する仕方を変え、もって資源配分のあり方を変更するといったことをなしている。たとえば今日で言えば、規制およびその緩和をめぐる制度が分かりやすい事例である。

権利を通じて資源を配分する技術は、徴収した資源の合理的配分に不可欠である。前章で論じた所有の二つの特質、すなわち「持てないものをもつ」ことを可能にし、「あるものをもつことが別のものをもつことにつながる」ということ、一言で、権利の世界の理屈が、制度構築の場面において全面的に活用される。[5] 権利配分をめぐる制度のあり方はさまざまだが、二つの傾向性が重要である。①権利配分が多くの場合、集団を指定先としたこと、それから、②権利配分をめぐる制度が政治的な力を維持・強化する機能をもってきたことである。それぞれみよう。

まず、①権利配分の指定先が集団であることについて。今日の公務員は多くの場合、個人単位で公募される。だが、歴史を振り返れば、特定の官職等が特定の「家」や身分（これも基本的に「家」に基づく）へと配分される傾向にあった。同族集団等を単位とし、そこに権利を配分する発想である。また、特定の職能集団に生産・流通等をめぐる権利（特権・特許）が配分されもした。ここに、次節以降で論じる「共同性を包括する社会性」という構造の具体的あらわれがみられる。共同性を有した人間集団を単位化し、社会全体の制度の枠へと組み込む発想のあらわれである。

そして、このことは、②権利配分の制度が政治的な力を維持・強化する機能をもつことにつながる。当然のことだが、あくまで仕組みである制度を実際機能させるのはつねに人である。人間集団や個人へと権利が配分され、その権利に基づいて人びとが役割を果たし、諸制度の体系が一定以上順調に機能するとき、そのことによって人間集団や個人は権威づけられた存在として名声を得ていくことになる。そして、各々その名声を維持・強化しようとすることが、制度の安定性、およびその源泉としての政治の力を支えるということにもなる。「名声および資源配分に関する特殊な経営」としての政治の姿がここにはっきりとみてとれる。

あるいはむしろ、政治的な力をもった主体が、制度が順調に機能するべく、集団（共同体）の既存の力関係に依拠し、ときにそれを変更するかたちで権利配分の制度を構築するとも言える。前章で、「名前をもつ者」とそうでない者とについて述べたが、その分岐は、こうした政治の力との関係において理解されるべき事柄である。社会における資源配分や意思決定に関わる単位としての資格、これを得る者とそうでない者の分岐である。この分岐が社会の中に支配・被支配構造を生み、また、それが維持されることにおける核でありつづける。そうして、制度的構築性を有する社会においては、何らかの階層性がみられることが通常である。

資源配分をめぐる制度は多岐にわたる。上下水道はじめインフラ整備のための制度、食糧をはじめとした必要資源を社会において生産・流通させるための制度、労働力を社会の諸機能へと振り分ける制度等々。これらはいずれも、社会における財の循環を制度に枠づけられたかたちで実現していく。とりわけ二〇世紀以降に本格化するいわゆる再分配の制度も、今日では、資源配分の制度の典型の一つをなしている。これらの制度は、社会の側に視点を置けば、その組織化のための制度であると捉えられ、個々人の側に視点を置けば、制度の枠組みへと動員されていく制度であると言える。こうして、一つの制度的構築性によって無縁の人たちがカバーされ、政治的な力の維持・強化が進む。

経済社会の自律性を主張する議論に対し、政治権力を背景とした税制からこそ市場経済が生まれるのだと指摘する議論がある。税の設定こそ生産物の現金化を促し、それが市場を生むのだと。[6]自律性とはつねに相対的自律性であり、ある領域を自律的なものとして取り出すための視点と、その視点を支える人びとのリアリティがあってこそ「自律性」を言うことができる。それゆえ、ある領域が本当は自律的でないと主張することはつねに容易である。そのうえで述べれば、いわゆる市場経済にかぎらず、財の順調な循環がみられる社会には、すでに諸制度の連関があり、その源泉はたしかに政治の力だと言える。ただし、財の循環が維持されつづけることにおいては、政治の力よりも、個々の経営（前章）の方がずっと大きな役割を果たすけれど。

Ⓒ諸制度の維持に資する制度

制度を構築することに比べ、それを維持することは格段に難しい。近代社会が特殊なのは、教育制度を含む制度維持のための技術と情報網とが格段に発達した点にある。歴史をみると、制度の全体が長く維持されることは稀である。先に触れたとおり、制度を実際機能させるのは人である。制度維持には、人が制度の枠組みにしたがって機能を果たしつづけ、機能を果たしていれば生きていられると実感できる必要がある。そうして、諸制度の体系の中に人がいわば収まりつづけること自体を志向した制度が必要となる。

それは一方で包摂の制度であり、生活保障の制度や意思決定への参与の制度などが代表である。これらはいずれも(B)でみた権利・資源の配分の制度の一つにも数えられる。配分の制度のむかう先は、資源の順調な配分実現と、それを通じた先にある諸制度の維持である。後者にこそ焦点を当てるならば、これらは諸制度維持のための制度とも言えるということである。たとえば、一九世紀の選挙権拡大が「民衆」の「取り込み」による諸制度維持とも捉えられるように。同じ理屈で、教育制度も、労働力の割り振り機能という意味で資源配分の制度だが、同時に包摂の制度に数えられる。

他方で、刑罰制度のような禁止の制度も諸制度の維持のために重要である。刑罰の多くは（もちろん、すべてではないけれど）、(B)で述べた配分の安定性を損なうような侵犯を対象とする。それゆえ、刑罰もまた安全をめぐる生活保障制度としての側面をもつ。そしてもちろん、社会外、またはそれに類するとみなされる存在による諸制度の破壊を阻止するための防衛の制度も社会には欠かせない。そうして、政治の力には物理的強制力が付随していることが求められる。制度維持への侵犯を制度内へと囲い込んで全体の安全を得る必要があるからだ。禁止するとは、禁止への侵犯をも制度内に位置づけることである。

ところで、(A)で述べた資源徴収を担保するものは何か。一方で、多くの人が資源徴収に一定以上納得していることであり、包摂の制度がそれを目指す機能をもつ。他方でもちろん、武力を背景とした強制力である。こうして、(C)の諸制度維持に資する制度が、(A)の資源徴収の制度を支えるという構造がみられる。つまり、(A)からみて進んだ先の(C)が(A)を支えるというかたちで、諸制度の体系が完結性を得ていると理解できる。こうした諸制度体系の完結性は、自生することはない。述べてきたように、政治的決定に基づく単位化がまずなされ、もって資源を徴収し、やはり政治的決定に基づいた配分の仕組みをつくり、ときにそのあり方を変更し、というかたちで、つねに政治の力が働いてなされる。成り立ったものとしての社会には、体系性の程度の差こそあれ、政治の力を背景とした制度の完結性がある。このことを確認したので次に進もう。

第3節　政治の基盤と社会性

制度的構築性を有する社会がみられるようになるのは、長い人類史の中では最近のことでしかない。政治の力が実現しているものについてまず前節で述べたが、そもそもこの力が働くようになる基盤は何か。歴史的にみてどう政治が発生したかではなく、論理上のこととして何を基盤として政治の力が働くようになるのかという意味である。それを考えるために、本節では松永澄夫の重要な議論を参照し、それを踏まえるかたちで論を展開したい。以下まず、(A)原社会性と言うべきものをおさえ、(B)政治の基盤には異質な存在を異質なものとして認識し包摂する発想があるという考えを示す。そして、(C)政治の力と社会性の関係について理解し、次節に論を接続する。

(A)原社会性

政治の発生を考えるとき、「原初的な共同体」からの「社会」の発生という構図を思い浮かべる人が少なくない。ある画された土地に視点を固定し、その内部の変化として考えようとすればそうなりがちである。だが、政治の発生は内と外との関係の変化において起こると考えるべきである。以下、政治の発生に関する松永の議論を参照するが、重要なのは、それが一貫して社会についての議論であって社会の発生論が展開されているわけではないことである。方法論的に、政治、経済等へと原理が分化する前の「単純な社会」を想定する場合に、どのような原理が働いていたと言えるのかを松永は論じている。[7] これは、本章の主目的である共同性と社会性の関係を解明することにむけても重要な方法である。ここではステップとして、「単純な社会」の性質を、「原社会性」と名づけるところまで進みたい（次節でそれと共同性との違いが重要論点になる）。

さて、松永の議論である。まず、政治の発生を理解する前段階の議論から[8]。世代をまたがる人間集団一般にとっての基本的課題は四つある。「新しいメンバーの確保」、「メンバーの維持」、「諸々の危険への集団成員の一致した対応」、「死者にまつわる問題」である。今日の社会では、これら基本課題についてそれぞれ異なる原理のもとで解決が図られる。政治の原理は、しばしば「他の原理によって立つ領域にまで侵入」するが、本来的な機能は三つ目のもの、すなわち危険・危機への対処にあると松永は述べる。ひるがえって、「最も単純な社会」においては、これら諸課題への対応が同一の原理によってなされたと推測できるとし（あるいはむしろ、原理が単純な社会のことを方法的に「単純な社会」と呼ぶことにし）、その原理は今日でいうところの「慣習」の概念でおさえうるものだと指摘する。

その「慣習」に関する松永の指摘のうち、次の三つが本章にとって特に重要である。①今日的な用語法でいうところの政治、経済その他が、慣習の内に「埋没していた」と捉えられること。②「慣習」による対処においては、決定に誰が関わり、誰が何を決定でき、決定すべきかが決まっていて、そう決まっていることが過去とつねに「同じ」であるゆえ、「特別な仕組み」がつくりだされる必要がなかったこと。③「誰が」ということに関する社会的位置について、当該社会に固有のものもあれば、普遍的にみられるもの（年齢、性別、婚姻歴等）もあり、そもそも社会は「平等な個人とその集合」としてではなく、「位置によって互いに異なる人々が、その異なりに応じて結ぶ多様な関係の網目を通じて」構成するものだということ。この三つである。

「単純な社会」には、①で述べられるように、潜在的には政治的なものがある。けれど、②で述べられるように、決定のあり方が不変であるため政治が突出することはなく、したがって制度（仕組み）もつくられない。そこで支配的な力をもつのは、③制度なしにも成り立つような位置指定である。それは規範的ではあるが、法規範（次節で論じる）がもつような規範性ではなく、まさに慣習のもつような規範性による。[9] こうした「単純な社会」は潜在的には社会性をもつと考えてよい。潜在的には政治的な力が存在し、制度をつくらなくても制度があるかのようにして「社会」の運用・維持がなされるからだ。政治が突出し、制度の完結性を有するような社会で実現していること、それが近似的に実現しているのが「単純な社会」であり、それは、共同性の想念を軸とする集団とは概念的に分かれる。そこで、松永が言う「単純な社会」の性質を「原社会性」と名づけたい。

(B)政治の基盤としての異質な存在の認識と包摂

さて、政治の発生である。[10] 松永は、「慣習の力で秩序の維持が可能なのは、集団の規模が小さいときだけ」だと述べる。そして、「人々の新しい位置関係が創出された後では新しい慣習が形成されざるを得ないという事態」があると指摘する。既定であるがゆえにこそ意味をもつ慣習が更新されるという事態である。「新しい位置関係」はどのようにして生まれるか。松永は、既存の慣習では対処できない問題状況への対処を通じて生まれるとし、具体的に、①「新しいタイプの人間と欲求の出現」、②「集団全員もしくは多数の成員の生存に関わる危機的状況の到来」、③「他の集団とのさまざまな仕方での接触」、そして歴史的に確かめられることとして特に、④「集団のサイズが大きくなるという状況」をあげる。そして、ここにおいてこそ「政治の原理が姿を現わす」のであり、政治は「人々を新しい位置関係の中に配置する仕方で、極めて大きなサイズの集団を統合する」と述べる。

松永が「新しい位置関係」の発生要因としてあげているものは、いずれも異質な存在に関わる事柄だと言え、これが政治の発生において重要だと考える。まず、①「新しいタイプの人間と欲求の出現」の代表例は、社会外からの移動と新世代の価値観変化だと言えるが、前者が異質な存在の流入であるのはもちろん、後者も多くの場合、技術や思想等の「外」からの伝播（③で述べられる）を経る。次に、②「危機的状況の到来」は、自然的要因と人為的要因に分けられるが、後者の代表例が他集団からの攻撃である。また、自然的要因は、確保できる資源量が人口に比して稀少になること、すなわち人口の相対的過剰に本質があり、結局は集団のサイズの問題（④）に帰着する。そして、③「他の集団との接触」は、言うまでもなく異質な存在との関わりである。さいごに、松永が強調する、④「集団サイズの増大」は、集団外からの流入、征服・被征服が代表例であり、順調な生殖による人口増大の場合でも、背景には多くの場合、耕作可能な土地の拡大や外来技術による生産性の向上がある。

重要なのは、「新しい位置関係」に促されて「新しい慣習」が形成されつつ「政治の原理が姿を現す」という点である。前節でみたように政治は制度的完結性を志向する。「新しい慣習」とは、そうした政治の志向性をも含む広義の「慣習」の誕生と理解できる。しかしなぜ慣習の更新だけでは足りず、別原理が要されるのか。一つには、一般に扱う事象の量（いまの場合、人口）が増えれば、対処法の質の変化が求められるからだ。松永が強調するように、量の問題は社会を考えるうえで、極めて重要なものである。そしてもう一つには、慣習を異にする者の存在感が無視できないほどに大きくなっているからだと考える。つまり、量の増大において質の多様化も進んでいるということである。先にみたように、単純な社会も位置の異なる人たちで構成される。だが、慣習によって事が進むとき、「異なり」は、噛み合った個々の歯車間の異なりのようなものである。政治の力が要請される論理は、異質な存在を異質なものと認識しつつ、それを包摂して社会を運営するために制度構築が必要になるというものだと考える。

(C)政治の力と社会性の関係

ひきつづき松永の議論、こんどは「リーダーシップ」に関する議論を参照し、政治の力と社会性の関係について整理したい[11]。松永は、人口増大が即、大きなサイズの社会の成立になるわけではないと指摘し、「人々の社会とは、人々が工夫してつくる秩序として成立する」と述べる。そうして、工夫が要請される状況として、とりわけ「他の集団からの攻撃」をあげ、政治的なリーダーシップの必要性へと論を展開する（関連して、征服等による統治技術の伝播について、本書第9章で述べる）。

政治的リーダーシップは、「慣習が授けてくれる種類の」リーダーシップ、たとえば最長老男性のそれとは異なるもので、その特徴は、「或る領域の事柄に関しては、新たな慣習を生み出しつつも、いつもその慣習を突き破る用意ができているというダイナミズムを秘めた独自の構造をとる」ところにある。松永は、慣習の原理に委ねられる領域も多く残ることに注意を喚起しつつ、政治の原理とその領域の顕在化についてこのように述べる。

それを踏まえて、次のように言いたい。まず、①こうして出現する政治の原理が、慣習を突き破るダイナミズムを秘めるということは、その誕生においてすでに、「本来的機能」（Aでみた「危険・危機への対処」）を超え出るダイナミズムをも有していること。②政治的リーダーシップを発揮するとは、決定することであり、その決定は、社会における異質な存在の認識を前提とするものであること。そして、③政治的リーダーが多くの場合に一人の人間であるということは、複数の利害を踏まえた決定のためのいわば装置としての意味があること。それぞれについてみることで政治の力と社会性の関係を整理し、その社会性が共同性を包括する性格をもつことへと論を運びたい。

まず、①政治の原理が誕生においてすでに「本来的機能」を超え出るダイナミズムを有すること。危機対応など特定の課題対処に起因して、政治の原理が慣習への「埋没」から脱して以降、慣習に基づく既定のやり方では済まない事態の一部にむけて、政治的決定に基づく対処がなされる。そのとき、もともとのやり方にも合理性があったのだから、政治的決定を下支えするような別の合理性が求められる。そうして政治は、制度が体系的完結性をもつ方へとむけて制度構築をおこなう。分けられた諸機能の配列が全体として完結的であるがゆえの合理性、これが追求される。このことによってこそ原社会性から社会性への展開が生じる。新規であるがゆえに脆弱な政治の原理に、体系的完結性が安定性をもたらす。こうして政治の原理は、制度的構築性へとむかう力学によって、そもそもから社会的諸機能を網羅していこうとするダイナミズムをもつ。

次に、②政治的リーダーシップによる決定は異質な存在の認識を前提とすること。慣習に基づき、たとえば最長老男性がリーダーに指定されることの利点は何か。性差と年齢というたった二つの尺度で指定がなされるため、人びとの納得へのプロセスがシンプルであることだ。だが、それが可能なのは、集団の相対的同質性の認識が共有されているときだけだろう。異質とみなされるもの同士を単純な尺度ではかることは難しい。ひるがえって、政治的リーダーシップが登場するときに起こることは、異質な存在の認識を前提としたうえで誰がリーダーであるべきかを決定し、もってその人が政治の力を発揮するという事態である。こうして、政治の原理の発生によって生成する社会性の要件には、集団内に異質な者が存在することの認識が含まれる。

③政治的リーダーが多くの場合一人であることの意味。異質な者の存在の認識を前提とするのだから、この新たなリーダーシップには潜在的な係争性がつきまとう。むしろ、政治の原理の突出が促される背景に、いずれにせよ誰もが納得する決定を下すのが難しいという状況があるとも言える。事への対処をめぐる利害の対立が政治の原理の突出を促すのだ。そのとき、誰もが一様に納得するわけではない決定を一人の人間がおこなうことに意

味が生まれている。いわば、そうした決定をする装置としての意味である。

一人の人間は、傾聴し、調整し、ということをなしうる。だが、諸利害を諸利害のありようのままに代表することはできない。議会がそうした傾向をもちうるのとは対照的である。それゆえにこそやがて、元首と議会の両方が存在し、それらの力を均衡させる政体が広くみられるようになったのだろう（前節(C)でみた諸制度維持のための制度の一つである）。一人の人間は一つの事柄において、一つの決定しかできない。結果、人びとはそれに納得するほかないという状況も生じうるし、場合によってはリーダーを変えようという動きも出る。そうして、なるべく広範な納得を生じさせてリーダーシップの基盤を整えようとして、制度構築がなされていく。これが、①で述べた「本来的機能」から超え出るということの有力な一要因となる。

前節でみたように、そうして実現する諸制度の軸には、権利を通じた資源配分の制度があり、そこで諸集団へと権利が指定される。それは、単純な尺度で割り切ることのできない諸利害を抱えた諸集団への権利配分だと言い直せる。その諸集団は、共同性を有している。すると、権利配分が恣意的なものとしてではなく、一元的な制度の支配という形式をとってなされるとき、制度的構築性の力、すなわち社会性の力の効力範囲内へと、もろもろの共同性が包括されることになる[12]。

このとき、内と外とを画することの意味が鮮明になる。相対的同質性を有する集団が、その同質性ゆえに一つのまとまりをもつこととは異なる意味である。異質な諸集団を含みつつ、それでも一つの「内」として社会を構成しようとする意志がここには介在している。もともと同質的なものは、あえて外との区別を言わなくても、ゆるやかに単一性をもつ。他方、内に異質性があると捉える状況があってこそ、外と画することの意味が明瞭に浮かび上がるのだ。だが、社会性と共同性のあいだには、緊張関係と相互作用とがあり、両者の関係は静的なものではない。次節で、両者の関係を解き明かそう。

第4節　社会性と共同性の関係

社会は内と外とに分かたれてこそ意味をなす。そのとき、一方で、制度的構築性の力が社会の内なるもろもろの共同性に対して力を発揮しつつ、他方で、外と分かたれた内としての社会に対し、共同性の力が想念の位相でその内実を補完しようとする。本節を通じて、そのことを明らかにしたい。以下、まず、(A)共同性の規範と法規範の関係をみることを通じて共同性と社会性の関係の基本をおさえたのち、近代社会に場面を設定したうえ、(B)社会性の成立が共同性の想念に対して与える影響と、(C)共同性が社会性によって枠づけられた形式に実質を与えようとする傾向性とについてみる。

(A)共同性の規範と法規範

共同性と社会性の関係の基本構造を理解するには、規範性をめぐる関係をみるのがよい。本書で述べてきたように、規範性の源泉は共同性にある。他方、社会性の成り立ちにおいては法規範の存在が基本的には欠かせない。それが諸制度を正当化する機能を有するからだ。すると、もろもろの規範の中での法規範の位置づけを明確化することが論点となる。以下まず、①共同性の規範のあり方について整理し、②原社会性と共同性の違いについて述べたのち、それらを足がかりに、③もろもろの規範の中での法規範の位置づけを明らかにして、共同性と社会性の関係の基本をおさえる。

まず、①共同性の規範のあり方。「共に生きる」という想念を柱とした共同性、たとえば、職人集団の共同性において「気質」の共有とでも呼ぶべきことがなされ、特殊な職業道徳が生み出される。そうした規範性こそが共同性の目印となり、共同性の効力範囲を明らかにする。そのとき規範は、人びとが人（びと）の行為等を規制し、方向づけるというかたちで働く。「人びと」が主語の位置に立てるというのは、何らかの意味で共に生きると目される「人びと」についての想念共有がなされているがゆえのことである。

ところで、法に反さなければ何をしてもいい社会というのは存在しない。他方、違法とされている行為が社会の中で許容されることもある。それから、同種の行為であっても、時と場合、さらには誰がそれをするかによって許容されたりされなかったりということが起こる。これが共同性における規範の働き方であり、特定の人の特定の行為に関する禁止や許容についての根拠は、最終的には、人びとにおいて「そういうことになっている」という事実にこそある（第3章末で、会社等において「こういうときにはこうしましょう」という知恵の集積がなされると述べたが、その種のことの結果のものとも言える）。

共同性はそこに生きる人（びと）や相互性の関係に対して規範性をもたらすものだが、他なる規範性を吸収する場にもなる。規範性を吸収しつつ、規範性を発するのだ。第2章で、家族の共同性が規範性を吸収する場であることについて述べたが、家族にかぎらず、もろもろの共同性は、相互に影響を与え合いつつ特有の規範性を帯びる。くり返し述べてきたように、共同性の実質を成すのは人びとであり、たとえば離れて暮らす家族とのあいだにも共同性が成り立つ。そうして多くの場合、人は複数の共同性を生きるが、それが複数の共同性のあいだに規範性をめぐる相互的影響関係があることの有力な一要因である。

②原社会性と共同性の違い。両者は、社会性との関係が異なる。前節で述べたように、制度的構築性を有す

る社会の成立には異質な存在の認識と包摂が不可欠である。松永の議論を踏まえてそう名づけた「原社会性」は、異質な存在が社会内に存在するという認識が欠如した状態を想定した場合に言いうる性質であり、社会性概念に先んじるものとしてしか想定できない。他方、共同性は、社会性概念で捉えるべき社会が成立したその後においても働く力であり、想念の位相において、異質性の認識を中和するようにして、あの人やこの人を、それぞれ違いつつも「共に生きる」人びとの一員だと捉える方へとむけて力を発揮する。つまり、社会性に対して補完の役割を果たす。こうして、社会性との関係において、原社会性は「欠如」、共同性は「加え」であり、両者は同じものではない。前節冒頭で触れた「原初的な共同体」の議論において想定されるのは、多くの場合、原社会に共同性を加えたものである。

③もろもろの規範の中での法規範の位置づけ。①で述べたように、法規範が社会の規範性全般とぴたりと一致することはない。法規範もまた、「そういうことになっている」を形成するもろもろの規範性の絡み合いに参与する。けれど法規範は、その他の規範とは明らかに異なる位置にある。法は諸制度を正当化するものであるがゆえ、諸制度がカバーする領域的全体性の内に対して一様に効力を発揮する。それが理由である。想念に軸足を置く共同性の規範が、それを形成すると目される人びとに対してこそ力を発揮するのに対し、法規範の場合には、単に領域内に存在する人たちに対して一様に力を発揮するということだ。

先に、もろもろの共同性のあいだには規範性をめぐる相互的影響関係があると述べたが、法規範はそれら複数の共同性の関係の水準に対し、上位の水準から規範性のありようを規定し、もろもろの規範性に対して標準を与える機能をもつと言える。かつてのフランスに、ギルド等の禁止を内容とするル・シャプリエ法と呼ばれる法律があったが、そこに鮮明にみられるように、ときに法は共同性のあり方を直接的に規定しさえする。前節末で、社会性の効力範囲内へのもろもろの共同性の包括という構図を示したが、法規範は、規範性のレベルで、社会性へともろもろの共同性を包括するものと捉えられる。

　ところで、法と政治について語られる際、「人治から法治へ」という言い方が用いられる。先に、社会性の成り立ちには「基本的には」法規範が欠かせないと述べたが、諸制度の完結性を維持できる人間による統治も論理上はありうる。ではなぜ実際に法治が求められるのか。前節(C)で、新規ゆえに脆弱な政治の原理が制度の体系的完結性を求める力学に触れた。だが、第2節で述べたように、あくまで仕組みである制度を実際機能させるのは人である。そのとき、人間であるリーダーが人間によって動く仕組みの根拠になるという構図は、体系の安定性の確保にとっては心許ない。権力の世襲が広くみられてきたが、それは、権威によって体系の安定性を確保しようという試みだと言える[13]。だが、歴史を振り返れば分かるように、権威だけでは足りない。

　そこで、法の際立った特徴は何かと言えば、しばしば文書化されるものでありながら作者性が稀薄であること、そして、そのこととも関連して、複数の社会が類似した法体系をもつことである。もろもろの共同的規範性がそれぞれ特殊なのに対し、それら共同性の上位から力を働かせる法は、単に領域的全体性をカバーするだけでなく、社会の「より上位」とも言うべき水準における普遍性を含意する[14]。これが体系の安定性のために法治が求められる所以だと理解できる。

　そうして、社会における法規範の位置づけを考えるには、他の社会の法規範との類似性・影響関係こそ重要だということになる。法規範は共同性から立ち上がるのではなく、社会性を有する複数の社会の関係の水準においてこそ生成する（この言い方は抽象的であり、第9章で諸技術の伝播のうちの一つとして位置づけ直す）。政治の力によって分かたれる社会の内と外、それらの関係の水準にこそ法規範の生成の場があり、そのことと内なる社会の領域的全体性を制度が強制力をもってカバーすることとは一体の事柄である。こうして、法の水準は社会間の水準にあり、社会内の共同性の水準の上位にあること、法に裏づけられた制度的構築性、すなわち社会性の力が共同性に対して「上」から効力を発揮することを理解できる。

だが、先にも述べたように、法規範も社会内の規範性の絡み合いに参与する。そこで、①と②の論点を思い出そう。規範性を吸収する場でもある共同性は(①)、法の規範性をも吸収し、もって社会の中の規範として定着させる。社会の中で「そういうことになっている」という規範性が保たれているとき、社会性だけでは足りず、共同性の想念が加わり(②)、その共同性に吸収されたものとして法規範が実効性を得る。法が法規範として機能しはじめるのは、共同性に吸収された時点からである。これが、規範性の力の源泉は共同性にあると本書でくり返し述べてきた理由である。法が定められてはいても実際には機能していない社会のことを思えば、このことは理解できる。以上まとめて、社会性と共同性の関係の基本は、前者による包括、後者による吸収・加えだと言える。

前節末で、社会性と共同性のあいだに緊張関係と相互作用があると述べた。いま述べた基本構図のうえで、両者が多様な関係性をもつということである。緊張関係については、家族と社会のせめぎ合い（第２章）、組織文化や約束事と「コンプライアンス」なるものとのせめぎ合い（第３章）というかたちで言及してきた。共同性は人びとが成すがゆえの強さをもち、社会性の側による包括にいわば抗うような強度をもちうる。社会秩序の基礎で働く共同性の力は、上層で働く社会性の力が結局は構築されたものであるがゆえの脆さを抱えるのとは対照的な仕方で強度をもちうるということだ。制度の枠組みに収まることを拒むような文化の強度と言ってもよい。「文化」はきわめて広い概念だが、「培われてきたもの」というニュアンスを含む。「共に生きる」ことにもさまざまな形態・手法があり、それゆえにどんな共同性もそれぞれに異なる。その「異なり」が培われてきたものであるという意味で、「文化」の語を用いている。

共同性がそうした強度をもつがゆえに、社会性の側は、それをなんとか制度的構築性の枠内へと収めようとする傾向性をもつ。そうして、社会性と共同性のあいだにはつねに緊張関係が存在し、それゆえに社会はダイナミズムを有することになる（第9章で再論する）。他方、次の(B)以下でみるのは、相互作用の方である。それが明瞭にみられる近代社会を舞台に、社会性から共同性へのベクトル、および共同性から社会性へのベクトルにおいて実際どのような力が働いてきたのかを理解したい。

(B)社会性の成立が共同性の想念に対して与える影響

まずは社会性から共同性へのベクトル、すなわち諸制度の体系が共同性の想念に与える影響について概観しよう。網羅的理解を示すのではなく、見取り図を描くことを目的に、以下、①行政区画制度、②教育制度、③身元証明制度、④再分配制度の順にとりあげる。

①行政区画制度。単位化に基づく行政区画制度は、政治の力を背景にした住民の合理的管理の制度である。近代以降、一般に旧来の地域区分に行政的合理性の発想を加えて、単位としての広域自治体、基礎自治体へと権限を分割しつつ行政区画がなされた。そこには社会性の枠内へともろもろの共同性を収めようとする力学が働いており、自治体の範囲が、旧来の地域的共同性の範囲と一致しないこともしばしばであった。ところが、その範囲内で新たに共同性の想念が発生することもあった。日本にも「県民性」という言葉があるが、革命後のフランスで人為的に設定された県において新たな「社会的アイデンティティー」が生まれたとする指摘がある[15]。本書の語彙で言い直せば、政治の力による単位化が、その範囲での共同性の生成に寄与したものと捉えられる。

②教育制度。先にも触れたが、近代において義務教育制度が生まれ、そこで用いられる標準語が定められるなどして、国民を「共に生きる」人びとと捉える想念が意図的に強化されたと言われる。それにくわえ、①との関連で言えば、多くの国において教育内容に関する権限の一部が自治体へと割り振られ、地域の共同性意識を醸成するためのプログラムが用意されもした。共同性の基盤は想念であるから、人びとの意識の方向づけに直接関与する教育制度が大きな意味をもつというのは分かりやすい。類するものとして、地域振興のための諸制度など。いずれにせよ、共同性意識が自生するというより、制度的にその醸成を促すということが近代社会においてなされてきた。

③身元証明制度。パスポートや住民登録制度のことである。地域に照準をあわせた場合、①(区画化)と②(その範囲での教育制度)の関係はみえやすい。単位化された区画内での共同性意識の醸成という話だからだ。他方、②で国民全体にむけた教育制度について述べた。その場合の「単位化」の制度にあたるものは何かと言えば、身分証明制度である。近代国家の生成過程において、身分証明制度が国家に一元的に「掌握」されたとする指摘は重要である。そう指摘する社会学者ジョン・トーピーは、アンダーソンの「想像の共同体」の議論を念頭に、「国民の共同体という理念が、実際に実現されるには、単に「想像される」だけではなく、書類として成文化される必要」があったと述べる。[16] 制度的実体が共同性の想念の基盤になるという議論である(なお、パスポートの場合、複数の国の関係という観点を入れて考えるべきであり、次節で関連議論を展開する)。

④再分配制度。二〇世紀前半、知られるように多くの国で再分配政策が本格的に実施されるようになり、源泉徴収制度、保険・年金等の制度が整えられはじめた。この種の制度は、共同性の想念生成の基盤となる単位化の制度(①と③)と、想念生成を直接に促す制度(②)とをいわば媒介するような位置にある。住民登録制度と源泉徴

収制度によって、勤め人は税から逃れることはできない。その結果、実際に共同性の想念をもつか否かにかかわらず、再分配制度が存在する社会に生きる者は、いやおうなく「共に生きる」ことに参与してしまっているようにみえる。そのとき、実際にこの制度が機能していることが、たとえば教育において、国民共同体が「実在」する証拠として参照され、想念生成の促しを正統化するのに用いられたりもする。

以上まとめて、社会性に基づく制度が、一方で、共同性の想念の有効範囲を画することにおいて、他方で、実際に共同性意識をもつよう促すことにおいて影響を与えるばかりか、ある種の制度がその両者を媒介し、いわば形式と実質をつなぐようにして機能すると言うことができる。

(C)共同性が社会性によって枠づけられた形式に実質を与えようとする傾向

次に、共同性から社会性へのベクトル、すなわち共同性の想念が社会性によって枠づけられた形式に実質を与えようとする傾向性を有することについて概観しよう。ここでは、①社会性が社会の形式性の維持にこそ資する力であることを確認したのちに、本題として、②それに実質を与えようとする共同性の傾向について述べる。

まず、①社会性が社会の形式性の維持にこそ資する力であること。制度的構築性の力の働きが人の作為へと読み替えられる場面がある。個別組織内で社会制度の変更に伴う規程変更等がなされるとき、成員がそれを組織の長の意志にこそ由来すると錯覚するなどのかたちで。それに似て、社会全体に関しても、しばしば為政者へと関心の焦点が当たり、素晴らしい為政者ならば問題をすべて解決できるかのように錯覚する思考傾向がみられもする[17]。

それはなぜかと言えば、外と画された内なる社会は、前節末で述べたように、意志の介在なくして成されることはありえず、成立後もひきつづき政治的意志のプレゼンスが大きい社会でありつづけるからだと言える。だが、政治の原理はその誕生においてすでに、諸制度の体系的完結性を求め、社会的諸機能を網羅していこうとする傾向をもつのだった。そもそもにおいて体系的完結性をそなえたものとして諸制度はつくられる。それゆえ、その後の政治的意志の働きは、基本的にはその完結性の枠内において、より複雑な諸制度体系を構築することへとむけられている。

　このことは、諸制度体系がシステムとしての相対的自律性の性格を帯びるということを意味する。体系の枠内における矛盾を避けながら、より複雑な体系にむかうものとして、諸制度およびそれを正当化する法のシステムは構築されていく。もちろん、その方向づけにおいては政治的意志の介在がある。政治は、システムの堅固さをその正統性の養分としつつ、同時に、システムがつねに改変余地を抱えることをその営為の正当性の養分とする、そうした営みである（これが前節で参照した松永が言うところの政治の「ダイナミズム」を成す）。それは通常、システムの厳然性に勝ることはなく、それゆえにこそ、諸制度体系が内と外とを画する機能を有しつづけ、同時に、内なる社会の政治の基盤でもありつづけるのだと言える。そうして、社会性が実際に効力を有しているとき、それは社会の形式性の維持にこそ資する力であると理解できる。

　さて本題、②共同性が、そうした形式性に対して実質を与えようとする傾向をもつこと。社会性の効力は、領域的全体性の外部には及ばない。他方、共同性は、想念を共有する「人びと」が増えるにしたがい、空間的にではない仕方でその範囲を拡げうる。それは、先に触れた文化の強度と呼ぶべきものを伴って、社会性の範囲を越えて拡がりうるものである。けれどそれが、形式的に枠づけられた社会の外延いっぱいへと拡がり、それに実質性を与えるものとして機能する場合がある。これがいま述べたいことである。

先に、教育制度が共同性意識の醸成に資することについて述べたが、その逆方向のベクトルにおいて、共同性意識が形式的に枠づけられた社会にいわば実質を補填するようにして働くということがある。もちろんのこと、それを目指してこそ教育制度等が整備されるという側面もあるが、人びとにおける規範性の吸収・発出があってこそ可能になるようなベクトルである。国民共同体のようなものの想念が実際に成り立っているときには、この逆方向のベクトルが働いていると捉えられる。あるいは、「国民経済」のような概念が有意味なものとして機能するのも、関税ほか、社会外との関係における制度が形式的に画する範囲において、共に生きるという想念が実質を与える機能を果たすからだろう。社会性の成立には異質な存在の認識と包摂があるが（前節）、その異質性を「中和」する共同性の想念が働き、一つの画された社会の内で異質な者たちが共に生きるという像に現実感を与えるのだと言うことができる。

これはもちろんのこと、理解の提示であって、国民共同体を称揚する主張ではない。そこで付言して述べれば、異質性の認識を中和する作用、これを同質性への志向と捉えてはならない。共同性の想念を同質性への志向として実際機能させようとすることは、当然のこと危ういものとなる。その進んだ先にあるのが、枠づけられた社会内での共同性の論理の濫用、すなわち異質な存在の強制的同化や排除の論理への転化である。くり返しだが、異質な存在をそう認識したうえで包摂することは、社会の存立条件そのものの一つである。そうでなければ社会性は機能しえない。それゆえ、共同性からのベクトルを濫用的に機能させようとする者は、社会性を根本から破壊しようとする者でもある。

第５節　結論に代えて

本章では、成り立ったものとしての社会を考察するには政治を主題にする必要があるということから論じはじめ、政治の力が実現している諸制度体系を整理したのち、政治の成立基盤について論じ、それらを踏まえ、本章の課題だった社会性と共同性の関係の解き明かしをおこなった。整理すると、まず、その関係の基本は、規範性を軸に、前者による包括と後者による吸収・加えという構図でおさえられる。だが、両者の関係は単純ではなく、もろもろの緊張関係と相互作用とがある。緊張関係については、共同性が社会性の側による包括に抗う文化の強度をもち、それゆえにこそ社会性が共同性をその枠内に収めようとするというかたちで理解できる。相互作用については、一方で、政治の力を背景にした社会性の力の働きが、社会を外と画された内として、その形式性を維持しつつ共同性の想念形成に影響を与え、他方で、共同性の想念がその形式に実質を補填するようにして働く傾向をもつ。このように整理できる。

この相互作用について、前節で、国民共同体のようなものに現実感が生まれた近代社会を舞台に論じた。社会性および共同性から発する双方向のベクトルと、そこにおける力の働きは以前からあったものだろう。だが、近代に入り、社会性の有効範囲と共同性のそれとの表裏一体化と呼ぶべき事態が現実化した。さいごに、その理由を述べることで結論に代え、次章へと論を接続したい。

なぜ近代に入り、社会性の効力範囲において共同性が成り立つというイメージが有効化したのか。社会内でそれを志向する諸制度がつくられたことについてすでに述べたが、それが志向された背景は何か。それは、南極等を除くほとんどの陸地が（もちろん、領海等のこともある）、いずれかの国家の主権の及ぶ領域であるという方向へいわば世界が再編されたことである。そうした世界において、国家と国家とは法人格を有するものとして相互承認することによって互いを単位化している。つまり、社会間の水準において単位化がなされる。そうした単位としての国家が有する主権という考えが浸透し[18]、それが及ぶ領域と社会性がカバーする領域的全体性とが一致することとなる。第1節で触れたように、制度的構築性の力の効力範囲こそが社会の範囲であり、複数の社会の重層も可能だというのが基本である。だが近代においては、国家間で定められた境界線によってこそ社会性の範囲を言える、そのような状況が生まれていったのである。

つまり、近代という時代において、社会性の効力範囲の外延はこれと指せるかたちで明確化した。そうして、他国と画された自国において、ナショナリズムの運動などもあり、文化が共有されているという想念が形成され、社会性の効力範囲を別面においてみれば、それはすなわち共同性の効力範囲であるという表裏一体性に現実感が生まれていった。もちろん、国家形態、批准する条約、市民権をめぐる制度や考え方等に応じて、この傾向性には強弱がみられる。だが、その強弱はまさに、表裏一体性を基準に、それとの遠近としてはかられるわけである[19]。

本章冒頭で、「地球社会」の実現が、実際上のみならず理屈上も困難を抱えると述べた。いまの議論を踏まえれば、理屈上の困難の最大の理由は、社会性と共同性の効力範囲の表裏一体化にあると言える。「地球社会」を近代社会との類比で捉えようとすれば、地球全体において一元的な制度的構築性が働き、それと表裏一体的に地球全体における共同性の想念が働くという外部なき極大社会をイメージすることになる。しかるに、制度的構築性が意味をもつのは、政治の力によって内と外とが画されるがゆえのことであった。近代においてそれは、国家という法人同士が社会間の水準で互いに単位化することによって実現する。したがって、外部なき極大社会なるものは、論理矛盾である。このようなかたちで理屈上の困難を抱えると要約できる。

ポイントは、単位化の力である。社会内で、個人や世帯が徴税や契約の単位とされることについて本書で何度も述べてきた。近代において、そうした社会内における単位化の力は、社会間における国家という法人同士の相互単位化と連続している。前節で、行政区画制度によって人為的に設けられた県において共同性が生じうることについて述べたのち、パスポートなどの身分証明制度のことに触れたが、県において共同性が発生するようにして、国境内においても共同性が生じうるというのが近代社会である。今日の成り立ったものとしての社会の堅固さは、この構造にこそ支えられている。

ところで、社会について理解するには、成り立ったものとしての社会だけでなく、成り立たせていくものとしての社会についても考える必要があり、後者を次章の課題として取り置いていたのだった。成り立たせていくものとしての社会のイメージが語られる際にも、往々にして議論に単位化の力の結果であるものがいわば密輸される。第1章で、対等な人格同士の相互性という考え方もまた共同性の力に由来すると述べたが、本章の議論を踏まえて言い直せば、それは制度的構築性を伴ってそうであるべく社会的に規定され、共同性に吸収されるかたちで規範性を帯びたものとしての性格をそなえる。そうした個人像に立脚し、成り立たせていくものとしての社会を考えることは、成り立ったものとしての社会によってこそ担保されているものを暗黙のうちに前提してしまったうえで考察することである。

以上より、次章の指針とするべきものが何かを言える。一言で、社会性と共同性という概念枠組みとは別の仕方で社会のありようを考えることである。その際、国際社会が一つのヒントになるだろう。国家同士が相互に単位化するということは、すなわち国際社会において一元的な制度的構築性が働いていないということでもある。それは、外部をもたないがゆえに成り立ったものとしての社会になりえず、そこでの試みが社会を成り立たせていこういうものでありつづける、そういう社会だと捉えることもできる。法人としての国家が相互承認すると き、実際には何が起こっているか。各国のチームが相互性の関係を築こうとしていると捉えられないだろうか。チームには、本書の主要四概念の最後のもの、すなわち集合性の力が働く。この集合性を次章の主題とし、相互性と集合性の概念枠組みで捉えた場合の社会のイメージについて論じることにしよう。

第6章　集合性について

——成り立たせていくものとしての社会の理路——

はじめに

社会は辞められないが、会社は辞められる。もちろん、ある社会から別の社会へと移動して生きることはできるが、どこかの社会で生きるかぎりは、社会性の効力から逃れられない。共同性からの離脱も別の意味で困難である。第2章で、家族の共同性からの離脱が一般に困難だと述べた。想念を柱とする共同性は、想うのをやめさえすれば脱け出せるものとも言えるが、「共に生きる」ということを想念の内容としているため、実際には離脱しにくいという事情がある。他方、会社の場合、実際には容易でない場合が多いとしても、それらに比べれば離脱の困難の度合いは低い。

会社においても組織文化が生まれ、共同性が生成しうる（第3章）。だが、会社自体は共同体ではない（第4章）。本章の主題である集合性とは、会社が一つの典型であるような集団、すなわち無縁の人たちが個々別々に集まって何かを「共に為す」集団がもつ性質である。そこにおいて、共同性の想念が生成するとしても、それに先立って固有の力が発生している。各個人の力の総和を超える集合としての力である。一人が一〇日かけてもできないことを一〇人でやれば一日かけずにできる[1]。その力は想念とは無関係に発生してしまうものであり、集合性が生み出す力と呼ぶほかない。こうして、相互性、共同性、社会性につづき、集合性の概念を本書に迎え入れる必要がある。

旧い時代にも、たとえば制作や建造の場面で、無縁の人たちが集合する場面はあった。だが、集合性が社会において前面化するのは、共同性から解放されたと目される個人が都市の仕事場で働くことが一般化した近代以降だと言える[2]。仕事場から誰かが去り、進めていた作業の継続が困難になれば、代わりにまた無縁の誰かが来て作業を継続する。それぞれの人は、共に為すかぎりにおいて集合性に参加し、共に為すのをやめれば、その集合性から離脱する。社会性や共同性からの離脱が困難なのに対し、集合性の場合、そこに参加し、離脱し、また別の集合性に参加し、ということをくり返せる。

集合性の発生の前提には制度的構築性がある。集合性が近代においてこそ明瞭に観察できるというのも、身分的に対等と目される人たちが仕事場に集うことが一般化したからである。そうした人たちが、対価を得て生産活動をすることには制度の裏づけがある。会社を辞められるのは、個人と法人との契約についてとりきめる法制度的基盤があるからだと言える。すると集合性とは、社会性の力によって制度的にその資格が明確化された諸個人が集まって何かを「共に為す」集団がもつ性質だと言い直せる。つまり、社会性の成立が先立ってこそ集合性が可能になると捉えられる。

だが、集合性にはそれに尽きないものがある。個々別々に人が集まる集団の性質である以上、それは特定の社会性の効力範囲を超えて集う人間集団においても発生する。つまり集合性は、社会性の範囲を突き抜けて拡がりもする。社会性の成立によってこそ可能になる集合性と、社会性の効力範囲を超えても成り立つ集合性、これらについての考察は、本章のために取り置いた課題に取り組むことに直結する。すなわち、成り立たせていくものとしての社会についての考察である。本章では、集合性が、共同性、社会性、相互性とそれぞれどのような位置関係にあるかを明らかにし、成り立たせていくものとして社会を捉える場合、どのようなかたちでその理路をおさえられるかを示したい。

以下、本章の展開は次のとおりである。まず第1節で、集合性と共同性の違いをおさえたのち、両者の関係を整理する。第2節では、集合的実践という概念を導入し、それと社会性との関係を述べる。集合的実践は、社会運動に典型的にみられるように、単位を自己生成させる側面をもち、社会性の力による単位化の力を超え出るダイナミズムを有する。このことを足がかりに、第3節で、相互性と集合性の絡み合いを軸に、成り立たせていくものとしての社会について考察する。これらの作業によって本書の主要四概念をめぐる考察が完了するので、第4節では、第Ⅰ部・第Ⅱ部の結論として、四概念の内実とそれらの関係を整理する。

第1節　共に為すこと——集合性と共同性——

家族の共同性について述べた第2章の議論を思い出そう。家族の成員は、制度による強制がなくても、また、離れて暮らしていたとしても、想念を軸として一つの共同性を成していると捉えられる。それは、期限の定まりなく共に生きることが志向される点で共同性の特質を鮮明に帯びるが、特殊でもある。その理由は、消費という

「けっして集合化することのない単独の営みを、にもかかわらず共におこなう」という逆説を含む共同性だからである。第2章でこのように述べて、それを集合的営みとしての生産活動と対比させた。本節では、それを踏まえて、(A)集合性が共同性とどのように違うかを明確化し、(B)集合性と共同性の関係を整理する。

(A)集合性と共同性の違い

共に為す営みにおいて生まれる力の性質である集合性は、共に生きるという想念を柱とする共同性とは異なっている。その違いとして、①共に為す営みには、明確な目的があること、ただしそれは、②目的を有した営みであることを観察者が認識できるという意味においてであること、そして、③集合性は社会性の成立を何らかの意味で前提としていること、さいごに、④集合性はその永続が想定されるようなものではないこと、これら四点を指摘できる。順にみよう。

まず、①目的があること。共同体には明確な目的がない。共に生きていると思える人たちが、共に生きつづけること、共同性の本質はこれに尽きる(反論があるだろうが、次の(B)で述べる)。他方、共に為す営みは、生産活動を典型に、目的を有してしかなされない。ひるがえって、家族集団がきわめて特殊なのは、共に生きるのみならず、目的的でない営みを共におこなうからである。

次に、ただしそれは、②観察者が目的を認識できるという意味であること。共同性の想念は、観察者が想念共有を見いだす場合もあるが、想念である以上、当事者がそう実感できることが基本である。他方、集合性は、観察者が集合的営みに目的を見いだせるという認識にこそ軸がある。たとえば会社には利益をあげるという明確な目的が存在するが、それは条件さえ整えばつねに誰からでも認識可能なものである。そして、それが認識可能であるときには、想念とは関係なく発生してしまっているものが集合性である。

そして、③集合性が社会性の成立を前提とすること。社会性と集合性の関係については次節で本格的に考察する。さしあたり会社を例に述べれば、それは制度上の手続きを踏んで資本家がつくった構築体であり、社会性の成立を前提としている。個々別々の労働者は、制度に裏づけられた契約を結んで集合する。会社において集合しているのは、成り立ったものとしての社会において、制度的にその資格が明確化された人たちである。第2章で述べたように、多くの人はすでに共同性のあるところに生まれる。他方、集合性は、社会性の成立を前提に単位化された個人が、そこに加わることを選択し集うことで生まれる。

さいごに、④集合性はその永続が想定されるようなものではないこと。ひきつづいて会社を例に言えば、それは、原理的には共同体に比べて短命な構築体である。実際に多くの会社が短い年月のうちに倒産するという事実はそれとして、原理上、法人であるそれは、操作的に吸収・合併の対象になるなど、「それ自体が手段的な性格を帯びた」（第4章）ものである。そのことは、会社もまた単位化する力に依拠した存在だということを意味する。共同性が「維持されて当然」（第2章）とみなされるのとは対照的に、個々人の単なる集合に存する集合性は、永続性が想定されるようなものではない。

(B) 集合性と共同性の関係

以上でみたように、集合性は共同性とは異なる。だが、人間集団において、両者が実際上も認識上も絡み合うということが起こる。ここでは、①集合性の側からみた共同性との関係、②共同性の側からみた集合性との関係というかたちで、それを整理したい。

まず、①集合性の側からみた共同性との関係。幾度も述べているように、集合性を有する集団において共同性が発生することがある。仕事場に集う無縁の人たちは、もともとどこかの共同性を生きてきた人たちである。そうした人たちが、ただ共に仕事をするだけでなく、親睦を深め、同じ仕事場で共に生きているのだという想念を共有するということが起こっても不思議なことではないし、実際そうしたことが起こる。目的の設定された仕事場において、目的はそれとして、仲間意識をもつような場面である。

本章冒頭で、集合性の力は各個人の力の総和を超えると述べた。経営の理屈（第4章）でみれば、それは、労働力を組織することによる効率的な利潤追求の資源である。他方、働く側からみれば、それは自分たちの集合から発生する力である。労働運動において、そうした力の搾取への対抗が唱えられることがあるが、そのとき、働く者たちの「共に生きる」という想念が重要な意味をもつ。集合性そのものは、経営の理屈に基づく目的に立脚しており、共同性が文化と結びつくがゆえにもつような強度をもちえていない。そのため、目的設定者との対抗関係において共同性がいわば呼び出されるということが起こる。こうして、集合性に共同性が融合する場合がある。

次に、②共同性の側からみた集合性との関係。集合性を有する集団から共同性が発生しうるのとは逆に、共同性を有する集団から集合性が派生する場合もある。たとえば、村おこしのような場面で、共に生きるという想念を共有している者の中から、目的を有する「会」を結成する人たちがあらわれるなど。ただしこの場合、「無縁の人たち」による集合性とは言えないが、会を結成するということは、少なくとも縁こそが意味をもつような共同性とは別の力を発揮させようとしていることだと言え、それは集合性の力の利用と捉えることができる。[3]

以上から判るように、集合性と共同性とは目的概念においてこそ絡み合う。①でみたものは、目的からの離脱または、それへの対抗という図式で理解できるし、いまみたものは、目的の新たなる設定の場面である。そのことから、もう一つ重要なこととして、認識上において、共同性が集合性へと変換して理解される場面を指摘できる。典型的には、地域共同体とはその維持・強化を目的として諸活動を共に為す集団だという捉え方において起こっているような認識上の変換である。

先に、共同性には明確な目的がないと述べた際、反論があるだろうと言っておいたが、共同体に目的があるとする捉え方は、この変換によってこそ成り立つと筆者は考える。生物の目的は種の保存だと言うときのような目的概念の適用である。もちろん、結局は共同体をどう定義するかの問題であり、また目的概念は多義的だが、共同体に目的があるとみなすときの目的概念は、当事者が意識するのが稀な「目的」を観察者が抽象過程を経て認識し、用いるものだと言える。その抽象過程において、本書の語彙で言うところの集合性概念が混入させられるのだと筆者は理解する。

第2節　集合的実践と単位——集合性と社会性——

共に為す営みの柱には目的概念がある。そこで、そうした営みを集合的実践と呼びたい。実践概念には、他者によって目的の観察が可能だということが通常含まれるからだ。多数の人がそれぞれ個的に同様の振る舞いをする流行現象などと分けて捉えるべき集合的実践は、集合してこその目的が観察できるものである。前節で、集合性と共同性の関係について述べたので、本節では、集合的実践と単位の関係を考えることで、集合性と社会性の関係を明らかにしたい。以下、(A)集合的実践と社会性の関係を整理し、(B)社会における単位化の力を超えていくような集合的実践内部のダイナミズムについて論じる。それらを踏まえ、(C)社会全体に集合性が成り立つとする捉え方を批判的に論じ、次節に論を接続する。

(A)集合的実践と社会性の関係

集合的実践は個人的実践とは異なる。個人が為す実践の場合、それが内的な意志や動機から発するという捉え方が成り立つ（この捉え方をめぐる哲学の議論にここでは足を踏み入れない）。他方、集合的実践の場合、個々人の意志や動機の総和が集合的実践の「内的なもの」を形成するとは言えない。仮に意志や動機の足し算が可能だとみなすとしても、集合的実践は、個々人の力の総和を超えた力の発揮にこそ意味があるのだから、「内的なもの」は、個的なものの総和ではありえず、集合のそれでなければならない。それは、為された実践から遡行するベクトルによって見いだすほかなく、それこそが集合の固有性を規定する。ここまで、集合性が典型的にみられる場は会社だとして議論を進めてきたが、いま述べたことを踏まえれば、もう一つの典型を指摘できる。目的をもって為される実践から遡行してこそ集合の固有性を言えるもの、その典型は社会運動である。

会社と社会運動、これら二つを典型とする集合的実践と社会性の関係について単位の概念を軸に整理しよう。まず、いかなる集合的実践であれ、そこに集合する個人が社会における単位としての規定を受けているという意味では、社会性を前提とする。第Ⅰ部でみたように、現代においては、基本的人権の概念を柱に、個々人は対等な存在としての規定を受ける方へと進んでいる。そこで、集合的実践の場の一方の典型である会社においては、個人が集合的実践に参加するのに際し、いずれも社会の単位である個人と会社とが法的に対等な人格を有する者同士として契約するという形式がとられる。そうして、成り立ったものとしての社会における安定した制度を前提に、単位（個人）が単位（会社）へと集合するとイメージできる。

他方、もう一方の典型である社会運動においては、単位をめぐって別のことが起こる。社会運動には多様な形態があるが（次章参照）、基本的にそれは、あらかじめ設定された単位へと個々人が集合するのではなく、無縁の人たちが次々に集合することによってこそ一つの実践を為す単位としての地位を獲得していく。つまり、単位を自己生成させるようにして、成り立ったものとしての社会の安定性に依拠しつつも、その秩序をいくらか変えようとするものとして運動が展開される。このとき、集合性から社会性へのベクトルがみえる。集合あってこそ、社会的に認知される単位が生成すると言えるからだ。このベクトルは社会運動だけがもつものではない。会社においても、個々人の集合こそが単位としての会社の実質を形成すると捉える見方も可能であるからだ。つまり、集合的実践において、いわば「上」からの単位化を超え出るような力が発生する。それはなぜか。次に、集合的実践がそなえるダイナミズムと呼ぶべきものについて考察しよう。

(B)集合的実践内部のダイナミズム――集合性が単位化の力を超え出ること――

人が集まって何かを共に為すとき、個々人のあいだに力関係が発生する。個々人の力の総和を超えた集合性の力は、この力関係を養分にすると言ってもよい。会社のような組織において、役職が設けられ、機能分化と責任分担の仕組みがつくられるが、そうした仕組みがあってはじめて力関係が生まれるのではない。仕組みづくりは、集合的実践において生じる力関係を目的追求へとむけて整流する合理的手段だと言える。

なぜ力関係が生じるのか。何か目的があって複数名が協働するとき、どのようにすれば首尾よく事を進められるかを各人が考える。だが、事を進めるには、選択し決定しなければならない。複数の方法を同時に試すこともありうるが、そのかぎられた複数の方法を選択し決定するのだから、事の本質に変わりない。このとき、集合に政治らしきものが発生している。社会性の成立を前提にして集合する個人には、社会性と切り離すことのできない政治（前章）の感覚がそなわっている、あるいはむしろ教育等によってそうした感覚を身につけるべく方向づけられている。そうした個々人が集合的実践の目的遂行のために意見を交わし、どのような対処法がよいかを議論するとき、結果的に優位性が競われ、そのことに起因して力関係が生まれると理解できる。[4]

こうした力関係を有力な要因として、集合的実践内部には、「上」からの単位化の力におさまらないようなダイナミズムが生まれる。対立・競争から安定・均衡に至り、また対立・競争が生まれ、というダイナミズムである。先に、集合性の力の搾取への対抗という場面に触れたが、それは、目的設定者をも巻き込むべくして単位化の力を超え出ようとする運動がなされることと言い換えられる。また、社会運動において、運動方針をめぐって論争が起き、路線対立が発生し、ということがしばしば起こる。そうして、集合的実践一般について、内部に派閥的なものが生まれ、それが対立し、やがて融和し、また対立し、という動きを含むものであると捉えられる。集合した人たちは、単に集合による力を生み出すだけでなく、外的状況との関係において、その力を特定の方向にむけるべくして集合内部にいわば力の場を形成するのだ。

以上、集合的実践が、単位化の力に依拠しつつも、それを超え出るようなダイナミズムをもつことを理解した。前節からの作業によって、集合性と共同性および社会性の関係についての見取り図を描いたので、次の作業に入る準備をしたい。すなわち、成り立たせていくものとして社会を捉える場合、それはどのような理路で言えるかという課題に取り組むためのステップである。以下、社会全体に集合性が成り立つとする捉え方を取り上げ、それが成り立たせていくものとしての社会の理解法ではなく、成り立ったものとしての社会の理解法であることを示し、次節へと論を接続する。

Ⓒ社会全体の集合性という捉え方をめぐって

述べてきたように、集合性は目的を有する営みにおいてこそ発生するものである。共同体には明確な目的がないと述べたが、社会全体の場合、前章でみたように、社会外との関係において、「名声および資源配分に関する特殊な経営」としての政治の力が社会性を構築・維持する特質上、そこに目的性を見いだすことは可能である。社会全体に集合性が成り立つとする捉え方は、①個人を単位とした集合性が成り立つとするもの、②法的に人格を有するものを単位とした集合性が成り立つとするもの、これら二つに分けることができる。

まず、①個人を単位とした見方。すなわち、小規模集団にみられるような集合性がそのまま社会全体にもみられると捉える理解法である。[5]これは、社会において人だけが身体的存在であるという事実に依拠して、個人という一つの単位だけによってさまざまな人間集団を捉えようとする発想だと言える。仕事場に人たちが集合する。それと同じようにして、社会に人たちが集合する、というかたちである。

おそらく、こうした見方の背景には、前章で述べた社会性の効力範囲と共同性のそれとの表裏一体化と呼ぶべき事態の認識が潜められている。社会全体が先述のようなかたちで目的性を有すると捉えるとしても、その目的と個々人の営みとは直接には結びつかない。その遠い距離を埋めるようにして、社会性の範囲内で共に生きているのだという共同性の想念が呼び出され、そうしてイメージされる一つの社会において集合性が成り立っていると捉える、おおよそこのようにして、個人から成る社会全体の集合性というイメージが成り立っていると考える。これは論理的には、外と画されたものとしての社会の認識を暗黙のうちに前提することなしには成り立ちえない発想である。

次に、②法的に人格を有するものを単位とした見方。会社において部署がつくられ、それを単位として会社全体が組織されているという見方が成り立つ。法的に人格を有するものを単位として社会全体に集合性が成り立つとする見方は、それに似たものとして社会を捉え、①で述べた「遠い距離」を埋めるため、階層的に社会を理解しようとするものだと考える。[6] それはおおよそ次のような見方である。まず、個人は法的に人格を有する。それが集合する会社は法人格を有する。国家の権力機構、自治体、諸団体等々、会社のほかにも法人格を有するものは多数あり、そこにも個人が集合する。それらのことから、第一段階として、個人が法人格を有する集団に集合し、第二段階として、そうした集団が集合して社会全体が組織されていると捉えることができる、こうした見方である。

だがまず、会社の部署は決定に基づいてつくられるものである。先に、集合的実践内部のダイナミズムによって内部に派閥的なものが生まれると述べた。そうして大きな集合の内に小さな諸集合が生まれるとみなせるとしても、それを逆転させ、小さな諸集合によって大きな集合が組織されるとみなそうとすると困難に直面する。いまの話の場合、組織されるのは単位であり、それは単位化の力によって生まれるものだからである。つまり、「上」を起点にして、単位化の力によって会社という法人が社会的に認められ、その会社と契約を交わした個々人が部署という仕事場に配置され、配置された人たちにおいて集合性が生まれると記述できるものを、「下」を起点に記述しようとすると、仕事場における集合と、会社を組織している単位（部署）のあいだの断絶に直面する。集合から単位が生成するわけではないからだ。[7]

それゆえ、法的に人格を有するものを単位として階層的に社会全体に集合性が成り立つとする見方も、同じ困難を抱えることになる。自治体を例にすれば分かりやすい。地図で見ると、国家の中に広域自治体、その中に基礎自治体がある。だが、個人の集合で基礎自治体が、基礎自治体の集合で広域自治体が、広域自治体の集合で国家が成されるという「下」からの理解は成り立たない。自治体は法理上、等しく法人であって、広域自治体と基礎自治体とのあいだに階層性はない。[8] また、前章で述べたように、人為的に設定された区画において共同性の想念が生じることはあるにせよ、そもそも自治体は目的を有して集合的実践をおこなっている人間集団ではない。つまり、それは単位化の結果のものであり、個人の集合とみなすことはできない。

こうして、法的に人格を有するものを単位として社会全体に集合性が成り立っているという見方も、結局は、単位化という成り立ったものとしての社会において働く力を再確認することに帰着する。以上を踏まえれば、成り立たせていくものとして社会を捉えられるかどうかは、単位化の力に依拠しないかたちで、あるいは、それをすり抜けるようにして、「下」からの積み重ねの論法で社会を理解できるかどうかにかかっていると言える。これが本節の結論である。

第3節　成り立たせていくものとしての社会——相互性と集合性——

前章末で、成り立たせていくものとして社会を捉えようとするなら、社会性と共同性という概念枠組みとは別の仕方で、すなわち相互性と集合性によって社会を捉えることが必要だと見通した。そして前節の議論から、単位化の力に依拠しないかたちで、あるいは、それをすり抜けるようにして「下」からの積み重ねの論法で社会を理解できるとき、成り立たせていくものとしての社会という捉え方が可能になると結論づけた。そこで本節では、まず、前章末で述べたとおり国際社会のあり方を材料に、(A)集合同士の相互性から新たな集合性が生成するという図式を抽出する。次に、社会運動を念頭に、(B)人的ネットワークが集合性を媒介にして拡がるという図式を抽出する。そして最終的に、(C)人的ネットワークと集合のネットワークの絡み合いとして社会の像を描きうることを示したい。

(A)集合同士の相互性から新たな集合性が生成するという図式

国際社会には領域的全体性に対し強制力をもって完結的諸制度を各国に課すような上位の力は存在せず、そこでの試みは社会を成り立たせていこうとするものでありつづける。明文化されたものとしての国際法の実態は条約である。国際社会の法的秩序は任意に結ばれる条約（および慣習法）によって形成されている。ここでは、国家間のとりきめにおいて起こる事態を材料に、①チームの集合性と呼ぶべきものを指摘し、②集合同士の相互性から新たな集合性が生成するという図式を取り出す。

①チームの集合性。もちろん、国際社会のとりきめは、国家を主語としてなされる。それは上位の力によるのではないにせよ、すでに互いに単位化したもの同士の関係としてなされる。だが、とりきめが成立するまでの過程で実務を担う人たちのチームの集合性がみられる。その営みは、社会性の力によって単位化されたものの枠組みを超えてなされる。ここで材料として考察したいのはそうした場面である。

まず、それぞれの国において、官僚等によるプロジェクトチームがつくられる。そして、官邸、省庁、財界、学界等から情報を収集し、意見交換し、調整し、それを踏まえて原案化し、相手国との折衝を経て修正し、という一連の作業がおこなわれる。それは、社会内の諸単位をまたぐチームによる集合的実践である。[9] もちろん、こうしたチームは、他国とのとりきめのときにのみ形成されるわけではない。さまざまな場面において、単位横断的なチームが形成される。だが、国家間のとりきめの場合には、さらに、いわゆる国境をまたぐチーム、社会性によって画される内と外にまたがったチームが形成され、集合的実践をおこなう場面が不可欠である。そのとき、社会間のチームの集合性がそこに生まれる。社会の諸単位をまたぐチームの集合性と社会間のチームの集合性、これらはいずれも、単位化の理屈をすり抜けるものとしての集合性と捉えうる。もちろんのこと、単位化の力を前提にしたものではあるけれど(後述)。

　これら二つの集合性の関係を考えるとき、②集合同士の相互性から新たな集合性が生成するという図式を取り出すことができる。まず、二国間のとりきめの実務を二つのチームがおこなっているとき、そのチーム同士が相互的関係にあるとみなしうる。第3章の語彙で言えば、国家間のとりきめは、もちろんのこと文書化される契約的なものである。それに基づき、両国内において法制度的措置がとられることだろう。だが、一元的な制度的構築性のもとにとりきめがなされるのではないのだから、一つの法制度体系の支配下にある契約と同じものだとは言えず、二つのチーム間における「いわゆる約束」が、二国間の契約を支えるという構図をもつ。とりきめることによってこそ、両者が拘束されるべき第三項を生み出そうとする約束である。

　それゆえ、二つのチームの関係は、ある程度まで、個別具体的な二者の相互的関係に似る。「それでよければそれでよい」という納得が生まれうる関係である。もちろん実際には、慣習法や世界に存在する既存のとりきめのあり方が規定力をもつ。それから、なにより重要なこととして、各国に生きる人びとの共同性が、二国間関係をあるべき方向にむけるべく規範的な力を発揮する。それらを踏まえてとりきめがなされるのが通常であるから、二人の人間における相互性の関係とまったく同じ意味で集合間の相互性が成り立つとは言えない。

だが、二人の人間のあいだの相互的関係にも共同性の力が影響を与えるのだった（第1章）。各国に生きる人びとの共同性は、それとは力の働き方が異なりこそすれ、同じく相互的関係に対して力を発揮するものとみることもできる。「相互性」に対応する欧語は、たとえば英語の場合、reciprocity や mutuality である。特に前者は「互恵性」のニュアンスを含むが、相互性の関係は、実際上のこととして互恵的なものにむかう傾向をもつ。二国のチーム間の相互性の場合、二国それぞれの共同性の力によって、とりわけそうした傾向性を帯びると言っていいだろう。もちろん、各国間の政治的な力に大きな差があれば、不平等なとりきめがなされうる。だが、そうした既定条件を踏まえたうえで、最大限可能な互恵性が追求されるということだ。

こうして、集合同士に相互的関係が成り立つとみなしうるが、そのとき同時に新たな集合性が生成していると も捉えられる。先にあげたチームの集合性の二つのうち、前者の「社会の諸単位をまたぐチーム」の相互的関係がとり結ばれながら、互恵的関係構築を目的とする集合的実践を為すものとして、後者の「社会間のチーム」の集合性が生成していると捉えうるからだ。そして、前節末の議論との対比で言うべきは、そうして生成する新たな集合性は、相互性の関係にある二つの集合性を上位から包括するとは言えず、そこに階層性が成り立たないということである。つまり、「下」からの順序で、集合同士の相互性の関係から、別の集合性が生成すると捉える図式が成り立ちうる。

(B)人的ネットワークが集合性を媒介にして拡がるという図式

国際社会から考えることには、利点と限界がある。利点はもちろん、一元的な制度的構築性が働いていない社会を舞台に考察できることであり、限界は互いに単位化する国家同士の関係のいわば裏面で起こっている事態の考察にとどまる点である。そして、この利点と限界とは表裏一体のものである。一元的な制度的構築性が働かないことと互いに単位化することとは一体的事柄だからだ。社会について考察しようとすれば、いずれにせよ単位化の問題に直面せざるをえない。だが、相互性と集合性の絡み合いのイメージで「下」からの積み重ねとして社会を捉えることは、社会の可変性を信じるための養分であり、前章でも述べたように、社会のありようは本来、複数的でありうる。そこで、認識上においていて単位化の力を免れるようにして、社会を成り立たせていくものと捉えうること、このことの道筋を考えたい。

そこでまず、第1章で述べた、①人的ネットワークについて再論する。これは、成り立たせていくものとして社会を捉えるときの基礎となるイメージだと言える。それにつづき、社会運動を念頭に、②人的ネットワークが集合性を媒介にして拡がるという図式を得たい。先述のとおり、社会運動は、単位を自己生成させるようにして展開する。それゆえ、前節で論じた会社とは異なり、集合から単位が生成するという見方が成り立ちうるからだ。そして次の項で、③「会」がもつ二面性に着目することで、④成り立たせていくものとしての社会の像を描きたい。

①人的ネットワークについて。これを第1章で「水平的な関係が網状に連なるイメージ」と表現し、それをもとに別様の社会を構想した思想家の議論を批判的に論じた。結局は、指定された位置関係、本章の語彙で言えば、単位化の力を前提にした個人同士の関係が暗黙のうちに想定されているというのが議論のポイントだった。だが他方で、ある社会Aで当然とみなされる贈り物のやりとりが、もともと社会Bではそうでなかったとして社会Bでもそれが一般化するとき、社会Aに生きる人が社会Bに生きる人に贈り物をすることが有力要因になるとも述べた。相互性の関係は、異なる社会に生きる人同士のあいだにも結ばれうるものであり、共同性の範囲を突き破りうるのだと。

この後者の事態を強めに表現すれば、人と人とが、社会で働いている規定力をすり抜けるようにして相互的関係をとり結ぶ事態だと言える[10]。前章で、共同性が社会性の側による包括を拒むような強度、制度的枠組みへの収まりを拒む文化の強度と呼ぶべきものを有すると述べた。それは、相互性を媒介にして共同性の範囲拡張がなされうることに由来すると言える（第9章参照）。だが反面、相互性の関係は、個々の共同性からの離脱のイメージによっても捉えうる。その場合、たしかに人的ネットワークの拡がりの図式で社会を捉えることが可能である。ただし、その「社会」とは、もちろんのこと外と画された内なる社会ではなく、それを越境し、拡張していくイメージにおける社会である。

②人的ネットワークが集合性を媒介にして拡がるという図式。社会における規定力を脱するようにして人と人が相互性の関係をとり結ぶ。それが社会運動のように、一つの単位へと生成途上にある集合性を介してなされる場面がある。進行中の社会運動に関心をもち、そこで人と人とが言葉をやりとりし、互いに納得する。参加者の増大によって、相互的関係がいわば集積し、もって人的ネットワークが拡張すると捉えられる場面である。そのとき、相互的関係の拡がりは、ただ拡散するというより、いわばハブ（結節点）としての集合性の核を強化させ、単位としての輪郭を明瞭化しながらなされると捉えられる。いってみれば、相互性の関係の量的集積が、集合性の質的強度を増大させるという事態である。

こうして、単位化しつつある集合性を媒介にして相互的関係の集積としての人的ネットワークが拡がるという図式を取り出すことができる。この図式の利点はもちろん、すでに単位化したものではなく、単位化しつつあるものにおいて考察できることであり、限界は、やはり利点と表裏一体のこととして、拡張のイメージでしか社会を捉えることができず、「下」からの積み重ねではなく、「下」における水平的な関係の連なりのイメージにとどまる点である。

⒞人的ネットワークと集合のネットワークの絡み合いとしての社会像

そこで、③「会」がもつ二面性に着目したい。会にもさまざまなものがあるが、まずは社会運動から会が生成する場面を考えよう。それは、単位を自己生成させるようにして展開する運動が単位への生成運動を終える、ないし終えていく事態であり、そうして生まれた会が次なる社会運動の母体になるということも起こる。そのとき、会は、単位へと生成してきたものとしての性質と、単位として社会性の枠内に位置づけをもつものとしての性質との二面性を有するものと捉えられる。

まず、単位へと生成してきたものとしての性質を有するとはどういうことか。先に、人的ネットワークが拡がりつつ、ハブとしての集合性の核が強化される事態について述べたが、その核が固定化して会の形態をとるようになっても、人と人とが相互性の関係をとり結ぶ場としての機能は通常失われないということだ。個人は、集合性の力の発揮に加わることそのものを目的として入会し、そこで相互性の関係をとり結ぶ。その点で、利潤追求という目的によって駆動する会社に就職することとは異なる。会は、社会の諸単位をまたぐチームに似て、集合の目的と個人の目的とが一致するという特徴をもつ。

他方、単位として社会性の枠内に位置づけをもつものとしての性質とは何か。前章で税の徴収から始まる社会制度の完結性をみた。もちろん、会は社会全体とは異なるが、規模が大きくなるにつれてその似姿になっていく。会則が定められ、運営のために組織がつくられ、会費が徴収され、会計報告がなされ、場合によっては法人格を得て、というかたちで、社会性の枠内に明確な位置づけをもつことになる（次章で、官僚機構化するＮＧＯ等の事例をみる)。特殊だが分かりやすい事例は労働組合である。それは、歴史的経緯ゆえ、多くの国で法制度上の地位を得ており、法人同士(組合と会社)の協定によって組合への加入を雇用の条件とすることが法的に認められるなどの事態も場合によって起こる(日本の労働組合法第7条第1項)。

④成り立たせていくものとしての社会の像。会のあり方は多様である。だが、会という概念でおさえられるものの一般は、静的にではなく動的に、つまりその生成の理屈において捉えれば、いま述べた二つの性質を有している。この認識を踏まえれば、人的ネットワークと集合のネットワークの絡み合いとして社会の像を描くことができる。

まず確認だが、会は人的ネットワークの拡がりとともに、そのハブとしての核を強化してきた前歴をもち、集合としての性質をもちつづける。さて、そのとき一方で、集合的実践内部のダイナミズム(前節)ゆえ、一つの会から複数の会が生まれることがある。他方で、会と会、つまり集合同士の相互性の関係から、ゆるやかな連帯が生まれたり、場合によっては、もろもろの会の非階層的な連合体が生まれたりすることもある(会の支部が設けられるなどのことは、一つの会における組織化の話なので措こう)。結果、もろもろの会、すなわち集合のネットワークと呼ぶべき事態が生じうる。その会は人的ネットワークの場としての性質をもちつづけているのだから、以上まとめて、人的ネットワークと集合のネットワークの絡み合いという像を得られる。

この集合のネットワークは、国際社会を材料にして取り出した図式、すなわち集合同士の相互性から新たな集合性が生成するという図式と形式は同じである。だが、内実が異なる。国際社会におけるチームの集合性、およびそうしたチーム同士の相互性の議論は、互いに単位化する国家同士の関係の裏面で起こっていることとして理解できるものだった。他方、会の場合、それが社会性の枠内に明確な位置づけをもつとき、あえて単位としての資格を得ようとしてそれを獲得する。だが、それを獲得しても、単位へと生成してきたものとしての性質は失われない。そして重要なこととして、一つの社会の中で位置づけを得るだけでなく、人的ネットワークおよび集合のネットワークの拡がりによって国境をまたいで展開する会の場合、複数の社会性の枠組みにおいて位置づけを獲得するということもある。

このことは本節の最後のポイントである。会が単位としての位置づけを得るのは、まずは一つの社会においてである。先に、人的ネットワークの拡がりとしての社会像が、水平的な関係の連なりのイメージであるという限界を超えないと述べたが、人的ネットワークの核が固定化したものとしての会は、単位としての資格を得るとき、いいいいいいいいいいかならず一つの社会性の内にまず位置を獲得する。そうした会同士が、社会内はもちろん、社会外の別の会と相互性の関係を結び、その結果として、場合によっては複数の社会で位置を獲得していく。この事態は、成り立たせていくものとしての社会の捉え方の軸となる。

会は、人的ネットワークと集合のネットワークの接合部である。その会は一方で、一つの成り立ったものとしての社会の中に位置づけを得て、その社会の中で別の会と相互性の関係をとり結ぶものと捉えられる。この見方は成り立ったものとしての社会と外延を一致させるかたちで、しかも単位化の力に理路が依拠することなく、成り立たせていくものとして社会を捉えることを可能にするものだと言える。

他方で、そうした会は、国境を超えて相互性の関係をとり結ぶ可能性を有するのだから、成り立たせていくものとして理解した社会は、成り立ったものとしての社会の枠内に収まらない拡張性を有するものと捉えられる。成り立たせていくものとして社会を捉えることは、このいずれかではなく、二つの見方をセットにしてこそ可能になる。つまり、社会が漠然と拡張していくイメージではなく、人的ネットワークと集合のネットワークの絡み合いが、一つの社会性の内部に軸足を置きつつも、それに収まらない拡張性を有するというイメージで捉えてこそ可能になる。これが本節の結論である。

第4節　主要四概念とそれらの関係についての整理――第Ⅰ部・第Ⅱ部の結論――

以上、本書の主要概念の最後のものである集合性が、目的を有して「共に為す」実践においてみられる性質であることをおさえ、集合的実践に参加する個人は社会における単位化の力を受けているが、社会運動に典型的にみられるように、集合的実践それ自体が単位を自己生成させる側面をもつことを指摘した。そして、成り立たせていくものとして社会を捉えようとするとき、「上」からの単位化の力に依拠した理路で捉えることには難点が含まれることを明らかにし、「下」からの相互性と集合性の絡み合いの図式によってこそ、そのイメージが像を結ぶことを示した。

こうして本書の四つの主要概念について論じ終えたが、本章からも明らかなように、それら四概念のあいだにはさまざまな関係がある。そこで、第Ⅰ部・第Ⅱ部の結論として、主要四概念である相互性、共同性、社会性、集合性の内実と、それらのあいだの関係について要約しておきたい。

①相互性。その基本は、個別具体的な二者間において開始し、維持されうる関係の性質であり、社会秩序の基礎にあるものの一つである。二者間において、「それでよければそれでよい」というかたちで、関係についての了解、および互いの納得が得られうる。これに対して、共同性に由来する規範性の力、あるいは、共同性に吸収されて規範化したものが影響を及ぼし、規範性を帯びるかたちで相互性のあり方が提示されることがある。それは、個別具体的な二者の一般的位置関係を指定する力を有する。「共同性に吸収され規範性を得たもの」の代表

格が、成り立ったものとしての社会がもつ制度的構築性の力、すなわち社会性の力である。相互性の関係が社会においてとり結ばれる以上、そうした力を度外視することはできない。それでも、納得は相互性の領域のこととして成り立つし、それが約束を通じた共同性の志向というべきものや集合性の単位の自己生成を促しもする。さらに、相互性の関係が集合を媒介にして拡がりつつ、そのことによってハブとしての集合性の核が強化され、結果、集合間の相互性というべきものが成り立つとも捉えられる。

②共同性。その基本は、「共に生きる」という想念が効力を有する集団の性質である。「人と人」の関係の性質である相互性に対し、「人びと」たる集団の性質が共同性であり、これも社会秩序の基礎にあるものの一つである。共同性は、維持されるのが当然だという永続性のイメージを伴い、世代をまたぐものと捉えられる。特殊であるが、その性質を鮮明にあらわしているのが、「共に為す」ことができないはずの消費を共におこなう家族の共同性である。より典型的には、職人集団のように、特有の気質と規範性をそなえて世代にまたがる人間集団にみられる。共同性は規範性の源泉とみなすべきものだが、それは規範性を吸収し、発するという機能ゆえのことである。そうして共同性は、人や相互的関係に対して規範性を与えようとするものでありつつ、社会性に対しては、法を法規範として実質化しつつ、制度的に構築された社会の形式に想念の位相で実質を補完する機能を有する。他方、共同性には社会性の枠組みに収まることを拒むような強度があり、それは制度に対する文化の強度と言ってもよい。共同性は集合性と異なるが、「共に生きる」共同性に、共同体の維持・強化のような目的があるとみなそうとするとき、それは「共に為す」集合性へと変換して理解される。

③社会性。その基本は、成り立ったものとしての社会がそなえる性質である。それは、社会の内なる領域的全体性を強制力をもって一様にカバーする制度的構築性の力を発揮する。こうした社会性の力は、共同性を媒介に、

相互性の関係にある個人に対して位置関係の指定をする。また、法的な意味での人格同士の契約を可能にするのも、この社会性である。体系的社会の成り立ちには、政治の力が不可欠であり、また、政治こそが社会を内と外とに画する力である。画された内なる社会の成立には、異質な存在の認識と包摂が欠かせない。そうして、もろもろの異なる共同性を上位から包括するものとして社会性の水準があるという理解が成り立つ。そこで構築される制度は諸制度の連関として完結性を得ており、権利を通じた資源配分の制度がその軸をなす。こうした権利あるいは資格という概念は、所有を通じて社会の隅々にまで行き渡っており、それが経営的発想、支配・被支配の関係の源泉である。社会性は、無縁の人たちの集合的実践を可能にするための基盤にもなっている。

④集合性。その基本は、個々別々に集まった人たちから成る集団がもつ性質であり、目的を有して「共に為す」実践を観察者が認識できることがその成立の目印となる。典型的には、仕事場へと人たちが集い、各個人の力の総和を超えた力が発揮される場面に見いだすことができる。共同性との関係で言えば、集合性を有する集団において共同性の想念が発生する場合がある。集合性に参加する個人は、社会性の成立を前提とした単位化の力を受けているが、集合的実践は、社会運動に典型的にみられるように、単位を自己生成させるという側面をもち、単位化の力を超え出るダイナミズムを有する。そうした集合性は、それを媒介にして相互性の関係が拡がる場としても機能するし、その相互性のネットワークの拡がりにより、ハブとしての集合性の核が強化されるということも起こる。結果、集合同士の相互性の関係から新たな集合が生成するとみなせる場面もあり、これらのことが、成り立たせていくものとしての社会のイメージを有効化する理路をなす。

さて、以上によって、社会秩序の成り立ちについて四つの概念を柱にして理解することができた。ここまでの考察からも明らかなように、社会秩序は静的なものではなく、さまざまな力の絡み合いによるダイナミズムをそなえたものである。ひるがえって、社会秩序はつねにダイナミズムを抱えつつも、相対的に安定したものとして現前する。その安定性は、人が人と生きるときに発生するものとしての相互性、共同性、社会性、集合性の働き方の秩序から理解することができる。これが、第Ⅰ部と第Ⅱ部の結論である。次になすべきは、相対的に安定したものとしての社会秩序が実際どのように変わり、別の相対的に安定した秩序へと至るのか、その変化の秩序を、同じく四概念を用いて理解することである。

第Ⅲ部　社会秩序の変化

第7章　言葉の運動としての社会運動
第8章　相互性・社会性と秩序変化——松永哲学試論——
第9章　社会秩序変化の秩序

第7章　言葉の運動としての社会運動

はじめに

言葉なくして社会運動はありえない。社会運動の典型的形態の一つであるデモ行進を思い浮かべよう。集まった人たちが、スローガンを声高に叫びながらデモ行進をする。それをマスメディアが報道する。それを視聴した人たちが、運動についての意見や感想を身近な人に述べる。近年では、SNSを通じた情報の伝え合いもなされる。運動に支持を表明する人もいる。いずれも言葉を使った営みである。さらに言えば、喪服を着て無言でおこなうようなデモ行進の場合でも、あってしかるべき「言葉のなさ」というかたちで言葉の力が働いている。

第3章で、関係づけの言葉としての約束を主題に、相互性と共同性への「またがり」、相互性と社会性との「つなぎ」の理路を示した。本章では、前章で論じた集合性の議論を踏まえ、「自己生成する単位」としての集合的実践の典型であり、言葉が大きな意味をもつ社会運動を主題とする。言葉を使った社会運動が、生まれ、成長し、終わっていく過程において、言葉自身の方もまた、生まれ、成長し、老いていくという運動をしている。そのさまを描き出すことによって社会秩序の変化について考えるための足がかりとすること、これが本章の目的である。[1]

はじめに準備作業として三つのことを述べたい。社会運動とは何か、その「登場人物」は誰か、そして、社会運動研究の一般的傾向、これら三点についてである。

まず、そもそも社会運動とは何か。[2] 論者たちがさまざまな定義を与え、類型を示しているが、本書では社会運動を次のようなものと捉える。すなわち、①近代以降の時代において、②集合した不特定多数の人たちによって、③社会のありように対して何らかの影響を与えることを目的にしておこなわれる(目的が運動の当事者だけにとっての直接的利益に留まらない)、④明確でないにせよ、はじまりと終わり(かならずしも目的の完遂とは一致しない)をもつ性格の、⑤一定の継続性をそなえた運動である。①~③については、前章でみた集合的実践の位置づけから導かれるものである。くわえて、④によって、特定の主義主張を永続的に唱える実践とは異なること、⑤によって、単発的な出来事と異なることを述べている。

次に、社会運動の「登場人物」は誰か。それは、運動に参加する人たちだけではない。かならずしもつねに明確なわけではないが社会運動の矛先にいる相手、運動を社会にむけて報じるメディア、そして直接またはメディアを通じて運動を知る人も社会運動に関わる存在である。とりわけ、運動を知ることになった人たちは重要である。運動について意見や感想を述べ、場合によっては支持を表明し、運動への参加を呼びかけ、ということが社会運動の拡がりにつながるからだ。さらに、社会運動の終わりのあとでそれを言葉にする存在、すなわちジャーナリストや学者、政治家も広い意味での「登場人物」である。

三つ目に、社会運動研究の一般的傾向について。社会運動を対象とする研究は、主に社会学と歴史的研究によってなされてきた。まず、「社会運動の社会学」と呼ばれる研究の主要な関心事は、次の二つだったと言える。①社会運動一般がなぜ起こるのか、②社会運動はどういう場合に成功するのかである。[3] 次に、歴史的研究の傾向も二つに大別できる。①目的の変遷を主題にしたもの。おおまかに言えば、労働運動、民族運動、そして一九六〇年代末以降の「新しい社会運動」、すなわち労使対立という軸から脱し、アイデンティティに関するものや環境など個別のテーマを掲げた運動へ、という流れ。②形態の変遷を主題にしたもの。これもおおまかに言えば、家屋襲撃などの伝統的な形態から、近代初期におけるボイコット、大衆請願、都市暴動、一九世紀のバリケード、ついでストライキやデモ、その形が整然としたものではなくなり、やがて制度的なものが主流に、という流れ。[4] ここに近年では、ＳＮＳ登場以降の形態が加わる。

本章では、これらの研究の知見を踏まえつつ、次のような方針をとる。まず、①なぜ起こるのか、成功したりしなかったりするのかの手前で、ともかくも始まり終わるものとして社会運動を捉えること。その際、②さまざまな目的や形態をとりつつも、社会運動の中心および周縁で言葉の力が働いてきたという点に焦点を当てることで構造的な理解を目指すこと。そして、それらによって、③前章で論じた集合性の働きの実相の一つを描き出しながら、第Ⅲ部の主題である社会秩序変化の一つの具体像を得ること。以上である。

そうした方針に基づき、以下、次の順序で論じる。まず第１節では、社会運動のはじまりとそれに至るまでの言葉の働きについて、次の第２節で、社会運動の只中においてそれに力を与える言葉の働きについて整理する。そして第３節で、社会運動の終局における言葉の働きについて整理し、そこで、共同性への定着、社会性への組み込み、さらには歴史への定着と呼ぶべき事態が起こることを確認して、第９章へと問題意識を接続する。

第1節　社会運動が始まる状況に関する言葉の働き

言葉の運動としての社会運動が始まる。本節ではまず、(A)社会運動の基盤として、言葉が交わされる環境とメディアの存在が必要であることを確認したのち、(B)社会運動の開始と前後してしばしば起こる言説状況の変化について述べる。そして、(C)社会運動が始まる瞬間にある「指摘し問題化する」言葉について、その表現の仕方を含めて論じる。

(A)社会運動の基盤となる言説環境

社会運動がおこなわれるための条件、言葉がいわば運動を始めるための基盤は、①実際に言葉が交わされる環境、および②メディアの存在である。これらはいずれも一八世紀頃から、その基本構造が現在にまで連なるような形式を得ていったと言われる。[5] 私たちが理解するような意味での社会運動が発生するのは、単位としての個人が旧来の共同性から切り離されたものと捉えられたうえ、それが自由に集結して集合性をなすというイメージにリアリティが生まれて以降、つまりは近代以降のことである。それを踏まえて、社会運動の基盤となる言説環境について整理しておこう。

まず、①言葉が交わされる環境。社会運動は多数の人によってなされる。前章でみたように、ある目的をもった集合的実践が、単位を自己生成させるようにして、それに関わる人を増やしていくというイメージである。運動において集合同士が連携し、より普遍的な社会運動へと成長していくこともある。社会運動の核にはそうした集合性があるが、ここで述べたいのは、社会運動がおこなわれる基盤として必要な環境の方である。すなわち、明確な会にあたるものから、集合性を指摘することができないような人間集団まで、人間関係に関する濃淡をもちつつも、一定以上に多数の人たちが言葉を交わしているような環境である。以下、明確な会にあたる組合についてみることから始め、徐々に「濃度」を下げる順序でみていきたい。

かつて、労働組合運動に代表されるように、組織された人びとの集合性に基づく運動が広くみられた。その源流は、近代以前に遡ることができる。旧時代の職人組合など、強い紐帯を伴って固有の規範性を有する集団、つまりは共同性を有する集団によって、その利益防衛を目的に社会運動の萌芽形態と呼ぶべき行動がなされた。そうした集団において、濃密な人間関係に基づくかたちで言葉が交わされていたことは想像に難くない。他方、近代的な社会運動の場合、むしろ、ある集合性が言葉の働きによって輪郭をもちはじめ、それが社会運動の中で明確化していく傾向がみられたと言える。言葉を交わすことこそが集合性を生み出すという形式である。

たとえば、小さな子供をもつ母親のサークルが自然保護団体へと発展したというケース。そこにおいて、「母親という属性ではなく、「母親」というレトリックが団体のメンバーに共通して表出された」という指摘は重要である。[6] サークルでの日常的な言葉の交わし合いを経て集合的アイデンティティーを生み出しつつ、運動主体を形成していったケースだと言えるからだ。そうした傾向性をもつ社会運動の代表事例の一つが、生活協同組合（以下、「生協」）によるものだろう。生協の共同購入における班システムは、「台所から世界が見える」という理念のもと、班の中で主婦が異質な他者と出会い、討議することを意図してつくられた側面があり、それが、「生協の運動だから」という理由で主婦たちが運動に参加する基盤になったと言われる。[7] 共通の運動上の目的を有して集合したわけではない人たちが、仕掛けの作用によって緩やかに集合性をもつことになったものだと理解できる。

集合性を指摘できるわけではない言説環境としては、学校や小規模地域が典型である。何か目的があって集合しているわけではない人たちが、日常的な会話から共通の関心事を見いだし、それが社会運動へとつながったり、あるいは、既存の社会運動に参加する集合性に発展したりということが起こる。先に触れたアイデンティティーに関することで言えば、自分たちを「おれたち」、行政サービス等の提供者を「やつら」と区別して呼ぶことで漠然と意識される人間集団をあげることも可能である。[8] この場合、「おれたち」の範囲は不明確でありつつ、言葉を交わす関係の連鎖の総体がイメージされていることだろう。このように、実際に言葉が交わされる言説環境が社会運動の基盤の一つとなる。

次に、②メディアの存在。実際に人と人とが言葉を交わしているわけではないのに、メディアによってある種の言説環境が生まれる。その萌芽形態として、社会学者タローは一八世紀の地下出版の読者層をあげ、互いに見ず知らずの者たちのあいだに考えの共通性がみられるに至ったことを指して、「不可視の言説共同体」と呼んでいる。[9] それがフランス革命を準備したものの一つであると指摘する論者もいる。地下出版において、特権的知識人ではない文筆家たちの手によって、学術書の体裁をとるものから、論争書、パンフレット、新聞、誹謗文書、ポルノグラフィーまでさまざまな種類のものが印刷された。それらの特徴は、抽象的な理念よりも、道徳的な憤激と共に「いきいきとした細部」を描くというもので（たとえば、『ルイ一五世の贅沢三昧』）、数々の出版工房の誕生、密輸業者の登場など、流通システムが整う中、新しいメディアとしてかなりの読者を獲得した。それらは、内容として直接的に革命を求めるような文書ではなかったが、エリート層以外の読書層を創り出すことで、「世論」が力をもちはじめるのに貢献し、革命を準備した。そのような指摘である。[10]

一八世紀以降、メディアが発達するのに応じて、社会運動はいわば鍛えられていった。メディアが整備されることで、そのメディアが可能にする新しいタイプの社会運動が可能になるということが続々と起こったのだ。たとえば、日本における「新しい社会運動」の嚆矢と呼ばれる一九六〇年安保闘争の頃、テレビの普及率は三〇％を超え、テレビを所有していない人びとのあいだでも、街頭でテレビを視聴することが一般化していた。暴力団を動員してなされた五月一九日の強行採決の模様がニュースにおいて一目瞭然のかたちで報道されたこと、また別の日に、放送機材の軽量化によって実現したラジオの実況中継において、アナウンサーが涙声で「警官隊が私の頭をなぐりました」と報道したことなどが、統治者の予想を超えた速度で運動を促進させるのに貢献したとする指摘がある[11]。

さらに時代を下ると、周知のとおり二〇世紀末頃から急速に発達したインターネットというメディアが、きわめて短期間のうちに、時には国境を越えて社会運動が拡がることを容易にした。初期の有名事例として、二〇〇〇年に韓国の国会議員選挙に際しておこなわれた「落選運動」をあげることができる。ＢＢＳ（電子掲示板）を介した世論形成が大きな力をもった事例である[12]。その後、インターネット関連技術の発展（ＳＮＳに代表される「ウェブ２・０」の誕生）によって、多くの人がウェブ上の発信者としてメディアの役割を果たすことが可能になったと言われる。二〇一〇年代の「アラブの春」と呼ばれる民主化運動をはじめ、その後の社会運動にはＳＮＳがほとんど欠かせないものとなった。

メディアの発達と社会運動の関係は、以上のように振り返ることができ、最終的にウェブ上で個々人がメディアの役割を果たすようになったと整理可能である。だが他方で、そもそも人と人とが互いをメディアとして言葉を伝え合うことがメディア概念の根本だとも言える。一九六九年五月、フランスのオルレアンにおいて、「新聞、ビラ、ポスターなどを通じて報じられたことは一度もなかった」にもかかわらず、中心街の婦人服店のユダヤ人商人たちが、店を訪れた女性を誘拐しているという事実無根の噂が、「つねに口から耳へという経路で」突如として街全体に広まったという事例があるという[13]。人が互いをメディアとすること、そこで、かならずしも情報が正確に伝達されるわけではないということの事例である。

ひるがえって、いわゆるメディアを通じた情報も正確な情報伝達を超えた作用をもち、社会運動の拡大等に影響を与える。いずれにせよ、メディアの存在もまた、社会運動の基盤の一つである。それは、①でみた「言葉が交わされる言説環境」を、人と人とが言葉を伝え合うという基本から離陸させる役割を果たしてきたと言える。

Ⓑ言説状況の変化をめぐって

社会運動が始まろうとするとき、しばしば、いまみたような「基盤」において、言説状況の変化が起こっている。一方で、①既存の言葉の力の喪失、すなわちそれまで説得性を有していた言葉がその力を失ったり、あるいは、その力を失わされたりすること、他方で、②ある種の言葉がそれまでもっていなかった新たな力をもつようになることである。順にみよう。

①既存の言葉の力の喪失。先にも触れた一九六〇年の日本において、社会党や共産党はじめ、既存組織のありきたりの言葉（竹内好の表現によれば、「紋切り型のアジ演説」）に人びとが飽いているという状況がみられ、それゆえに新しい運動方式をとることが選ばれたという[14]。そうだとしたらこれは、かつて権威を帯びていたはずの言葉の力が失われた事態と捉えられる。また、「人びと」に視点を置けば、積極的な仕方ではないにせよ、飽くことによって既存の言葉の力を失わせたと言えなくもない。

もちろん、積極的な仕方で言葉の力を失わせようとする場合もある。ミシェル・ド・セルトーは、フランスの一九六八年五月についての著作の中で、「五月革命は、憎むべき人物に対する敵意や、労働手段およびその生産物の破壊によって現れ出たものではない」と述べ、暴力的な行為があったにせよ、それは象徴的・儀式的なものであり、そこで目指された当のものは、「社会的言語活動の信憑性を責め立てる」ことだったと述べている[15]。つまり、積極的な仕方で既存の言葉の力を失わせようとする意図があったのだと。五月革命の運動におけるパリの凱旋門やオデオン座にむかっての行進およびその占拠、ソルボンヌの「解放」と呼ばれる出来事は、政治・芸術・学問における既成の言葉のあり方に対する「責め立て」という営みの象徴的な現れであり、実践の本質は、既成の言葉の力を失わせる営みだったという捉え方である。

そのとき、運動の当事者にとって、既存の言葉のあり方は、すでに正の価値をもっていなかったことだろう。だが、それが「責め立て」の対象になるのは、社会的にはまだ力をもっているとみなされていたからである。このように、社会運動のはじまりにおいて、既存の言説状況をあえて変えようとする動きがみられる場合がある。

次に、②言葉が新たな力をもつこと。これには、大別すれば二つの要因があり、多くの場合、両者の組み合わせによって言葉は新たな力を得る。量的要因と質的要因である。量的要因によって言葉が新たな力を得る場面の典型は、スローガンがくり返し叫ばれることである。もちろん、その過程で、叫ばれる範囲の拡大も起こる。たとえば、一九六八年の西欧諸国の学生デモにおいて、各国で共通のスローガンが唱えられたように[16]。近年で言えば、ＳＮＳにおけるハッシュタグ(#Me Too のような)も、このことをめぐる新しい動きだと言ってよい。この場合、単に同じ言葉を反復するのではなく、同様の体験をハッシュタグでくるということに新しさがあるが、その量が社会的に意味をもつという点に共通性がある。

他方、質的要因は、たとえば日本で二〇〇〇年代中頃から頻繁に使われるようになった「ワーキングプア」という語のように、進行中の事態を言い当てる言葉が社会の中で存在感を増し、運動を促進する場面にみてとれる。この語自体は、英語では比較的古くから使われていた表現である。それが日本社会において用いられ、いわば言葉の地位向上と呼ぶべきことが起こりつつ、量的にも多く発された。こうした「言葉の地位向上」は、運動の当事者、学者等、そしてメディアによってなされる。当事者によるものとして、アメリカの女性解放運動において、「ガールフレンド」ではなく「パートナー」という語を用いるべきという主張がなされ、「パートナー」という語の相対的地位向上がはかられた事例をあげることができる[17]。

質的要因に関し、言葉そのものの地位向上というより、言葉を発する者がどのような資格で語るのかへと意識をむけ、言葉に新たな力を与えようとする場面があることは重要である。ジュディス・バトラーは、近代における政治的排除に抗する闘争の可能性について、次のように述べている。「〔「普遍性」、「自由」、「正義」、「平等」といった近代的用語の〕再流用が示しているのは、汚された言葉が、これまで予測しえなかったような無害なものになりえるということである。こうした言葉は誰かの所有物ではなく、これまで一度も意図されなかった生や目的を帯びていく。〔…〕おそらく今後の課題は、近代の用語が、それによって伝統的に排除されてきた人々を包摂するようになることであり、〔…〕」と[18]。ここで述べられているのは、言葉をまったく違う資格で語り直すことの可能性についてである。

「資格」をめぐる事例としては、先にも触れた六八年五月ソルボンヌの「批判大学」で掲げられた「ここでは誰もが話す権利をもっている」という言葉、それを踏まえて開かれた集会のあり方、あるいは、壁などに学生たちが「自分の名」で落書きしたことがよく知られる。ふたたびセルトーの言葉を借りれば、「〔…〕その権利は、自らの名において話す者だけに認められていた。というのも、集会は、職能と一体化している者や、〔…〕発言の背後に隠された集団の資格で参加する者の話を聞くことを拒絶したからである。話すとは、抑圧的な力、〈中立的〉で客観的な真実、あるいは、他所から得た確信といったものの〈スピーカー〉になることではない」。それをうけて言われる次の指摘も重要である。「運動は、既成秩序に固有の言葉を並べることしかできないが、にもかかわらず、それだけで既成秩序の転覆を表明することができるのだ」[19]。つまり、使う言葉が同じであったとしても、権威を帯びた言葉としてではなく、自らの名において自らの仕方でそれを語るとき、言葉が新たな力を得て、秩序変化をもたらしうるという考えである。

(C)社会運動が始まる瞬間にある言葉

通常、何かが問題にされるからこそ社会運動が起こる。ここでは、先述の「言い当てる言葉」が運動の開始を導く場面を念頭に、①指摘し問題化する言葉について、および②それを表現する仕方について述べよう。

①指摘し問題化する言葉。社会学者のキツセ&スペクターは、社会問題について、それを問題のある状態そのものと捉えることに異を唱え、「社会問題とは、ある状態が存在すると主張し、それが問題であると定義する人びとによる活動である」と述べる[20]。この議論は、たとえば人びとの不満の蓄積を社会運動発生の原因と捉えるような古典的見方を斥け、社会運動がかならずしも「問題」の直接的利害関係者から始まるとはかぎらないという事実に説明を与えている。キツセ&スペクターが念頭に置く有名な事例は、アメリカの弁護士ラルフ・ネーダーによる運動である。一九六五年、ネーダーは、ゼネラル・モーターズの自動車の安全性についての告発本『どんなスピードでも自動車は危険』を刊行し、消費者運動を展開した[21]。事故につながりうる自動車は、告発本の前から存在していた。だが、そう指摘し問題化したネーダーの言葉によってこそ、それが社会問題となり、運動を

導いたと言うことができる。

とはいえ、問題の指摘は、事実の暴露にかぎられないことにも注意を払うべきである。噂や偏見によって、ある種の社会運動が始まる場合もある。ダーントンは、そうした事例の萌芽にあたるものを紹介している。一七五〇年、王族に血の風呂を用意するために警察が労働者階級の子供たちを誘拐しているという噂が原因で暴動が起きたという事例である[22]。現代で言えば、差別主義者によるある種の運動などは、典型的にそうした傾向をもつ。存在しない「事実」を指摘し、それを問題とする言葉によって、偏見を助長しつつ運動を展開するという手法である。

②問題の表現の仕方。指摘し問題化するとき、問題をどう表現するかが重要である。問題化することで運動を展開しようとする場合、表現の仕方には戦略性が入り込む。いかにして問題がメディアにとりあげられて広範な運動につながるか、そのことを念頭に置いた戦略性である[23]。表現の仕方の巧みさが広範な運動につながった事例として、アメリカの公民権運動をあげることができる。それは、一九五五年一二月一日、白人にバスの座席を譲らなかったことで女性が逮捕されるという事件を発端とした、バスのボイコット運動から始まったものと言われる。タローは、そのとき「権利」という「伝統的なアメリカ政治のレトリック」を基盤とした表現形式が用いられたことに戦略性を見いだしている。くわえて言えば、具体的な事件を抽象的概念によって表現することで問題の普遍性を人びとに意識させようとする戦略性を指摘することもできるだろう（抽象の力と社会秩序変化の関係について第9章で詳述する）。

メディアむけの戦略性が顕著だったとされる事例として、冷戦下の東欧諸国における反体制運動をあげることができる。運動家たちは、「複雑な状況を圧縮された画像に要約するという独自の能力を持つテレビ」に、どうやったら報道されるかを学び、それを実践したとタローは指摘する。つまり、運動の当事者は、メディアの特質を理解し、それに適合するべく活動したということである。視覚情報に加え、映像へと載せられる言葉に関しても戦略を練っていたはずである。

もちろんメディアの側も、出来事をニュースに適した「物語」にするべく、独自に問題を表現する。一九九七年にベルギーで起こったルノーの工場閉鎖に反対するストライキの際、ルノーの労働者がフランスやスペインから国境を越えて抗議したことを踏まえ、メディアは「ユーロ・ストライキ」と名づけたという。視聴者に伝わりやすいインパクトのある命名がなされ、そのことによって、ヨーロッパという枠組みで考えるべき新しい普遍的問題が起こっていると視聴者が意識するよう促したと言えるだろう。こうしたことから、当事者のみならず第三者による表現も社会運動の誕生に立ち会う言葉だと捉えられる。

第2節　社会運動に力を与える言葉

社会運動が起こっているとき、それに力を与える言葉の典型は、くり返し叫ばれ、掲げられるスローガンである。本節では、まず、(A)スローガンのむかう先について述べ、次に、(B)スローガンがどのような言葉の働きで構成されるかを確認し、さいごに、(C)スローガンの力の働き方について理解する。

(A)スローガンのむかう先

スローガンは、そのむかう先によって二つに大別できる。①運動参加者以外にむけられたもの、②運動参加者または潜在的な運動参加者にむけられたものである。それぞれについてみよう。

①運動参加者以外にむけられたもの。典型的には、社会運動がそこに問題ありと指摘する、その問題の所在へとむけて発されるスローガンである。それは、具体的な個人・団体を名指す場合もあれば、問題を名指すことで、それに関わる個人・団体にむけられる場合もある。前者の代表例は、政治家などを名指すものである。たとえば、一九六〇年、岸信介政権のもとで公務員職にあることを拒否して東京都立大学を辞職した竹内好を擁護し、岸信介を非難した「竹内やめるな、岸やめろ」というスローガン[24]。問題を名指すことで、それに関わる個人・団体にむけてスローガンが発される場合の典型は、政策に関するものである。「消費税反対」のように政権・与党にむけたもの、「原発反対」「原発誘致賛成」のように行政ほかの計画推進者にむけたものなどがある。

以上でみた事例は、いずれもスローガンのむかい先が具体的であるが、抽象的対象にむけたスローガンも数多く存在する。初期の事例としては、一八四八年のフランスにおける「作業帽の前にひざまずけ！」、「労働者に脱帽！」といった言葉。これらは、階級意識に基づくかたちで、抽象化された「資本家層」にむけて言葉が発されたものである[25]。いずれにしても、社会運動は言葉によって社会のありように影響を与えるべくしてなされるのだから、問題の所在近くにいると目される存在にむけてスローガンが発される事態が広くみられる。

他方、②運動参加者または潜在的な運動参加者にむけられたスローガンも数多く存在する。運動参加者自身にむけられた言葉の初期事例として、一八三〇年代のフランス・リヨンで起きた労働者蜂起における「働いて生きよう。さもなくば闘って死のう」という有名なスローガンをあげることができる[26]。これは運動に参加する当事者としての小工場主や労働者を鼓舞する言葉である。他方、より多くみられるものは、潜在的運動参加者への呼びかけというべきものである。社会運動が、そこに参加する人の数を増やしつつ自己生成する単位である以上、こうした呼びかけが当然のことながら重要な意味をもつ。たとえば環境保護を訴える呼びかけ型のスローガンなど、ある事柄に人の意識をむけさせる種類のものは、スローガンの典型と呼ぶべきものである。

⒝スローガンを構成する言葉の働き

すでにいくつかのスローガンに言及し、それに担わされている役割についても触れたが、スローガンが言葉のどのような働きによって構成されているかを整理しておきたい。そこでおおまかに、現在的、過去からのベクトルの利用、未来にむけたベクトルの利用という順序を意識しつつ、以下、①表明、②暴露、③象徴、④引用、⑤代弁、⑥要求・希求の順で整理したい。

①スローガンは表明する。まず、多くのスローガンが主張内容を表明するのは当然である。すでに触れた「原発反対」のように。だが、そのとき、単に主張内容が表明されるのみならず、当事者の態度や意思が同時に表明されていると捉えられる。つまり、原発誘致に反対する者としての態度・意思表明でもある。一言で、運動の現在において、何を、何者として表明するのかがスローガンにおいて明らかにされることは非常に多い。それによって周囲の人びとは、そこに運動があると認識する。

②スローガンは暴露する。先述のネーダーによる告発型の運動における「どんなスピードでも自動車は危険」のように、ある「事実」を暴露するかたちのスローガンがある。そうして問題が指摘されることから社会運動が始まるのだったが、ここでの言葉の働きは、過去より一貫して存在していた「事実」を現在において暴露し、もって周囲の人びとにそれを伝えるというものである。

③スローガンは象徴する。短い言葉で人の心に響くことを志向するゆえ、しばしばスローガンにおいて言葉の

象徴する働きが利用される。すでに触れたものでは、「作業帽の前にひざまずけ！」。もちろんこれは帽子にではなく、労働者階級にひざまずくよう述べる象徴表現である。こうした表現としては、沖縄の基地建設反対運動における「ジュゴンを助けて！」[27]、原水禁運動における「ノー・モア・ヒロシマ」など実に多くのものがある。象徴が機能するには、過去と現在とをめぐる人びとの共通認識が前提となる。ある言葉が担っている歴史性を利用するかたちでスローガンが唱えられるのだ。先に、政治家を名指すスローガンをみたが、それも広く言えば、象徴の作用を利用している。そこで目指されているのは、単なる政治家の辞任というより、その政治家が象徴する政治態度・政治手法等の刷新だと言えるからだ。

④スローガンは引用する。言葉の歴史性の利用ということで言えば、過去の有名な言葉を引用するケースもみられる。旧い事例をあげれば、プルードンの「アトリエ（仕事場）が政府を消滅させる」という言葉が一九世紀後半におけるフランスの労働組合運動において再三引用されたこと[28]。比較的最近のものでは、ジョン・レノンの「イマジン」の歌詞が戦争反対運動において引用されるという事例。広く知られた言葉を引用すれば、短い言葉でそれが引き連れる文脈込みでの意味内容を人に伝えることが可能になる。そのとき、原作者の意図から外れるかたちでの引用もあるし、あえて意図から外してパロディ化するということもあるだろう。いずれにしても、言葉の歴史性を踏まえることで、それが可能になる。

⑤スローガンは代弁する。先述のアメリカ公民権運動における「権利」の語の使用のように、問題を普遍化することで社会運動が広範化するケースがある。そのとき運動当事者は世代をまたぐ代弁者となることで、問題を普遍化していると捉えられる。関連して、タローは次のように述べる。「フェミニストは、自らを太古から宿命的に抑圧されてきた女性と同一視した。環境保護主義者は、自らを人類の多数派の代表として規定している」[29]。

そうした自己規定によって、運動当事者は、過去・現在の人びとを代弁するようにしてスローガンを発する。もちろん、未来の人びとの代弁者となる場合もある。典型的には、環境保護運動において、将来世代の声を代弁する形式でスローガンが唱えられる場合である。

⑥スローガンは要求・希求する。運動が社会のありようの変化を目がける以上、多くのスローガンは近い未来における何かの実現を要求する。すでに触れた「原発反対」「ジュゴンを助けて」などにも要求のニュアンスが入り込んでいる。社会運動の萌芽形態にあたるものから労働運動まで、もっとも多く掲げられたのは、具体的な要求の言葉だったと言える。知られるように、フランス革命において、当初、「二スーのパンを！」というスローガンが掲げられた。他方、一定程度遠い未来にむけたスローガンは希求する言葉だと言える。たとえば、「核兵器のない世界を」。

以上、スローガンを構成している言葉の働きについてみた。すでにこれらの記述から気づかれるように、一つのスローガンにおいて、複数の言葉の働きがその構成要素となっているのが通常である。次に、スローガンが社会運動において実際にどのような働き方をするかをみよう。

Ⓒスローガンの働き方

スローガンの働き方の一般的イメージは、それを耳にした人が運動に共感し、その輪を拡げ、声をさらに大きくするというものだろう。もちろん、スローガンはそのためにこそ叫ばれる。そのとき、スローガン単独の力によるだけでなく、社会運動の外との関係の力学によって力を発揮する場合もある。それから、これもスローガンの働きだけによるものとはかぎらないが、やがて運動を終わらせていく方向への力の働き方を指摘することもできる。以下、①スローガンによる運動の増殖、②社会運動の外との関係において力を発揮する場合、③社会運動を終わらせていく方向の順に整理しよう。

①スローガンによる運動の増殖。語感などの理由により、自分も口にしてみたくなるスローガンもあるだろう。だが、スローガンによる運動の増殖において、やはり重要なのは共感の働きである。先述の「竹内やめるな、岸やめろ」を例にとろう。まずそもそも、スローガン自体に竹内好への共感が織り込まれている。次に、まだ大学進学率が低かった当時、こうしたスローガンを唱える「学生さん」たちの「無私」の行為に対し、「自分たちの正義感を代弁するために闘ってくれていると感じていた」人たちの存在が報道記録に残っている[30]。これは、先にみたスローガンを構成する言葉の働きのうち、代弁を人びとが感じとり、共感を覚えたという事態である。そのとき、なぜ正義感を代弁していると感じたのかと言えば、竹内好と岸信介という名前に、政治的正義をめぐる正／負の象徴を人びともまた見いだしていたからだろう。そうして、このスローガンの内容そのものである態度・意思の表明、および辞任の要求にも人びとの共感が集まるということになっただろう。このように、スローガンを構成している言葉の働きに結びつくかたちで共感が形成され、運動が増殖する。

そうであるがゆえ、共感の拡がりを意識してこそスローガンがつくられもする。社会運動のはじまりにおける問題の表現の仕方についての議論（前節）と内実は重なるが、たとえば一九八〇年のポーランドで始まる「連帯（ソリダノスチ）」の運動において、この語がスローガンとして選ばれたのは、リーダーが「人々の間で起こっていることを最もよく示している」というだけでなく、カトリック的含意を人が想起することで、共感が拡がるだろうという見通しがあったためだと指摘される[31]。これはもちろんのこと、スローガンがいつもかならず共感を呼ぶとはかぎらないという現実を踏まえての戦略性である。言葉の働きを巧みに利用するためには、状況に適した言葉選びが重要である。

②社会運動の外との関係において力を発揮する場合。スローガンが特定の状況において発される以上、その状況を形成する諸言説との関係において、特定のスローガンの言葉の相対的地位上昇と呼ぶべき事態も起こる。そうした言説状況を形成する存在として、「敵対者」、メディア、専門家等の順にみよう。

まず、「敵対者」。二つ以上の立場、たとえば一つの計画をめぐり推進派と反対派が敵対する状況がある。そのとき、双方のスローガンが共感者の拡がりを競い合い、もってどちらかのスローガンの相対的地位の上昇が起こるとみなせる場面がある。だが、「敵対者」の言葉が運動に力を与える場面の典型は、運動を抑圧しようとする言説が、かえって運動を増殖させる場面だと考える。前節(B)で、社会運動が始まる状況において、特定の言葉が存在感を増す場合があると述べて、「ワーキングプア」を例としてあげた。そうした語彙が一般化しつつ、二〇〇〇年代中盤以降の日本で、「反貧困」を掲げる運動が起こったが、そのときしばしば、「日本に本当の貧困は存在しない」といった運動抑圧の言葉が聞かれた。日本の言説界において、格差問題から貧困問題へ、ということが盛んに言われはじめた時代のことである。貧困の存在を暴露する運動に対し、それを不可視化しようとする抑圧の言葉が投げかけられ、もって暴露するスローガンはますます力を帯びたと言える。

次に、メディア。報道のされ方の重要性については述べてきた。近年の新しい状況に関して少し補足すれば、二〇一〇年代の日本において、国会前の運動に一九六〇年代以来の大人数が集結していたにもかかわらず十分には報じられていないという指摘が、国会前を撮影した写真や政権批判のスローガン(たとえば、「安倍は辞めろ」)とともにSNS上に多く投稿された。このとき、政権に近いと目される既成メディアをも批判対象とするかたちで、運動の言葉がさらなる力を得たと言えよう。古典的なメディアの役割に関する有名事例としては、一九世紀末フランスのドレフュス事件に関して作家エミール・ゾラが書いた「私は告発する」という題の大統領宛の手紙、これを掲載した新聞をあげることができる。単に報じるだけでなく、いわゆる世論形成に資するような意見表明等がメディアに掲載され、運動に力を与えるということは現在においても起こる。

そして、専門家等の言葉。特に環境保護運動などで、科学者や専門技術者が運動の主張に合致するデータを提供して運動の正当性を認めること、弁護士が運動の主張にお墨付きを与えること、著名人が運動への支持を表明すること、これらが運動に力を与えるというのは分かりやすい。もちろん、運動の主張に合致することを述べる専門家等だけが運動に力を与えるわけではない。一九六九年のアメリカで石油流出事件が起こった際、石油産業からの助成で研究をおこなっている専門家たちが、石油産業に有利な主張をしたことで、運動の激化を招いたという例がある[32]。

以上で、社会運動外の言葉が賛同等によってスローガンをはじめとする社会運動の言葉に力を与えるだけでなく、運動を抑圧・不可視化しようとする言説が、かえって運動に力を与える場合もあることを確認できたので、次に進もう。

③社会運動を終わらせていく方向へのスローガンの働き方。もちろん、運動を終わらせるのは、言葉の力の働きだけによるのではない。それ以外の要因の働きが大きいことの方が通常であろう。だが、それはそうとして、スローガンが運動を終わらせていく方向へとむけて言葉の力を働かせる場合があること、これについて二点述べたい。まずは当然のこととして、スローガンが掲げた要求等が実現し、その言葉が社会においてもはや必要なくなる場合。たとえば、「原発反対」は、原発誘致計画が撤回されれば、その役目を完遂し、社会運動を終わらせていく。

他方、スローガンにとって重要なのが共感である以上、それが共感を集める力をもたなかったり、失ったりして、運動を終わらせていく一つの要因になるということがある。六八年五月のフランスの運動にその事例を見いだす以下のような指摘がある[33]。もともと大学の運営に関する具体的な争点から始まった学生たちの運動は、労働者の運動へと伝播し、共鳴するものとなっていった。だが、学生たちがやがて、「想像力に力を！」など抽象的なスローガンを掲げるようになると、共鳴の度合いが低くなった。そこで当時の首相ポンピドゥーは労働組合と劇的な賃上げ交渉をおこない、運動を急進化させていく学生たちと労働者との分裂に成功したという。この指摘どおりとするなら、そのときスローガンはもはや運動を自己目的化させており、共感を生み出さないばかりか、結果的に運動の力を失わせるものとして働いたと解釈しうる。

スローガンの話は以上だが、さいごに、運動の終わりを導くために言葉の力が利用されるとみなせる場面に触れておきたい。行政を矛先とした運動への対応策として、「委員会を設置し、「コミュニケーションを促進させる」ために連絡係のポストを設け、「問題をはっきりさせる」ために定期的な会議をもつが、解決策を提出しない」という手法があるという。つまり、行政機関が運動の「熱をさます」ために用いる手法である[34]。これは、本書の語彙で言えば、運動当事者と行政の連絡係とのあいだで、定期的に言葉のやりとりをする相互性の関係をつくることで、敵対の構造を和らげていく手法だと解釈できる。社会運動に力を与える言葉の典型であるスローガンには、そのむかう先があり、ベクトルを保持しつつ共感によって力を得ていくのだった。そうした言葉の働きとは別の仕方で言葉の効力が発揮される場へと運動当事者を導くこと、これはたしかに、運動を終わらせていこうとするときに有効な手段だと言えよう。

第3節　社会運動の後にある言葉

社会運動はやがて終わる。だが、言葉の運動は終わらない。そこでさいごに、社会運動の終局における言葉の動きについて論じたい。第1節で、社会運動の基盤として、人が言葉を交わす環境とメディアとをあげた。両者に関わるかたちで社会全体の言説状況の変化と呼ぶべきものが起こりつつ、社会運動が生成するのだと。それを踏まえれば、言葉の運動は一言で、新たな社会的言説状況への定着・組み込みと呼ぶべき事態につながっていくと言える。これはまさに、運動を通じて社会秩序がいくらか変わることである。もちろん、そうはならずに終わっていく運動も非常に多いのではあるが。ここでは、(A)日常へと定着する言葉、(B)制度内へと組み込まれる言葉の順に論じ、さいごに、本章の結論に代えて、(C)歴史へと定着する言葉について述べて論を閉じる。

(A)日常へと定着する言葉

社会運動の語彙が日常へと定着する事例の典型は、先にあげた「パートナー」という語の一般化である。それは、アメリカ女性解放運動において、たとえば「ガールフレンド」の代わりに用いるべきものとして主張されたものだった。「パートナー」という語が日常に定着し、自然に用いられるようになっていくとき、その運動は成功したものと言える。近年のポリティカル・コレクトネスをめぐる運動により、さまざまな語が日常へと定着した。このとき、本書の用語で言えば、運動の主張内容に含まれる規範性が共同性へと吸収されて定着したと言うことができる。そうして、その後は、相互性の関係においても、「パートナー」等の語を使うことが標準であるというかたちで規範性が効力をもちつづけることになる。このとき、社会秩序がわずかばかり変化したと言える。

社会秩序の根幹の一つである共同性のありようが変化したのであるからだ。

こうした事例は多数ある。言葉が自然に用いられるようになるのだから、多くの場合、もともとそれが運動を起源として日常に定着した言葉だということは忘却される。社会秩序を成すものは、いつも既成のものとしての相貌をもつ。運動によっていくらか社会秩序が変わったのであるが、別の言い方をすれば、社会運動の語彙が権威化し、新たな「既成の言説状況」を成すものとなり、そこに落ち着いたのだとも言える。それゆえに起源は忘却される。そこで付言しておくべきは、共同性において規範性を帯びていく言葉は、資本制に立脚した経営にとっての好材料になる傾向をもつということである。

たとえば、「エコ」という言葉。この言葉が日常へと定着するきっかけになったのは、一九六〇年代のエコロジー運動である。それは、環境問題等に対処する際、生態学的な（エコロジカルな）見地から対処するべきだと主張した運動である。この語もまた、「パートナー」と同じく、日常へと定着した成功事例に数えられるが、やがてそれは、「エコカー」、「エコポイント」など、経営の理屈を政策に反映するかたちで「効率的に所有を増大させること」（第4章）の一部に組み込まれたとも言える。近年で言えば、「多様性」の語が、資本の理屈に組み込まれているさまを観察できる[35]。たとえば、いわゆる「ロングテール」と呼ばれる現象は、多様性の語が共同性において規範性を帯びることと連動したものと理解できるだろう。

Ⓑ制度内へと組み込まれる言葉

「エコ」に関して、経営の理屈を政策に反映するかたちで、と述べたが、議会等において社会運動の語彙がとり上げられ、やがてそれが制度内へと組み込まれるという事例も多数ある。前項で述べたのが共同性への定着だったのに対し、こちらは、社会性への組み込みと呼んでいい事態である。もちろんこれも、社会秩序の変化に関わる。ここでは、制度的構築性の力の枠内へと運動の言葉が組み込まれる事例についていくつかのものをみよう。

まず、社会運動での主張を政治家等が知り、それを議会や選挙戦で用いて政治的議題とし、場合によっては政策に反映させていく場合。有名な事例としては、一九六〇年のアメリカ大統領予備選挙の際、ジョン・F・ケネディが貧困問題をめぐる社会運動を知り、それを制度的に解決すべき問題だとして、「人類の共通の敵としての貧困」と述べたことがあげられる[36]。議会や選挙戦が社会の諸問題を解決するべく制度への落とし込みにむけて議論する場である以上、そこでしばしば社会運動の主張がとりあげられるのは、いわば当然のことである。

次に、運動の当事者の一部が制度的枠組みの中で言葉を発するようになる場合、これも多数ある。分かりやすいのは、当事者が議員になる場合である。ドイツにおける緑の党の事例が有名だろう。それは社会運動から出発し、一九七〇年代に組織化が進行、八〇年に政党化して、議席を得たものである[37]。これは、前章の議論を踏まえれば、自己生成する単位としての集合的実践だったものが、その内部のダイナミズムを形成する「政治らしきもの」を原動力に、制度的な位置づけをもつ会へと発展したものだと言える。しかも、その会は、各国の緑の党との関係をもちつつ、一国内での制度の枠組みにおいて明確な位置づけをもつ政党という形態をとったわけである。

いわゆる「市民政党」には、こうした出自をもつものが少なくない。日本における事例としては、一九九〇年代の北海道で生協から派生した「代理人運動」をあげることができる。それは、生活者の代理人としての議員を議会に送り込むことで、社会問題の解決を図ろうとするものだったという[38]。この場合、制度内へと運動の言葉を移動させることが運動の目的自体を形成する大きな柱となっている。運動の言葉を制度内に組み込んでいこうとする動きの初期事例の一つは、一九世紀後半に始まるイギリスのナショナル・トラスト運動である。この運動は、「愛国心を喚起し、国民の一体感を促進するために、イギリスの歴史を映し出す場所を国民の遺産として保存すべき」と主張し、そもそも「土地や建物を所有できる法人団体として設立された」。しかし、限界に直面する中で法的援助を求め、一九〇七年にはナショナル・トラスト法が制定されるに至る。その際、トラストの評議員メンバーである議員の協力があったという[39]。

制度内に言葉の運動が組み込まれる事例は、議会における言葉への編入にかぎられない。いま述べたナショナル・トラスト運動は、初期より法人格を得てなされたものだが、運動の核が、やがて法人格を得るかたちで制度的枠組みの中で言葉を発するようになるケースは非常に多い。たとえば、ＮＧＯ。社会運動を出自とするＮＧＯが大規模化するにつれ、官僚機構的なものになる傾向がみられるという指摘がある。国連機関や政府による委託事業が増えていくにつれ、社会運動の性格が減じていくのだと[40]。それは、前章の言葉を用いれば、チームとしての集合性が国境を越えて発揮されるようになりつつ、制度的枠組みの内に位置づけられる単位になったものだと言える。

(C)結論に代えて——歴史へと定着する言葉——

以上、まず、社会運動のはじまりにおける言説状況、および指摘し問題化する言葉の働きから論じ、次に、社会運動に力を与える言葉の典型としてのスローガンがどのような言葉の力の働きを構成要素としているか、またそれがどのように力を発揮するかを述べた。そして、運動の言葉が日常へと定着し、あるいは、制度内へと組み込まれていく、そのさまについてもみた。こうした過程において、言葉もまた新たな力をもつものとして生まれ、あるいは生まれ直し、成長し、やがて老いていくものと捉えうる。

すると、さいごに述べるべきこととして、「言葉が先祖になる」とでも呼ぶべき事態をあげることができる。運動の言葉が歴史へと定着し、後世に参照されるという事態である。前節でスローガンを構成する言葉の働きについてみた際、言葉の歴史性の活用という事態に触れた。運動の言葉もまた、言葉のアーカイヴへと定着することがある。それが「言葉が先祖になる」という比喩で言いたいことである。そうした言葉を用いることで、かつての運動の記憶を呼び起こし、新たな運動をそれに重ね合わせることで言葉の力をよみがえらせるという事態も起こりうる。あるいは、一九六八年のフランスにおいて、かつての階級闘争やレジスタンス運動などの語彙が、新しい状況には「不適合」でありながらも使われたとする指摘があるが[41]、そのような場合、神話化した言葉の活用とでも呼ぶべき事態が起こっていると言える。

では、どのようにして言葉が歴史へと定着し、「先祖化」するのか。もちろん、運動の当事者の記憶やその手記などが果たす役割が大きい。そしてもう一つあげるべきは、ジャーナリストや学者、政治家による運動の記録、回顧録、運動を考察対象とした学術書などによってである。そのとき、運動の言葉は、ある位置づけを与えられたものとなる。そこで二つのことを述べたい。一つには、そうした位置づけによって、運動の言葉が客観性の相貌を帯びていくこと。もう一つには、しかし、誰がどう位置づけるのかによって、**抽象概念レベルでの固有性が、生まれる**ことである。

運動の言葉が客観性の相貌を帯びるようになることについて、たびたび言及してきたセルトーは、次のように述べている。「〈解放された〉パロールは、社会システムによって〈奪回され〉た。運動は、諸政党によってつまみ食いされ、引立て役として利用された。運動は、すでに練り上げられた知によって説明された。結局、運動は〔…〕社会的・知的配分へと帰着させられたのである」[42]（なお、「パロール」とは、発話される言葉を意味するフランス語である）。これは運動の最中に、「自らの名で話す」ことが実現していたことを踏まえ、そうした運動の言葉が結局は知の体系の中に組み込まれたのだと指摘するものである。位置づけるという営みによって、言葉が既存の言語配置の中に組み込まれたこと、その事態が、社会システムによる「奪回」と表現されている。

他方でしかし、まさにセルトーが五月革命の運動についてこのような仕方で述べるように、位置づけの言葉もまた、誰がどう位置づけるかにおいて固有性をもつ。言葉はつねに一定以上は「自らの名で」話すしかない。ある運動を位置づけようとするとき、かならずや抽象概念が使われるはずで、そのとき、公民権運動の当事者が「権利」の語を用いたことに似て、そうした抽象概念の使用において固有性がある（第1節で引用したバトラーの言葉を思い出したい）。何事かを新たな仕方で抽象化し、捉え直しつつ、言葉を与えること。このことは、社会秩序の変化において、一つの重要な役割を果たす。次章で、松永哲学における相互性と社会性の位相、およびそれらと秩序変化との関係の見取り図を描いたのち、最終章である第9章において、抽象の力の働きという論点を含めて、社会秩序変化の秩序と呼ぶべきものについて筆者の理解を示したい。

第8章　相互性・社会性と秩序変化

——松永哲学試論——

はじめに

松永澄夫の哲学は、完全な構想の諸部分を一つ一つ展開しているような体系一貫性を感じさせる[1]。学部生時代、何を研究したいか問われた松永は、「自我と制度」と即答したという（「哲学の営みを振り返って」西日本哲学会編『哲学の挑戦』、八四頁）[2]。感受する肉体の行動を軸に、物の世界で知覚し理解する〈私〉の哲学と、過去が過去たる資格で効力を発揮する、さまざまな価値文脈が張り巡らされた意味の世界としての社会の哲学、これら松永哲学の柱は、すでに二つながら見据えられていたかのようだ。緻密な研究論文群を経て出版された最初の著作の最初の頁にはすでに、「世界には二つの秩序がある」と書かれている（『知覚』一）[3]。

本章の関心はいわば、この二つの哲学をつなぐ「と」の部分にある。松永哲学の構想の根幹には「真理概念を秩序概念に溶かし込む」（「地図の地図」『価値』九二ほか多数）という考えがある。世界における真偽を問えること自体、先立って世界が秩序的であることによる。秩序の相のもとに世界をみるならば、単に物の世界の秩序と人の世界の秩序の二つがあるのではない。それぞれが多層的で、しかも両者は重なり合っている。それゆえ、松永哲学は多層性・多重性の哲学とも言える。多くの秩序変化は、既存の秩序に新たな層を重ねることでなされると考えられているし、ある行動はそもそも多重的規定を容れるものとしてなされると考えられている。

事柄の単純化を許さない松永哲学のこのような多層的・多重的性格は、その哲学の全体像をみえにくくもする。そこで本章では、松永哲学において、複数の〈私〉が構成するものと考えられている相互性の位相〈〈私〉と〈私〉と…〉と社会性の位相という二つの位相を軸に、やや単純化して〈私〉の哲学と社会哲学の関係をみたい。

〈私〉の哲学において、近代西洋哲学における認識論優位の状況を批判して展開される議論は松永哲学の真骨頂である。科学的な法則理解には肉体をもとにした反復的行為（実験等）によって成り立つ技術が不可欠で、法則の真理なるものはそのことの秩序の中に位置づけられるべきものである。この議論が帯びる鮮やかさは、ふつう秩序概念で捉えられにくい事柄について、秩序概念を用いてこそよりよい理解ができると示すがゆえのものでもあろう。他方、社会については、秩序概念で捉えられること自体は一般的である。だが、社会哲学においても松永は、西洋近代の典型的な人間像への批判を交え、独特である。

社会とは、①異質な者同士が、②共通の意味次元に参与しつつ、③安定的な活動を為す秩序的な場である。④社会の最小単位と目される家族からして多様な相貌をもつのだから、社会はそもそも多様なものとして捉えなければならない。それだけでなく、「一つの社会」とみなされうるものは、そもそも複雑な秩序によって成り立っている。[4]

ここにすでに三つの批判を読める。まず、①に抽象化された平等な近代的個人像を考察の出発点に置くことへの批判を。②は生後の濃密な関係性、安全・安心の基盤をつくるような関係性の中でのみ始まることからして、[5]この点に成人の姿の標準化である自律的個人像を無造作に前提することへの批判を。そして、④に進歩史観をはじめとした単線的な歴史観への批判を。さらに、②と③をつなぐ論理として、過去の効力から発生する社会的力の安定性があってこそ社会の中での活動が可能になっているという議論をも読めば、四つ目の批判として、安易な社会改造の叫びへの批判をも読むことができる[6]。社会は、いやおうなく「おそるべき惰性的力」（「死の観念に映された生の姿」『価値』四四八）をそなえたものとして「変わるにしても少しずつ変わる」（「価値・意味・秩序」『価値』一八二）ものとしてあらわれるのだ。

　社会の多様性が述べられるからといって、性急に相対主義だと捉えてはいけないし、ましてや秩序の安定性の指摘から保守主義だと断じてはならない。社会哲学にも滲み出る〈私〉のあり方が、それらを確実に防いでいる。抽象化・標準化される手前の、肉塊として生まれ、特有の関係性の中で育ち、特定の社会での価値を感受し、その秩序の中で活動し、ある立場を得ていく〈私〉。変わるけれども変わらない〈私〉。「現実を構成する諸事象のつながり方を変え、そこに設定される秩序の強度を変える可能性」（「生活と思索の言葉」『価値』一五二）をもそなえた〈私〉のあり方である。これが支点となり、相対主義は斥けられている。保守性をめぐっては、次の印象的な言葉を引用したい。

> 〔…〕哲学は基本的には保守的なものという雰囲気を引き連れて現われる。〔…〕何事も存在する以上は理由があることを理解すれば、そのような理解を述べる言葉が保守的言辞と受け取られることは避けられない。しかし、そのことと実際に保守性が帰結するかということとは別問題である。

理由にはその強度というものがある。そうして、そのことを裏から言えば、弱さを含まないわけではないということである。骨組み概念を調べてゆくと分かるのだが、それらは結局は、突きつめればすべては個別的、特殊だと言ってもよい事柄から成る世界に秩序を見いだし、また秩序をつくり出す必要がある人々の思い、これが支えている意味の次元の事柄なのであり、だから、或る意味では非常に脆いものなのである（「地図の地図」『価値』一一七）。

あらゆる事柄・出来事は一回的なものとして、理由をもって存在する。しかし、そこに特定の「同じさ」が見いだされる。それが世界を秩序として捉えることであり、そこに〈私〉たちの「思い」が織り込まれている。だからこそ、「おそるべき惰性的力」をそなえた社会秩序も不変のものではありえない。〈私〉に比すれば、社会は、変わらないけれど変わるものである。

変わるけれども変わらない〈私〉と、変わらないけれど変わる社会、両者をつなぐ論理において、相互性および社会性の位相にどのような意味が与えられ、松永哲学は構成されているか。これを明らかにするのが本章の課題である。〈私〉も社会も変化の相のもとに置かれているなら、そのことを考えるには社会秩序変化を主題にするべきである。そこで以下、次のような順序を踏んで論じることにしたい。まず第1節で、松永の〈私〉の哲学と社会哲学について、いま述べた課題に即して概観する。ついで第2節で、秩序を変える・秩序が変わることをめぐる松永の考えを相互性・社会性を鍵概念に整理し、問いを提示する。そして第3節では、その問いに導かれるかたちで、社会秩序変化と政治・歴史の関係について考察する。最後の第4節で、松永が述べる二つの希望について触れ、一つの問いを発して論を閉じる。

第1節　〈私〉の哲学と社会哲学

(A)〈私〉の哲学

〈私〉とは「現われが存在をつくるような存在」(『知覚』一七)、現在における「現われを見いだし、現われの感受をもってすべて自己となす存在である」。現われにおける現実性の持続的感受、ここに、変わるけれども変わらないものとしての〈私〉の存在基盤がある。現在時には、「滅びが新しさに引き継がれることと一つことである確かさ」がある(以上、『知覚』一七〇)。行為へとむかっていないときにも、物の世界の中で感受し、自足している〈私〉。これを自ら愛おしむことに松永哲学の原風景がある。デカルト的な思惟実体としての〈私〉規定をつねづね批判する松永は、肉体の現実性なくしていかなる現実性もないこと、「体の存在が存在概念の原型として働く」ことを強調する(『経験』二二四)。

肉体において感受する〈私〉が、物の世界、他者との世界、そして自分自身へとむかう。そのそれぞれについて、西洋近代哲学の議論への批判を念頭に、松永は緻密な議論を展開する。

物の世界との関わりで言えば、「行為こそが持つ秩序設立の機能」に目をむけるべきである(『知覚』五九)。物の世界と関わるとは、働きかけ、変化をもたらし、利用し、という行動によって関わることが第一であり、肉体を動かして物に働きかけることなしに対象性の次元は成立しえない。法則的理解(たとえば、落下運動の法則)が成り立つためにも、まず肉体によってくり返し「同じ」と目される行動(同じように物を落とすという行動)ができるという技術が不可欠である。物の世界に生きる〈私〉は、肉体をもち、その維持のために食物を必要とする具体的な〈私〉

である。物の世界の理解もまた、この〈私〉を起点にして構造化される。

肉体における感受は、意味や価値の感受でもある。感情は多くの場合、意味を感受することから生まれる（『感情』四七）。同時に、感情それ自体が「プラスやマイナスの値をもった価値的事態」である（「評価と秩序形成」『西日本哲学年報』一一、二二六頁）。意味・価値の感受は、物を前に、人を前に、人のつくり上げたものを前に起こる。〈私〉はそれらの現われを感受し、多くの場合、同時にその意味・価値を感受する。

他者への働きかけが可能になるのは、〈私〉がそのような世界を生きているからである。そのとき、想像と言葉、この二つが重要である。想像する力ゆえに、人は意味の世界に関わることができる（『感情』四九）。言葉は〈私〉の心の動きを示し、意味を担う（『言葉』iii）。意味を媒介にして〈私〉は別の〈私〉たちと共に生きていくことができる。相手の肉体の前面たる表情からその感情を想像し、言葉をかけ、相手の心を動かし、あるいは行動を促すことができる。

そして、〈私〉は自分自身にもむかう。自己という観念は、〈私〉が意味世界の中に位置するものとして自らをも一つの意味形象と捉えることに存する。自己像は人との関係の中で感情を媒介にして更新されていく（以上、『感情』五一―五二、五五）。だが、刹那的なものではない。「情緒的働きかけ合い」を始めるや、他者への応答一貫性というかたちで自己は時間を組織する主体となるし（「現実性の強度と秩序」『価値』三〇三）、外界と関わる活動を「己がなす行動として我有化しつつ長期にわたる諸行動を組織化する」ことで、自己管理的な主体としての〈私〉でありつづける（「在ることと為すこと」『価値』三五五）。

もちろん、〈私〉は人の世界においても具体的な肉体で生きる。だがそれにくわえて、他者との関係においては意味を媒介にして持続的な存在として生きる。そして、そうでなければ〈私〉は自由ではない。「自由とは、異なる価値事象と意味連関へのコミットの切り替えそのことにある」のだから（「在ることと為すこと」『価値』三五八）。

(B)相互性と社会性

松永は、そのような〈私〉が日常で一番多く発する問いは「どうしよう？」という問いだと述べる。この問いを発して答えようとする場面でこそもっとも頻繁に行動（行為）が問題になるのだから、ここにこそ行動の典型を見いだすべきである（『知覚』二〇二）。そのとき、行動は多重的に規定されるべく開かれている。

行動が問題にされる場面は次の三種である。一つ目は、一人称における行動の規定。他者にとってどのような行動にみえようとも、本人がやっているつもりの行動が「何という行動か」を指定する場面である。私は踊っているのだ、そうはみえないかもしれないけれど。二つ目は、その行動を目撃している他者の理解による行動規定の場面である。これは「人々と一緒に暮らす私たちの日常生活の根幹である」とされる。松永自身の言葉ではないが、二人称的と言っておきたい（すぐに論じ直す）。あなたはストレッチをしているようにみえる。あ、踊りか。そして、三つ目は、「いわば三人称的」な行動の規定。行動の主の意図とは無関係に、その行動がもたらした結果こそがその行動の何たるかを指定する場面であり、責任・過失が問われるのはこの場面においてである。彼はふざけていて花瓶を割った、弁償させよう[7]。

重要なのは、ある振る舞いについて、いずれかの行動規定が正しいというわけではなく、「多重に規定されるのが普通である」ことだ（『音』一一二）。よくある議論の仕方として、自律的個人から議論を始めて、意志を原因とした行為の結果をどのように評価するのかと問い、実は意志なるものがそれほど自明なものではないのだと転じて、責任とは結局社会的規範によって決まるのだと結ぶ類のものがある。対して松永哲学は、はじめから行動が多重的に規定されるものであるとする。行動を導く「どうしよう？」という問いを〈私〉が発したときにはもう、すでに相互性・社会性へと開かれた存在として行動してしまっている。欠伸という生理現象でさえ、人前ですれば失礼な行為である。あらゆる振る舞いは、少なくとも権利上、〈私〉のものとして閉じていない。本節(A)でみたように、〈私〉は「思惟する」という特定の機能などではなく、多層的な存在である。その〈私〉の行動の規定もまた多重的におこなわれる。このように理解できるだろう。

先に行動規定の二つ目のものを二人称的と呼び、三つ目の三人称的なものと区別したが、それぞれ、相互的、社会的と呼び直してもよいだろう。松永は、二つ目に関して「目撃する他者」という言葉を使うが、むしろ、目撃した後に、「ストレッチしていたね」と〈私〉に言い、〈私〉から「違うよ、踊りだよ」と応答されるような他者が念頭に置かれている。それゆえ、「一緒に暮らす」という表現が登場する。この場面は、〈私〉と別の〈私〉とのあいだの相互性が成り立つ場面である。責任・過失は、二人称的な場面でも問える。しかし、第三の、「いわば三人称的」な場面でこそ問われるとされるのは、それが相互性を超えた事柄、すなわち社会的な事柄と捉えられているからだろう。

すると、行動規定の多重性は、自己、相互性、社会性の重なりと考えてもよいだろう。これは、人が価値当事者になる三つのレベルとして松永が分ける、動物として生きる・直接的人間関係・社会生活の三つとほぼ重なる（「価値・意味・秩序」『価値』一六二）[8]。そのように理解しておいたうえで、〈私〉が他者と同じ世界に生きていることについて、松永がどう述べているかをみよう。結論を先に述べれば、その記述は相互性の概念によってこそ支えられている。

まず、同じ物の世界に生きていることについて、「知覚世界は公共の世界である」と表現される。「行動において競い合ったりする共通の世界」（以上、『経験』三〇〇）を疑い、独我論を唱えてみても詮無きことである。〈私〉も別の〈私〉も肉体としてこの世界に場所を占め、相手をまず肉体として知覚し、「し合う」関係性、つまり相互的な関係性に実際に入っているのだから。

意味世界についてはどうか。それぞれの〈私〉は、さまざまな経験、言葉の習得・使用を通じて「自分の意味世界」をつくる。そして、「人々の知覚世界が共通であり、また言葉も個人はすでに流通しているのを学ぶのであってみれば、人は他の人々と共通と言ってもよい意味世界をも生きる」と考えられる（『感情』四五、および巻末註二〇（二四一））。意味世界とは、「言ってよさ」の世界である。捉えられた意味同士が「正確に」一致しているかを問うのが非生産的で、事実それで問題が起こらずに事が進行している、それが意味世界である。さて、「それぞれの意味世界がそれぞれに固有でありつつ自然に一つの世界に参加していると感じることができる」という「共在」の感じは、どのように成り立つのか。それは、「それぞれの意味世界での新しい動きが、もう一方の人の意味世界の動きに触れることで生じているという現実感と、そこに相互性を認めることで成り立っている」と述べられる（『感情』二九）。やはり、感受における現実感を相互に認め合うということが共通の世界に生きている感覚を支えている。

ところで、松永が相互性の関係の典型として捉えているのは、恋人関係であると考えられる。それは、基本的に自由な、つまり自ら引き受ける価値文脈・意味連関を選択できる、相応に成熟した〈私〉同士が開始できる関係である。これは、後述の社会性が、所与性に強く規定されることとは対照的である。

(C)社会哲学への橋渡し

いまの議論で、〈私〉と相互性の位相との関係が、共通世界を生きるという場面においておさえられたと考える。これからみようとする議論は、〈私〉と社会性の位相との関係である。次項すなわち(D)で、社会の固有性を確認し、それが〈私〉を起点とした理解で汲み尽くせないことを理解するが、ここではまず、松永における〈私〉の哲学と社会哲学の連続性の側面をおさえたい。

採石場のそばで大雨の後に（その他、地震の頻発、植生の変化もあって）崖崩れが起こり、住民が損害賠償請求訴訟を起こすとする。住民側は採石にこそ真の原因があると主張し、採石業者側は大雨が原因の自然災害なのだと主張する。松永は述べる。まず、崖崩れの「真の原因」を追及できるという前提・建前がなければ、それを社会的出来事として裁判等の中で持続的に扱っていくことができない。それゆえ次に、何が最終的に真と認められるかは「説得の論理」という「社会的な論理」の中で決まると言わなければならない。だがさいごに、ここが重要であるが、「説得的な秩序とは、反復され得るという資格で概念化される行為群（人々によって行為と見なされること）が筋道を引いて維持していくもの」である（以上、『知覚』二五五―二五六）。

最後の部分には、〈私〉の哲学の議論から社会秩序の哲学の議論への橋渡しと呼ぶべき意義があると考える。説得的な秩序は、漠然と言われるような意味での「規約」、個々の社会によって異なる相対的な規約の集合などではない。松永は、〈私〉が肉体として行動することから発生する理屈を基礎として説得の秩序も生まれると考えるのだ。

早足になるが、先立つ箇所の議論を整理しておく。まず、「ただ一つの実在の全体の流れがある」ところ、人が切り分け、関係づけ、全体をある像のもとに描き直す。これを導くのは、「像を描く私達の行為がもたらす変化の秩序」である。次に、行為に関すれば、とりわけ技術によって、本来一回的でしかない行為を「同じ」行為の反復として実質的に成り立たせることができる。出来事の場合はどうか。はじまりがあり、終わりのある出来事として単位化する原理は、行為の概念である。卵が割れるという出来事を因果的に理解するには、卵を割るという行為が先立っている必要がある(以上、『知覚』、順に、二五一、二三〇—二三一、二三七)[9]。

すると、先の引用の「反復され得るという資格で概念化される行為群」が説得的な秩序を支えるという事態を明瞭に理解できる。崖崩れという一回きりの出来事の「真の原因」を探るにあたり、他の場所との比較、過去のデータの検討・実験がおこなわれ、サンプルを得ようとする。これは、「反復の概念が意味を持つことを前提としている」。だが、「反復に説得的な意味を与えているのは、実に実験するという行為の方」である。こう述べて、松永は結論づける。「或る因果関係を調べるとは行為によって因果関係を作り出しながら調べるのであり、結局は或る技術を承認することである」し、「因果関係の真偽の問題は実は、或る行為概念を、それがもたらすはずのものが何であるかに関して説得的なものとして承認するかどうかにかかっている」(『知覚』二五五)。

この議論は、肉体をそなえて行動する〈私〉起点の論理が、社会性の位相を支えているという構造の一端を示している。鍵概念はもちろん、「技術」である。先の責任・過失が問われる場面も、ここでの説得・承認の議論も、対面的な相互性やその連鎖・拡がりにおいてではなく、社会性において論じられるべきことと捉えられている。社会性は、〈私〉の行為の反復可能性としての技術に支えられる。反復可能性は、事の一回性を捨象して成立する。それゆえ、社会性の位相には、相互的関係に存在するような柔らかい可塑性は成り立たない(関連する議論を次節(D)で展開する)。

(D)社会とは何か

社会の固有性を論じる中で、松永は、相互性と社会性の違いを述べる。〈私〉たちの相互的な関係性が成り立っていれば社会秩序が成立しているわけではない。たとえば、「二、三人の生産・消費共同体からなる人間集団」は社会とは呼べない。たしかに、社会秩序も「根底では、人の自己／相互理解や評価の有り方につながっている」（以上、「人の社会の秩序をつくるもの」『価値』、順に、二三二、二〇九）。だが、「個々の人間関係を導く秩序とは別種の秩序、或る範囲の人々の或る種の行動を制約したり可能にしたりする、いわば枠組みとなるような秩序」がみられるときにこそ社会は成立していると言える（「価値・意味・秩序」『価値』一六六）[10]。この「枠組み」的性格が、社会秩序には欠かせない。それが〈私〉の自由を制約する側面もあるが、その秩序にしたがうかたちで効率的で円滑な行動が可能になって日常生活が成立している。

社会秩序を構成しているのは、権威・権力・権限・権利といった「社会的な力」と、責任・義務等の観念の力である。それらの基礎には、「過去に過去の資格で効力をもたせること」という人間特有の事情があり、それが正当性・正統性の意識に伴われて効力を持続することで秩序が維持される（その効力発揮には、多くの場合、「徴」が伴われる）。そうして成立する社会の構造・領域として、慣習と風俗・道徳・政治・経済・宗教、この五つの「社会統合の原理」（あるいは教育という「独特の原理」を加えた六つ）によって生み出されるものがある（以上、「人の社会の秩序をつくるもの」『価値』二〇九、二一三）。

社会秩序が問題にされるとき、相互性の位相は超えられている。他人が同じ知覚世界・意味世界に共在していることの現実感と、同じ社会に生きているということの現実感とは異なる。前者については、相互性の連鎖というかたちで〈私〉を起点とする理解で汲み尽くすことが可能だろう。しかし、後者の場合、理解の起点は社会の側にある。それは、〈私〉を起点にして相互性の連鎖を繰り広げてもけっして到達できない位相のこととして現実感をもっている。それは、「生命の論理を脱した意味の秩序と力のもとで成立する」（『価値・意味・秩序』『価値』一六四）のだ。

たとえば、権利という「意味に基づく力」によって、権利者と非権利者とが分かたれる[11]。それは、「その非対称性の持ち込みにも拘わらず人々から成る集団を安定させ、そこに秩序を確立する」（『価値・意味・秩序』『価値』一七三）。この権利を感受するのは〈私〉でしかありえないが、それを理解・説明するとき、社会の側を起点にすることが不可欠になる。それが、社会性の位相において松永がおさえていることである。それゆえ、本節(C)末で指摘したことにも納得がいく。責任あるいは、説得・承認といった事柄は、社会を起点とし、そこで働く力を捉えることによってしか十全に理解できない。〈私〉を起点とし、その〈私〉と別の〈私〉の相互性の連鎖を拡げても社会性には届かない、そう捉えられているのだ。

社会における非対称性は、ときに理不尽なことと感受されもしよう。だが、社会秩序の所与性自体を〈私〉が変えることはできない。〈私〉にとって、「人為的秩序の支配力は途轍もなく強固である」（「環境に対する要求と設計の主体」松永澄夫編『環境　設計の思想』、一八―一九頁）。相互性のレベルであれば、関係の具体的内容は変えられる。お互いに納得しさえすればいいのだ。そのようにしては変えられない秩序の強度が社会性の位相にはある（ただし、本章「はじめに」で触れたように、同時に「弱さ」「脆さ」もあること、これに関して次節後半で論展開する）。そして、〈私〉の誕生とは、この社会性の内にいやおうなく存在しはじめることである。〈私〉は家族関係の中に生まれてくるが、どの家に生まれるかを選択することはできない。だから、人はそもそも社会的に不平等なものとして存在しはじめる。相互性の典型を恋人関係にみるとすれば、家族の方は「社会的なものへの最初の開口部」である（以上、「死の観念に映された生の姿」『価値』、順に、四二六、四二二)。

第2節　秩序を変えること・秩序が変わること

Ⓐ層を重ねることによる秩序形成

社会は、変わらないけれど変わるものである。家族の中に受動的に生まれた〈私〉は、やがて社会を変えることもできる。松永は述べる。社会は「ゼロからつくり出されるのではなく、つねに、既に先立ってあるところのものを変えてゆく仕方でのみつくり出される」(「人の社会の秩序をつくるもの」『価値』二三二)。社会を開始することはできない。この発想は、無規定かつ自律的な諸個人が一から社会をつくるという擬制を基礎にして展開される社会契約論とは対照的である。このことは、松永が社会成立の基盤に過去の効力を置くことから必然的に帰結するといってよい。過去が「意味に変貌し」、「過去という資格で効力を発揮する」世界にあって、「起源が埋もれていることこそむしろ望ましいような過去」が一層強く効力をもつ(『言葉』三三)。

社会は、「変えてゆく仕方でのみつくり出される」。すると問題は、変える＝つくり出すことの実質である。ここでは、社会についての議論を一旦離れ、松永が、秩序を変える＝つくり出すこと一般についてどのように論じているかをみよう。

『音の経験』において松永は、知覚世界にすでに存在するものに人が何かを読み取るものとしての「しるし」のことを「徴」、人が人為的に、何かを告げるものとして知覚世界に「ばらまく」方のものを「標」と呼び分ける(『音』一六一)。そして、『ヘンゼルとグレーテル』のヘンゼルが家に帰れるように落とした小石という標について議論を展開する。この標は、「さまざまな行動を制約し、かつ可能にする」ような「基層的知覚世界の秩序」には含まれていなかった、家への帰還という行動を導くことに特化された秩序をつくり出す。これは、足跡のように単に徴を残してしまうことからの小さな一歩、「人間を広大な世界、標の世界へと誘う、最初の一歩」と位置づけられる。ここで起きているのは、当事者にとっての知覚世界の「二層化」と呼ぶべき事態である(『音』一七四―一七六)。

この二層化は、知覚世界という場面での変える＝つくり出す事態である。ヘンゼルという名の〈私〉は、小石という標を用いることで秩序をつくり出し、既存の秩序の上に新たな層を重ねているという意味で、秩序を変えている。すると、〈私〉だけでなく、小石という標を見た他者が、それが成す新しい層の意味を解釈することもできる。松永は、この議論に関し、前節(B)でみた行動の多重的規定をあげ、振る舞いを目撃する他者とのあいだの相互理解はいかに成り立つのかという相互性の位相の議論へと話を展開する(『音』一一七)。だがもちろん、標が示している新しい秩序は同時に、社会性の位相における解釈にも開かれている。

物が標として用いられるとき、もろもろの標から成る一つのグループ内部に秩序ができているとも述べられる。ヘンゼルの小石はすべて等価だが、植えた植物に応じて種類の違う棒を土に刺す場合、またとりわけ、チャイムのように幾通りかの決まった仕方で多様な音を鳴らす場合、このことの意味が顕著にあらわれる。松永は述べる。「反復とは秩序成立の最重要要件である」。肉体をそなえた〈私〉がいつも同じように行動できるという技術が、新たな秩序を形成することをも支えている(以上、『音』一八三、一九四)。小石を介してつくり出された新しい層は脆弱である。対して、いつも同じように鳴らせるチャイムは確固たる層になる。

秩序形成は、共同でおこなわれる場合もある。松永は、庭仕事の事例でこのことを説明している(『音』二四八―二五二)。球根の種類に応じて棒を立てるという行為の反復を、はじめ親がやったとおりに子が模倣する。このとき、親がつくった規則に子が従っているというより、標による秩序の立ち上げを共同でおこなっていると言うべきだと松永は考える。子が立てた棒も、そこに球根が植えられている標として機能しつづけるのだから。この場合、〈私〉と別の〈私〉とのあいだで成り立つ相互理解によって一つの秩序形成がなされていると言えるだろう。その議論のつづきの中で、子が、親の植えるつもりのなかった場所にまで棒を刺してゆき、親の考えていたデザインを変更していく可能性に言及されている(『音』二五一―二五二)。これは共同的に形成された第二層の秩序に対し、こんどは〈私〉がまた単独で第三層を重ねているものと捉えられるだろう。

秩序形成は、社会的におこなわれる場合もある。フィジーでは住人の宗派に応じて屋根色が塗り分けられている(「価値・意味・秩序」『価値』一七八―一八一)。松永はそれを、「俗に社会秩序と呼ばれるもの」(松永は秩序①と呼ぶ)を成立させるために宗派と屋根色の固定的関係性という秩序(同じく、秩序②)がつくり出される営みだと説明する(松永は、天候の状態と海の色の関係性についての秩序③にも言及する)。そして、秩序①の重要性ゆえ秩序②にも重要性が生まれるが、後者の秩序をつくることの方が容易なので、これにより前者を支えるという構図があると指摘する。

この事例も、さしあたり、層を重ねることによる秩序変化と捉えることができる。秩序①とは、前節(D)でみた「枠組み」としての社会秩序のことである。それは、「行動を制約したり可能にしたりする」ものと規定されていた。気づくのは、小石の事例において、知覚世界の基層的秩序も同様に規定されていることである。つまり、物の世界にも人の世界にも秩序の基層と呼ぶべきものがある。その上に新しい層をつくり出すことで、秩序を変えることができる。そう考えられていると整理できるだろう(ただし、新しい層が、基層の秩序としての社会秩序そのものに影響を及ぼしているとも考えられ、そのことについて本節(C)で論じる)。

それゆえ本章では、秩序①のことを、社会の基層的秩序と呼びたい。松永自身は、「人の社会の秩序は、基層では慣習の力によるものとして成立する」（『食』五六）と述べ、複雑な社会秩序を分析的にみた場合の、慣習によって成立している秩序層を基層と呼びもする。だが、これと指せる物の世界の秩序とは異なり、意味世界としての社会秩序における層の重なりは、截然たるものの重なりではない。分析の手前にある「俗に社会秩序と呼ばれるもの」を、そこに新しい層が加えられる基礎という意味で「基層的秩序」と呼ぶことは誤りではないと考える。

(B)秩序変化と技術

基層的秩序に層を加える行為は、基本的に反復可能な技術的行為であると捉えられている。小石であれ、庭仕事の棒であれ、屋根色の塗り分けであれ、当事者が誰なのかということから離れて、社会的に解釈されることに開かれている。そしてこれらの場合、秩序を変える行動が、秩序が変わる出来事としてスムーズに理解されていく。前節(B)でみた松永の言葉で言えば、一人称的な行動がスムーズに三人称的な解釈に結びつく。これこそ技術化の意義だと言ってよい。もちろん、スムーズに結びつかない場合もあるだろう。しかしそれは、小石とチャイムとの違い、技術化のレベルにおける程度問題だと言える。

ところで、秩序変化に関して、社会思想の議論で「自生的な（spontaneous）」という語が用いられることがある。この語の含意は、社会が少なくとも完全には意志的な制御を容れず、自然発生的にみえるかたちで変化していくというものである。だが社会の営みは、どこまでも人為的営みである。自然発生的と形容できることの内実は、秩序を変えるもろもろの小さな営みが集積しているところ、巨視的にみれば意志的制御なしに秩序が変わっていると解釈できるということだろう（次章で論じる）。この見方をとると、あらゆる行動は小さな秩序変化の営みであるというふうに一般化されがちである。だが、もちろん、松永は、そのような安易な方向には進まない[12]。

社会秩序の変化についての議論に戻ろう。まず、社会は「人々がつくろうとするようにつくれるものではない。成るように成る」。そのように述べる点においては、自生的秩序論と部分的に重なる。だが、次のようにも述べられる。「少なくとも社会が変化してゆくに当たって、その変化は、社会を或る理念にもとづいて或る方向に導こうとする努力をすることを放棄しない人々がいるかいないかで大違いとなる」(「時代を表現する言葉と社会の変化」松永澄夫編『言葉は社会を動かすか』、一六―一七頁)。松永は、理念に基づき社会変化を一定の方向へと導こうとする努力をつねに重視する。

本章の問いはここに関わる。ここまで、〈私〉の行為の反復可能性としての「技術」が、松永哲学において〈私〉の哲学と社会哲学とを架橋する概念であると捉えてきた。秩序変化をめぐる議論においても、層を重ねることによる秩序変化が技術に支えられていることを確認した。屋根色の議論は、技術に基づいて層を重ねることによる社会秩序変化の事例であった。だが、技術化できる行為による秩序変化は、見方を変えれば、自生的なものと捉えられがちである。松永は、そうではない種類の秩序変化の一端を、理念に基づき社会を特定の方向へと導こうとする努力に言及することで示している。そこで、問いは二重である。まず、技術化とは別のかたちの秩序変化とはどのようなものか、そして、それは松永哲学においてどのような位置づけにあるのか。順にみよう。

(C)秩序の強度変化

フィジーの屋根色の議論に戻り、それを出発点に、技術化とは別のかたちの秩序変化について考えよう。基層的秩序に、屋根色の塗り分けによる秩序層が加わる。そのかぎりでは、同じように色を塗り分けていく技術によって新しい層をつくり、もって秩序変化をもたらしていると言える。だが、知覚世界における基層的秩序と異なるのは、この営みが媒介となって基層の社会秩序そのものが更新されているとみなせることである。これを松永は、塗り分けの秩序を「通じて」、基層的秩序の「成立を一部で支えようとしている」と表現する（「価値・意味・秩序」『価値』一八〇）。松永が社会秩序に与えている性格づけからすれば、「変えてゆく仕方で成立の一部を支えている」と言ってよいだろう。すると、社会秩序に関しては、基層的秩序そのものが更新される余地をもち、それが「変わらないけれど変わる」ものとしての社会のあり方を可能にしていると考えてよいだろうか。

松永は、宗派による屋根色の違いを学ぶことは、学ぶことそのものが目的なのではなく、それにつづく態度決定にこそ重要性があると指摘したうえ、「態度決定の有り方によっては屋根色と宗派との結びつきの方は内容を変えていく可能性がある」と述べる（「価値・意味・秩序」『価値』一八一）。そこに付された注において、一般に、ある結びつきを単に確認できるだけでなく分析できるとき、その関係に変更を加える技術を獲得することで結びつきを変えることが可能になると言われる。この議論はさらに進んでいる。新しい層と基層との二つの秩序の関係性を変えることについて書かれているからだ。そして、ここでもやはり、技術的な秩序変化が念頭に置かれている（この議論は、次節(A)で論じる政治の技術性の話につながる）。

松永は、基層に変化を及ぼすような秩序変化を論じる際、「強度」の概念を用いる。本章「はじめに」での引用を思い出したい。人間社会の秩序は、所与のものとして非常に強く「過去の効力」を帯びながらも、反面、意味の力に支えられているにすぎず、ある種、脆いものでもあると捉えられていたのだった。つまり、基層的秩序が強度変化を容れるということである。そして、ここにおいて、技術化とは別のかたちの秩序変化の可能性が語られているとみなすことができる。このことに関連してこそ、松永の哲学観が語られることに注目したい。

松永は述べる。哲学は基本的に、「現実を愛おしく思うことを希望する振る舞い」である。現実の秩序を基層から否定しようという素振りは、哲学に相応しくない。それればかりか、それは秩序を変化させる役にも立たないと言えるだろう。なぜなら、まず、「現実の強固さは、それと自分とがどう関わるかによって有り方を変える面がある」。そして、哲学の営みにおいて、現実を構成する諸系譜を丁寧にみていき、それを言葉によって描写するときにこそ、「現実を構成する諸事象のつながり方を変え、そこに設定される秩序の強度を変える可能性がある」からだ（以上、「生活と思索の言葉」『価値』一三六、一五一―一五二）。既存の秩序に強度変化をもたらす営みは、本節(A)末で示した本章での用語法において、基層的秩序に力を及ぼすことだと言ってよい。ここに、〈私〉を起点として社会へとつながる二つ目の通路が書かれていると考えられる。行為の反復可能性としての技術を媒介とした通路とは別の通路、一回性・独特性こそが意味をもつ哲学という通路である。

だが、哲学だけが秩序の強度を変える可能性をもつのではない。松永は、たとえばパーティーでの衣装を「どうしよう？」と考える場面においても、強度変化がなされうると考える。パーティーに場違いなドレスを着ていくという場面ではなく（これは現実否定的と言えるが、松永はある種の前衛主義をつねづね警戒する）、少し「冒険」であるような衣装を問題にして、次のように述べられる。「標準的価値当事者を想定しつつも、自分を標準的価値当事者の一人から抜け出させる行動をとるような人々は、自らが想定した秩序を揺るがす要因になる」。このような行動も、秩序に新たな層を加えているというよりダイナミズムを生み出しているという意味で、秩序の強度変化に参加し、基層的秩序に影響を及ぼしていると言える（以上、「評価と秩序形成」『西日本哲学年報』一一、一四七頁）。

哲学とドレス選びの冒険とに共通するのは、想像の力であろう。松永哲学にあって、思考とは想像の一種である（たとえば、『感情』二一五）。哲学が、現実においてパターン化され権威化している言説から一旦自由になるとき、衣装選びで、ドレス・コードから少しばかりの冒険を試みるとき、技術的に構築された社会性から想像の力によって自由になっていると言えるだろう。もちろん、芸術の場合もそうだろう。この想像の力を源泉とした一回的で独特な営みが、技術化とは別のかたちの社会秩序変化の可能性を開くと考えられている、そう捉えてよいはずである。

(D)相互性の社会性への拡がり

〈私〉は、二つの通路で社会秩序変化に関わることができる。一つには、行為の反復可能性としての技術によって基層的秩序に新しい層を加えるかたちで。あるいはさらに、社会秩序の場合には、それを媒介にして基層的秩序そのものに影響を及ぼすかたちで。もう一つには、想像の一回性・独特性を源泉に、多層的に構成された既存の秩序に強度変化を及ぼすかたちで。

先に、二重の問いを発した。ここまでの議論で、技術化とは別のかたちの秩序変化についてみた。残された課題は、それが松永哲学においてどのような位置づけにあるかをみることである。前節で、松永哲学における相互性と社会性の位相について、前者は〈私〉を起点にした理解で届くもの、後者は〈私〉を起点とした理解では汲み尽くせないものと考えられると述べた。だが、おそらく本当は、次のように言うべきなのだろう。相互性の連鎖を拡げていくかたちで社会性に到達する可能性も信じられてよい、と。そのことを示しているのが、秩序の強度変化の議論であると考える。

まず、技術と想像とに関して、次のように捉えたい。技術は社会性にのみむかうベクトルだが、想像は相互性と社会性の両方へとむかう。より正確には、想像は相互性にむかうベクトルであるが、社会性に到達することもあると言った方がいいだろう。哲学は、まずその読み手である別の〈私〉にむいているし、ドレスの「冒険」も、まずは想定される「標準的価値当事者」という仮想的〈私〉にむいているのだった。だが、それが社会性へと突き抜けることもある。

次に、社会秩序の方に焦点を当てて考えよう。変えられるのだから、社会秩序の所与性の強度は、知覚世界の基層的秩序ほどではない。だが、「脆くもある」ということを、単に変わらなさの度合いが低いと解釈するべきではない。むしろ、変えることのダイナミズムを受け容れる度合いの高さこそが、同時に、過去の効力の「強さ」と秩序変化の可能性＝「脆さ」とを支えているということだろう。つまり、あるときは強く、あるときは脆いのではなく、強さと脆さとがつねに同居している基層的秩序が社会秩序である。そのような性格は、おそらく、社会秩序に相互性の連鎖という要素が絡まっていることに由来しているものと考えられる。先に触れたように松永は、社会秩序も「根底では、人の自己／相互理解や評価の有り方につながっている」と述べているのだ。

松永は、もともと「哲学の覚醒」と題されていた文章の末尾近くで、「恋人関係において見やすい関係がもっと広範に人と人との間に結ばれてゆく動きがあると私は思っている」と述べている（「諸価値のもとでの自己の定位」『価値』三九九）。これは、相互性の関係が社会を覆い尽くす可能性への言及だと捉えられる。相互性の関係は、自由に開始できるものであるのと同時に、いつでも終わりうる脆いものでもある（『風』）。過去の効力を相互的関係の中でつくり上げていくしかない関係性とも言える。だが、匿名の相互性というものがありえない以上、その関係において〈私〉のあり方を強く反映させた一回的な振る舞い、または、想像の力そのものは、ときに社会秩序を変えることにつながる大きな潜在力にもなりうる。だからこそ、秩序変化を単に自生的なものと捉えることはできないし、理念をそなえた導きの努力が貴重なものと考えられるのだ。

第3節　社会秩序の変化と政治・歴史

(A)技術としての政治

社会を変えようとする努力に触れたからには、松永哲学における政治の意味について考えるべきである。松永は述べる。「政治的なものの中心は、意味の世界における力をつくりだし、行使する技術であると私は思う」（『死の観念に映された生の姿』『価値』四四三）。政治の多くの部分は、技術的なものと捉えられる[13]。技術化可能な努力の集積が「過去の効力」という特有の力を生み、維持されてきたと考えることは自然だろう。他方、一回性において大きな意味をもつような政治的行為もある。一度の決定が、ときに偶然にも左右されつつ秩序を変えてしまうということが歴史上起こってきた。ほとんど不可逆的に社会秩序を変えてしまうような場合さえある。

政治の技術的性格の方からみよう。技術は反復に基づく。第1節(C)で、一回的な実在の流れの中からの出来事の切り分けがあって反復を言えることについて確認した。政治に関しては、一回的な歴史の流れの中での二つの切り分け方がすぐに思いつく。一つには、周期的な切り分け、たとえば一年という単位で政治的な事柄対処を反復し、恒例化していくようなもの。もう一つには、類似しているとみなせる状況を特定のスパンで切り分け、そこでの事柄対処を反復し、定石化していくようなもの。そのようにして技術化された政治的対処は社会秩序の維持に資する。だが、これから先みるように、これらの手法は秩序変化をもたらす技術と捉えられる側面をも有する（関連して、政治的スローガンが反復的に叫ばれることによって民心が誘導され、社会秩序に変化を及ぼすという言葉の力に基づく技術もあるし、映像等をも用いた刷り込み的世論操作の技術等々もある（『感情』九六―一〇二））。

前節でみた二つの種類の秩序変化と政治の技術による秩序変化は、どのように重なるだろうか。たとえば、法の言葉が「新しい現実をつくる」と言われるとき、多くの場合、「法律制定の手続きも制度化されている」ことから、層を重ねる技術的な秩序変化がおこなわれていると考えられる（「時代を表現する言葉と社会の変化」『言葉は社会を動かすか』、五頁）。基層的秩序の安定性に依拠したかたちでの秩序変化である。

他方、基層的秩序に関わる強度変化については、次のように考えられる。まず、技術化された対処であっても、個々の政治的行為は、なされる状況がそれぞれ特有であることから、かならず歴史における一回性を帯びる。指摘するべきは、政治的営みの反復における微妙な差異である。先にあげた崖崩れの例、あるいは特にチャイムの例などは、反復こそが重要で、そこにあらわれる微妙な揺れ・ニュアンスは基本的には捨象されるべきものと考えられる。対して、政治的行為の場合、それが反復的である場合にも、歴史の中に印を刻むことにおいてかならず独特で、程度の差はあれ一つ一つの営みが社会の基層的秩序の強度に影響を与える特徴をもつと言える。それゆえ、「歴史法則」は比喩的にしか言いえない。恒例化・定石化いずれの技術においてもマイナーチェンジが起き、その蓄積が徐々に基層的秩序にまで影響を及ぼすということがあるだろう[14]。また重要なこととして、ある状況における対処が、かつての対処の反復としてなされること自体が意味をもつ。

政治的なものの力を過度に強調するべきではない。だが、やはり政治が特異なのは、社会性へとむかう技術が、徐々にではあれ直接的に基層的秩序に影響する傾向が比類なきものだからではないか。それは、相互性の位相を介することなく、基層的秩序への強度変化を及ぼしうる力だとみなすことができる。ただし、政治過程の説得の場面では相互的関係性が重要であろうが。

松永が社会生活における線引きについて述べていることは、こうした政治の特異性と関連する（『食』一二二―

一二三）[15]。たとえば消費税法を制定する際、何を消費とみなすかという線引きが必要となる。その「決定は専断と言うべき側面を含むことになる」。教育への支出は消費とみなさず、しかし、自動車免許教習の費用は消費とみなすという判断は、「これはもう政治的判断でしかない」。この判断の正当性を支えているのが、線引きどおりの区別をいつでもできるという技術性である。松永は、仮に「禿頭税」なるものを想像するとして、それが悪法たる理由は、「根拠が薄弱」で不平等な法であること以上に、禿頭か否かの判断をするための線引きが技術的に確立しがたく、結果、徴税役人の恣意・裁量に委ねられる点にあると述べる。技術性に支えられた専断は社会秩序をつくり出す力、更新する力になる。逆に、単なる恣意的判断は、通常、社会秩序自体に影響力をもったりはしない。

(B)家族と政治的なもの

けれども、単なる恣意的判断とは異なるものとして、社会の基層的秩序に影響を及ぼす一回的な（つまり、技術性に支えられるようなものとは別の）政治判断もあるだろう。松永は、人と人との世界、すなわち意味世界に〈私〉が参入する場面から、政治的なものについて論じ起こしている。それを読むと、〈私〉の一回的な政治判断にも重要な場所が与えられていると考えられる。家族における相互性と社会性の錯綜に分け入ろう。

第1節末で、家族が「社会的なものへの最初の開口部」であることに触れた。だが、もう一方をみれば、家族は相互性の場でもある。松永は、「プライベートを共有し得るような生活の共同」としての家族が、地域における相互扶助の共同性等と大きく異なる側面をもつと述べる（「死の観念に映された生の姿」『価値』四二七）。「機能的有り方」をしはじめる前、まだ肉塊の〈私〉は、寝食の共同体、安全であることが求められる「ねぐら」へと生まれる。

それは「プライベートでありながら或る社会性をもった一つの単位」として社会に位置づくが、〈私〉がそれを意識するにはプロセスが必要である。その最初の一歩が、「自分に向かう人の力」、「情緒的な力」に出会うことである（以上、『食』九九、「自分が書き込まれた地図を描く」『価値』三〇）[16]。〈私〉が相互的関係の一方たる存在になる段階を、松永は年長者と乳幼児の相互模倣に見いだす（これについては本書第1章でも論じた）。乳幼児は、誰の模倣でもするわけではない。近しい人との「安心した世界」において、「自分がなす模倣を、そのモデルとなった当の人が模倣し返してくれるとき、意味の世界の原基ができる」。「理解し合っているということだけを理解の内容とする」相互的関係の一方になることで、意味世界に参入するのだ（「死の観念に映された生の姿」『価値』四四三）。

この先に二つの重要論点がある。一つは、相互模倣において、年長者が乳幼児を模倣することの方が重要であること。それは、乳幼児の動きを有意味に分節化したうえで、それを「知らず知らず」「押しつけてゆく」振る舞いであるから。このようにして、乳幼児を「人々の共同性によって紡がれる時間へと誘う」と松永は述べるが、その際、乳幼児側の欲求が「生理的なものから情緒的なものへ」転換されると考えられている（「自分が書き込まれた地図を描く」『価値』五三―五五）。漠たる動きを、反復可能な技術的行動へと変換して模倣する年長者の営みは、社会性への誘いとも言いうる。さらに松永は、幼児が自己を獲得するにつれ、家族の共同生活が情緒的世界として完結せず、そこに社会的機能が「侵入」していることに気づくとも述べる（「死の観念に映された生の姿」『価値』四二八）。家族において、相互性を通じて〈私〉が確立していき、社会性の位相へと入りゆくという構図だと理解できる。

二つ目の重要論点は、「各個人の生に具わる力としての政治的なもの」についてである。松永は、「人と人との間に秩序をつくる原理」として「政治的なもの」を説明し、価値的世界としての社会秩序が所与的であるにしても、それを維持するのは「やはり生きている個々人」であることを強調して、次のように述べる。幼児に秩序の安定性をもたらしているもので最重要なのは、「やはり人、幼児を含む身近な人々の間に共通の感情世界、評価の世界、意味世界を生み出している人、家政を司る人であり、その人はいわば小世界の政治家なのである」。さらに、「長ずるに従って誰もが、自分自身をおさめる人間、自分を説得し己が生を築きあげてゆく人間になる」(「死の観念に映された生の姿」『価値』四四三)とも述べられる。

本節(A)で、社会性へのベクトルをもつ技術を媒介とした政治の特異性をみた。対していま、一回性を本質とする政治的判断が基層的秩序の強度変化を起こす可能性を探っていた。その関心のもと、「政治的なもの」をめぐる議論を次のように捉えることができないだろうか。

家族という小社会で、幼児は相互的関係性の中でこそ、政治的なものをそなえた保護者と関係する。松永の議論においては、そのことが、自由で(第1節(A)後半部を思い出したい)主体的な、独特の〈私〉になること・ありつづけることにつながっている。保護者との相互的関係性が、自ら選択したものではないことからして、事実としては、社会秩序の所与性の方が先立っている。だが、〈私〉にとっての経験の根源性で言えば、所与の社会性に出会うより前に、相互性の中で政治的なものに出会ってしまっている。一点目の論点と関連づければ、社会的機能以前に、〈私〉は政治的なものを経験してしまっている。社会の基層的秩序に影響を及ぼす一回的な政治判断が可能だとすれば、このような〈私〉の出自ゆえだと言えるのではないか。松永は述べる。「組織の力がそこに属する諸個人の力の総和を超える大きな力をもつにしても、組織を動かすのは人である。また、組織を変形してゆくのも人である」(「環境に対する要求と設計の主体」『環境　設計の思想』、二一一頁)。

(C)政治の原理と歴史

社会秩序変化には、技術性に依拠するものと一回的なものとがある。政治は、その影響力ゆえ、前者において特異な地位を占める。そればかりか、哲学や芸術が典型であるような後者においても独特の地位を占めると考えられる。これまでの議論が大筋で誤っていなければ、松永哲学が政治に見いだす重要性は、おそらく通常思われているよりも大きい。固有の肉体としての〈私〉から始まる哲学が、おのずと統一的な全体性を求めていくとき、政治における技術性だけではなく、想像力がもたらすような一回的な行為もまた、〈私〉がなしうることとして重要にならざるをえない。逆に、たとえば思惟の機能としてだけ〈私〉を捉え、そうである自律的な〈私〉たちが契約のもとに社会を構成していると割り切る発想をとれば、個々の相互的関係は社会性の位相と無関係のこととして捨象される方向に進み、政治は単なる技術的なものと捉えられていく。松永哲学がそうした発想をとらない以上、一回的な歴史がどのように捉えられているかも関心の射程に入らざるをえない。

松永は、社会統合原理として、慣習の後に政治が登場することに何度か言及している(これについては本書第5章でも論じた)。それは、「リーダーシップ」を鍵概念に次のように展開される。「安全保障こそ政治の第一の領分である」(「人の社会の秩序をつくるもの」『価値』二五七)[17]。今日多くの場合、社会の外延と一致しているとみなされる国家は、「他の国家との関係において初めて」「一個の塊として姿を現わす」(「死の観念に映された生の姿」『価値』四一九)。ところで、慣習とは、ある事柄を特定の社会的位置にある人間がおこなうべく指定するものである。それゆえ、新しい位置関係が生まれれば、慣習も更新される。しかし、決定的な危機が社会にもたらされた場合には、原理自体の更新が必要となり、政治の原理が登場する。その危機とは、社会外部との関係変化や、集団のサイズの拡大（これも結局は外部との関係につながるだろう）といった、集団に重大な意志決定を迫る事態である。そのとき、新種のリーダーシップが求められる。慣習の原理のもとでのリーダーシップと異なるのは、「或る領域の事柄に関しては、新しい慣習を生み出しつつも、いつもその慣習を突き破る用意ができているというダイナミズムを秘めた独自の構造をとる」点である（以上、「人の社会の秩序をつくるもの」『価値』二六六―二六八）[18]。

慣習におけるリーダーシップ、たとえば長老のそれは、技術的なものであろう。それは、秩序変化を起こすにしても、層を重ねるかたちだと考えられる。対して、政治のリーダーシップは、基層的秩序を揺るがすダイナミズムをもつ。これは、一回性の、自由な〈私〉のリーダーシップとも呼びうる。松永は、これが秩序を設計し、人びとを組織することを可能にした原理であり、やがて政治的な事柄以外にも応用されたものであると考える（「環境に対する要求と設計の主体」『環境　設計の思想』、二二頁）。

歴史が一回きりのものとして捉えられるのは、そのような〈私〉のあり方を前提としているからにほかならない。そして、歴史が視野に入れば、現代社会の特殊性はどこにあるのかという問いへとつながる。松永は述べる。「歴史を積極的につくろうとする人間の努力の彼方で、そうなってしまう、起きてしまうものとしての歴史がある。とはいえ、私たちは、それでも努力する、そのような存在であるし、努力するに当たって、希望をもつ存在である」（『食』二三二）。

松永の歴史・現代社会観には、つねに希望が伴われる。たとえば、マネーという一元的価値尺度が地域文化への破壊力を発揮する状況においても、地域文化に根ざし、かつ普遍性をもちうる価値を政策において具現化しようとする努力に希望が見いだされる（「眼差しを見せる」松永澄夫編『環境　文化と政策』、二六―二七頁）。あるいは、現代社会において、新しい価値への意志があるわけでもなく、自明の日常性が単に「浮游している」ようにみえる中でも、それをあえて「価値意識の非常に高い自由度の出現」と捉え直して、希望を見いだそうとする。そして、その希望を強く支える役割を哲学がもっと述べるのだ（「諸価値のもとでの自己の定位」『価値』三七六、四〇〇）。

第4節　結論に代えて——二つの希望——

松永が述べる希望もまた、二重である。たとえば次のように述べられるとき、相互性の希望、相互性が社会性へと拡がることの希望が語られていると考えられる。

概して、集団の成員を相互に支え合うことから、支配へ、分配から、収奪と蓄積へ、これが多くの社会での歴史の動きであった。〔…〕そして、現代、人間の英知は、人類全体という規模で支え合うことの重要性を認識し、努力しようとしているところではないだろうか（『食』五七）。

前節末で触れた希望、哲学がそれを支える役割をもつ希望の方は、こちらに関係するだろう。第2節末で引用した「恋人関係において見やすい関係がもっと広範に人と人との間に結ばれてゆく動きがあると私は思っている」という言葉も、この箇所に書かれたものだ。だが、もしこの希望を具現化しようとする場合、哲学が役割をもつのと同じように、図式的には、ダイナミズムをそなえた政治的〈私〉の自由なリーダーシップこそ求められるということにもなりはしないだろうか（それでも、少しずつしか社会は変わらないのだが）。

他方、「人類の叡智によって育まれてきた理念」、歴史上比較的新しい獲得物である基本的人権をはじめとした理念にも松永は希望を託す[19]。

> 人間の歴史の方向が、この種の〔選べない事柄に関する〕人の規定に関して価値的に中立であるべく人々の意識を変え、少なくとも、これらの規定が不当な差別を生み出さないような社会の創出へと進んでいるものであることを私は信じたい（「諸価値のもとでの自己の定位」『価値』三八〇）。

これは、説得の秩序を介した相互性の拡がりへの希望と捉えることもできる。前節末で触れた地域文化の方の議論はこちらに関係する。おそらく松永は、このような希望が理念を介するものであるかぎり、理念を述べる言葉の力の働きとして論を進めるだろう[20]。そのような言葉の働きは、松永哲学の中で、基本的には相互性の位相の事柄と捉えられている。「声は希望である。聞く者がいることを信ずる心の鼓動である」（『音』三八〇）[21]。理念を述べる言葉も、「聞く者」との相互的関係性に入ることを欲する〈私〉の言葉である。

だが、ここに社会性の位相での希望が書かれているとも考えたい（その内実については本書「おわりに」で述べる）。技術的なかたちで、層を重ねていくことによって、また、微妙なニュアンスの差異を生み出すことによって社会を変えていくことに関する希望である。筆者は、社会性の希望が、少なくとも相互性の希望と同程度には成り立つ方がいいと考える。だが、そのような技術性と結びついた社会秩序変化は、近代社会の場合、〈私〉を思い切り抽象化するという発想によってこそ確保されたものではなかったか[22]。陳腐ではあるが、そのように問うて本章を終えたい。

第9章　社会秩序変化の秩序

はじめに

人は生きつづけるかぎり少しずつ秩序を変える。生きるために消費するだけで、たとえば温室効果ガスの排出に参与し、もって地球温暖化を押し進めて物的秩序を変化させる。このとき、変化は**自発的**（自生的）なものと捉えられる。変えようとして変えたのではないのに、結果として変わったのだから。温暖化が進み、法制度が組み直される。そのとき、生きつづけることで人が結果的に社会秩序変化にも参与したと言えなくはない。だが、物的秩序変化への参与とは形式が異なる。それは進行する物的秩序変化に**対処しようとする意志**の介在があって起こることだからだ。だが、場面の限定を外して一般的に言えば、社会秩序は変えようとしてもなかなか変わらない。意志に基づく個々の行為は、秩序の枠組みへといわば**吸収**される傾向にある。そうして本章では、自発と意志とが絡むかたちでの社会秩序変化、その秩序を素描することを課題とする。

前章では松永哲学の枠組みにしたがい、〈私〉が少しであっても確実に秩序を変えるという営みが、秩序が変わることの基盤をなすという構図を取り出した。技術と想像という二つの通路の議論である[1]。対して本章では、社会秩序が変わるという事態の方から論じ、そこに「変える」力がどう絡んでいるかを理解するという順序をとる。変えようとする力を社会秩序は吸収してしまう。そのとき働いているのは、第1節で述べるように、社会性および共同性の力である。そして、社会秩序が変わるというとき変わっているもの、これも社会性および共同性の内実だと考える。第7章でその一端として、運動の語彙が規範性を帯びて共同性に定着したり、制度内の言葉となって社会性の枠内に組み込まれたりする事態を指摘した。本章では、変えることからの距離が大きいような社会秩序変化、すなわち社会性と共同性の内実が、単にそれぞれ変わるのではなく、相互に影響をもたらしつつ一体的に変わるような水準での社会秩序変化を軸に考察を展開したい。

ただしもちろん、どんな事象がその水準のものと捉えられるかは、評定する側の視点にも依拠する。たとえば、年少世代の多くの人からは大きな秩序変化にみえるものが、年長世代からはそうはみえなかったり、特定の関心に基づく視点、たとえばマーケターの視点が、小さな変化を大きなことと捉えたり。そこで述べれば、短期間のうちに社会が丸ごとすっかり変わることはなく、そうみえる事態もまた、先立つ動きが用意している。そうした先立つ動きの一つに、ある特定の関心に基づく視点の存在感が増大するという事態がある。つまり、社会秩序変化の内実に、特定の視点が社会の中で新たに優越性を得るということが含まれる。これについていま注意を払ったことで十分とし、本章では、現代の多くの人が一致して大きな秩序変化だとみなすはずの過去の事例を中心に論じたい。

たとえば、蒸気機関技術の発明が生産現場や鉄道に活用されたことで社会秩序は大きく変化したと言ってよい。

これは、特定の技術が伝播・普及し、社会をまたいで標準化するという事態の代表例である。こうして、前章の重要概念だった「技術」が本章においても重要となる。技術の伝播・普及によって、個々の社会で制度改編等が求められて社会性の内実が変容し、同時に、当該技術の使用が当然であるとか望ましいといった規範性が振りまかれて共同性の内実も変化する。それら二つの動きは相互亢進する。そこで重要なのは、技術が伝播・普及するとき、規格の伝播・普及が起こるという点である。規格化は抽象に存する。この点をおさえれば、前章でのもう一つの重要概念だった「想像」もまた議論に呼び出される。抽象は想像の力にこそ立脚すると言えるからだ[2]。

それを踏まえて社会秩序変化における抽象の力一般の役割の考察へと論を展開すれば、社会秩序が「変わる」ことに「変える」力がどう関わるかを理解できると考える。抽象するとは、物と観念との総体における配列変更の営みだからである。これは、「納得の発明」（第2章末）、および抽象の力による「歴史への定着」（第7章末）という論点に関わる。第5章で、成り立ったものとしての社会における社会性と共同性の表裏一体化について述べた。第6章では、成り立たせていくものとして社会を捉える場合、相互性と集合性の絡みという図式が有効だと述べた。そうして、それら二つの組をいわば分離させた。最終章である本章においては、社会秩序変化を論じることで両組の結びつきを明確化し、本書の試みを完結させたい。一言で、抽象の力に基づいてこそ複数の納得の拡がりと呼ぶべき事態が起こり、そうした複数のベクトル（成り立たせていくものとしての社会のベクトル）の均衡によって、社会秩序が相対的に安定したもの、成り立ったものとしての相貌をみせるという議論である。

以下、本章の展開は次のとおりである。まず第1節では、社会秩序の変わらなさが何に由来するかを述べたうえ、自発と意志の絡み合いによって起こる点に社会秩序変化の特徴があることを示す。それを踏まえた第2節では、技術の伝播・普及によって社会秩序が変わることの内実を素描する。そこで技術の標準化と社会秩序変化の関係を述べたのち、抽象の産物である規格の伝播・普及へと論を展開させる。それを足がかりに、第3節では、抽象が有する力能について論じることで、秩序が「変わる」ことに「変える」力がどう関わるのかを理解し、第4節で結論を述べる。

第1節　社会秩序が変わるとは

社会は、変わらないけれど変わるものである。そこでまず本節においては、(A)社会秩序の変わらなさから論じ、それが何に由来するかを述べる。次に、(B)自発と意志という概念組みを導入して物的秩序がどのように変わるかを整理し、それとの対比において、(C)社会秩序の変わり方の特徴を述べる。

(A)社会秩序の変わらなさは何に由来するか

たとえば慣習の内実が変化しても、慣習の原理そのものが働かなくなることはない。それは固有の水準において、人間の行為を可能事と不可能事、すなわち称賛されるもの、許容されるもの、望ましくないもの、禁止されるもの等へと分けて規定する力、言い換えれば配列化する力をもちつづける。そのようにしていくつかの原理が変わらず働いていること、それが社会秩序の変わらなさを支えるのは間違いない。だが、ここで述べたいのは、そうして規定される可能事と不可能事とのあり方が物的秩序におけるそれとは異なることに関係する、社会秩序固有の変わらなさのことである。

物的秩序における不可能事とは、たとえば急流を遡って泳ぐことのように、物理的原理そのものに反する行為である。逆に言えば、物的秩序において、実際なされるすべての行為は可能事である。他方、社会秩序における可能事とは、秩序が前提となって安心しておこなえる行為群であり、不可能事とは、物理的には可能でも、社会において制約される行為の一群である。[3] たとえば刑罰の対象となったり、白い目で見られることによって心理的圧力を行為者に感じさせたりというかたちで。そのとき重要なのは、社会における不可能事が秩序変化につながることは滅多になく、社会秩序の通常の作動において処理されるということである。

それは一方で、社会性の力による。第5章で述べたように、それは、諸制度の体系的完結性を通じて社会の形式性を維持する。そうした完結性には、あらかじめ逸脱行為を秩序の枠内に収める刑罰制度等が欠かせない。そして他方で、共同性の力が、制度体系が通常どおり作動するべく補完的に働く。それは、規範性が社会内で維持されることに資するもので、想念の位相で社会の安定性を裏づけている。こうして、成り立ったものとしての社会における社会性と共同性のセットが、個々の行為を既存の社会秩序の通常の作動の内へといわば吸収する機能を有している。社会秩序固有の変わらなさはこのことにこそ由来する。

なお、制度変更の手続きもまた制度的に定められ、規範性を有している。それゆえ、制度変更がなされたからといって、それだけで秩序変化が起こったと言うことはできない。むしろ、社会秩序の通常の作動の一部としてそれがなされるとき社会秩序の本領が発揮されているとさえ捉えられる。

(B)物的秩序の変化における自発と意志

だが、社会秩序は変わる。その変わり方の特徴をおさえるための準備作業として、ここで、「自発（自生）」と「意志」の概念を導入し、人間が関与して起こる物的秩序変化の特徴をおさえたい。「自発的に」と言うと、「自ら進んで」という意味と「自然発生的に」という二つの意味が思い浮かぶが、いま後者の意味で「自発」の語を用いている。物的秩序変化に関し、「自発」の語を用いれば、まずは人間が関与しなくても勝手に起こるような変化が想起されるが、ここで述べたいのは、人間が関与する物的秩序変化においても、①自発的な変化とみなせるものと、②意志を起点にした変化とが明瞭に分かれること、しかも、結局は両者とも同じ特徴を有すると言えることの二点である。

まず、①自発的な変化とみなせるもの。本章冒頭で、地球温暖化に言及した。自発的に生まれた物的秩序変化の例である。これは、物的秩序における可能事が量的に集積した結果である。それが、海水面の上昇や、もはや「異常気象」という語が不適切なほどに常態化した気象現象の増加等、はっきりと知覚できる変化としてあらわれたとき、人は気象的側面における物的秩序の変化が起こったと捉える。そのとき、「異常」がもはや異常ではなくなるという事態において明瞭であるように、人が捉えているのは質的変化である。通常、そうした質的変化に気づくとき、それを導いた諸行為の量的集積が遡行的に意識されるという順序がある。だが、個々の行為の身分はと言えば、はじめから秩序変化の部分量を成すものだったと言え、自発的な量的集積が秩序変化を導いたのだという理解が成り立つ。

次に、②意志を起点にした変化。典型的には、ダム、堤防、防波堤等の建設や、埋め立て、干拓等々、社会における決定に基づいて物的秩序を局所的に変えようとした結果、秩序が変わるものである。起点となる意志があり、求める結果にむけて事前の計画に基づく諸行為がなされて秩序変化が起こるのだから、①でみた自発的変化とは明瞭に異なる事態である。それが波及する局面においては自発を言いうるにしても。こうした物的秩序変化は、「変える」ことと「変わる」こととの距離が小さい。技術がその距離を埋めてくれるからだ。物理的にのみならず、技術的にも可能な行為によって局所的に物的秩序を変え、もってそれが変わる。そうした秩序変化である。

ここでの確認事項は二つ。まず、人間が関与する物的秩序変化について、これは自発的なもの、あれは意志を起点とするものというかたちでクリアな分類が可能であること。次に、起点の明確さに関する違いがあれ、秩序変化の過程に着目すれば、これら二つの秩序変化は同じ特徴を有すること。すなわち、可能事が秩序変化の部分量を成し、個々の行為が少しずつ直接的に変化をもたらすと理解できることである。

(C)社会秩序の変わり方の特徴——自発と意志の絡み合い——

他方、社会秩序は自発と意志とが絡んで変わると理解できるところに特徴がある。社会秩序変化には、自発だけでも意志だけでも足りない[4]。一方で、本章冒頭で述べたように、多くの社会秩序変化は意志的対処を軸にして起こるが、他方で、自発の動きをいわば整流するのではなしに、単に「上」から政治的意志を発動させたところで、多くの場合は空振りする。そして、二つのものの絡みによって起こるがゆえ、物的秩序とは異なり、個々の行為が「少しずつ直接的に」秩序変化をもたらすとも言えない。そのことを理解するためには、典型として、既定の秩序へと吸収できないほどの力を有する外的要因に直面し、意志的対処が必要となる場面をおさえるのがよい。

そこで、ふたたび温暖化を例に、自然環境変化への対処が迫られる場面をまずはみよう。無視できない変化を踏まえ、温室効果ガス排出量削減にむけ、国家間のとりきめ、一国内での政策決定、法整備等々の意志的対処がなされる。結果、生産・消費に関し、何が望ましく何がそうでないかという配列が変更されるのだから、対処こそが秩序変化の軸を形成する。だが、①事前に、および②同時並行的あるいは事後に自発の力が働き、意志との絡み合いをみせる。

まず、①意志的対処に先立ち、それを準備するような自発の動きの集積が起こっているのが通常である。一つには、意志的対処に実効性をもたせる水準へと技術が発達していること。たとえば、すでに一定以上、再生エネルギー技術の開発が進んでいるからこそ、それを踏まえた対処が選択可能となる。もちろん、個々の技術開発は意志的営為だが、一回的な決定・制定に対しては、その選択幅を増大させる自発的なものとして機能するということである。そして、こうした先立つ動きがあるがゆえに、意志的対処によって社会の配分構造が変わる。すでに技術開発を進めていた企業が制度上優遇されるなどのかたちである。なお、政策決定や法の作成など、意志的対処を成すものもまた固有の技術に支えられることを見逃してはならない[5]。

もう一つには、意志的対処を促す声の集積（第7章）である。いまの場合は、環境運動。それは、はじめから「少しずつ直接的に」秩序変化をもたらす身分のものではなく、当初、秩序の通常の作動へと吸収されるが、いわば閾値を越えた集積が、事後的に、秩序変化をもたらしたものと評価される、そういう身分のものである。

次に、②意志的対処と同時並行的あるいは事後の自発の動き。まず、政策決定等を踏まえてさらなる技術開発が進むなどの事態。企業は通常、強制されるのではなく、経営の理屈によって判断し、研究開発等をおこなう。もちろん、新技術開発によって制度上の優遇を受けることや、同時並行的に進む共同性の変化（後述）を経営判断の材料にしつつである。そうして、社会性と共同性の内実変化に適合した企業が多くの財を得るというかたちで配分構造の変化が進むし、技術面でさらなる革新がなされれば、それが次なる意志的対処を支え、社会性の領域における秩序変化を進行させることにもなる。

それから、さらなる声の集積。意志的対処と同時並行的に、あるいは、対処の事後においても、その対処をいわば養分としながら、共同性の内実変化を促すものとして声が発される。たとえば、ロハス（LOHAS: Lifestyles Of

Health And Sustainability）と呼ばれる新しいライフスタイルが拡がり、そこに含まれる持続可能性（sustainability）という理念が一定程度に標準性を得ることで、社会全体における規範性の分布と呼ぶべきものが変化する。これは「共に生きる」ことをめぐる規範性の変化、すなわち共同性の内実変化である。その動きがさらに進めば、次なる意志的対処を促しもするだろう。そうしてそれは、共同性の領域において秩序変化を進行させていく力になりうる。

以上、意志的対処を軸にした社会秩序変化が自発と意志の絡み合いによって起こると理解できること、そして、それが社会性および共同性の連動的な内実変化として起こることを確認した。ところで、自然環境変化への対処は、徐々に進行する要因に対して段階的な対処がとられるため、自発と意志の絡み合いという構図を観察するのに最適の場面である。これを典型として、同じ構図で理解できるものの、より意志に、または自発に比重があるような秩序変化が存在するという順序で社会秩序変化全般を理解しうると考える。

意志に比重があるものとしては、外敵に対処するため、短期間のうちに防衛的な法制度がつくられるなどの場面がある。その場合、意志的対処のプレゼンスが突出するが、やはり自発の動きがそれに絡む。一方で、先立つ技術の集積。セキュリティ関連技術や法整備技術（基本法の法解釈をめぐる技術など）が一定の水準に達していることが対処可能性を支える。他方で、意志的対処と同時並行的に進む共同性の位相における自発的動き。たとえば、二〇〇一年アメリカ同時多発テロ事件（九・一一）の直後に、ラジオ局等が空や飛行機を想起させる曲のみならず、平和を想起させる曲の放送をも自粛したように。

意志の比重が大きい秩序変化の場合、対処の必要性が減じれば揺り戻しが起こったりもする。一般に社会秩序変化の多くは、ある傾向性へと一定期間むかったのち、その道を引き返すようなかたちで起こる。だが反対に、持続性をもち、場合によっては不可逆的なかたちで起こる秩序変化もある。それは基本的に、自発の動きこそ大きいような秩序変化である。本節で、技術の発達と声の集積を自発の動きとしておさえた。そこで次節で、技術と社会秩序変化の関係について論じ、第3節で、「声」が内包する抽象の力が社会秩序を変えることについて論じたい。

第2節　技術と社会秩序変化

物理的に不可能だった対処が技術によって可能になる。それゆえ、何かに対処しようという目的があって新たな技術が生み出される。他方、生み出された技術は社会内で普及し、社会外へと伝播する。すると、技術の使用の拡がりが波のように社会へと押し寄せ、その「波」自体が**対処するべき相手**になる場合がある。社会の必要性が技術を規定するのと同時に、**導入可能な技術の存在が社会のあり方を規定しようとする**。本節で特に注目したいのは、このことである。

技術が伝播・普及すると、それを用いるのが当然だという規範性を振りまく傾向にある。そうして標準化が進む。社会が外なる別の社会との関係において成り立つものである以上(第5章)、標準化した技術の波が外から押し寄せれば、導入しないことの方が難しいという状況がたびたび生まれる。そうした流れを主とするところの従として、当該技術を導入するという意志的対処がなされる。それゆえ、自発と意志との絡みという基本は同じでも、自発の比重が大きい社会秩序変化がそこに典型的にあらわれる。

本節ではまず、(A)社会性に関わる技術について概観したのち、(B)技術の普及・伝播がもたらす標準化の動きと社会秩序変化の関係について述べる。これは、技術の使用の拡がりが生む秩序変化である。他方、技術そのものに焦点を当てたとき、それが標準化するとは、技術が内包する規格が標準化する事態だと言える。そこで、(C)規格と秩序変化の関係について考察し、次節へと論を接続する。

(A)社会性に関わる技術

前節で、自然環境の変化という外的要因への対処を軸に理解できる秩序変化について述べた。社会性に関わる技術の導入が決定されるときにも、対処すべき事柄があるのが通常である。典型的には、人口動態の変化がもたらす諸問題への対処としてのインフラ技術導入である。都市に人口が集中し、伝染病が蔓延して下水道の整備が求められたり、エネルギー不足ゆえに発電所の建設が求められたり。問題への対処において技術が必要になるのは当然として、技術と社会秩序変化の関係は、必要が技術を求めるという単純なものではない。いまの例で言えば、都市に人口が集中すること自体、それを可能にする技術に促されてのことでもあり、対処すべき問題そのものに技術の伝播・普及の刻印がある[6]（なお、対処すべき問題の発見においても統計などの技術の働きがあるが、次節で論じる）。ここでは、①対物技術、②インフラ技術、③対人技術、④統治技術の順に、社会の制度的構築性に組み込まれることで社会秩序変化につながるような技術について概観しよう。

まず、①対物技術。すぐに思い浮かぶのは、農業関連技術を典型とする、自然の利用に関する技術である。たとえば、中世ヨーロッパにおいて、重量有輪犂や、馬にそれを引かせるための頑丈な首輪が生み出され（かつてはより遅い牛に引かせていた）、それらの普及が、生産性の高い三圃式農業を可能にしたという。また、ザクセンにおける銀の発見から新しい採掘技術が生み出され、その技術がヨーロッパ各地に伝播した。そうして、農機具生産や銀を用いた貨幣鋳造をおこなう都市の鍛冶場の重要性が高まり、都市の発達の有力な要因になった、このような指摘がある。[7] これは、技術の普及・伝播による社会秩序変化の分かりやすい事例である。

次に、②インフラ技術。大規模かつ組織的な仕方で物的秩序を改変する技術がインフラ技術である。安定して消費できるためのインフラ技術の導入が旧くから社会秩序変化にとって重要だったことは疑いない。物的秩序を変化させる技術を通じた社会性の組み直しと言うべき事態である。インフラ技術も多様だが、自然に対処的に関わる技術、たとえば治水、自然を人工的に改変して利用するための技術、たとえば灌漑、それらを踏まえてなされる都市建設の技術等々、多くの人手を要するインフラ技術は、その導入にあたって制度的構築性の内実を変化させる。人力の動員・組織のための制度、インフラを維持するための制度が不可欠となるからだ。①の対物技術に比べれば、技術導入における意志的対処の比重が大きいが、インフラ技術はたいがい技術の伝播の自発性に促されて導入される。

それが顕著な仕方で進んだのが近代社会である。近代において、社会性の基盤となるような新しい諸技術が短期間のうちに多くの社会で導入されたが、それは社会間の競争関係ゆえのことである(これは第5章末で述べた、主権の及ぶ領域と社会性の効力範囲との一致という事態と相互亢進的な関係にある)。新しい技術の伝播は、諸社会に対し、それを導入しないではいられないような圧力をかけたと捉えられる。最大の事例は、多くの国で国策としてなされた鉄道の敷設である。それは、社会内における人と人、都市と都市、都市と農村との距離を縮め、物のやりとりのあり方を大きく変えて、社会の配分構造に重大な変化をもたらした。

そして、③対人技術。技術が働きかける相手が人間であるような技術を指してこう呼びたい。たとえば、時計の技術。「ヨーロッパ式時計」が生み出されたのは一四世紀頃のことであり、それがヨーロッパの南から北へと伝播したという。そのときたとえば、一三七〇年にパリ全域で時計の時刻をシテ島の王宮の時計に合わせるよう王が命じるなどして、「日々の生活を規律する役割」を時計技術が担うようになったと言われる[8]。これは、新しい技術が制度的構築性に組み込まれることで社会に生きる人びとに対して新たな規範性をもたらし、共同性の位相でも社会秩序変化を促した事態だと捉えられる。

さいごに、④統治技術。ここまで述べてきたものは制度的構築性に組み込まれうる技術という意味で、いずれも広義の統治技術だが、狭義には、体系的・組織的な形態をとる対人技術を指してこう呼びたい。統治技術も多様だが、その柱は、法および制度に関する技術である。前節で法作成にも技術が必要だと述べた。制度体系を正当化する法体系は、その内部に矛盾を抱えないようにして技術的に構築されてきたものの蓄積である。制度については、第5章で述べた。制度全般が、技術的に構築されるものであるが、とりわけ、諸制度維持に資する包摂の制度（社会保障制度、意思決定への参与の制度、教育制度）は人間管理技術と言い換えられるもので、統治技術の典型と捉えるべきものである。

同じ第5章で、政治的リーダーシップが、とりわけ「他集団からの攻撃」に「工夫」を促されて発生するという松永の議論を参照した。集団にとって危機の度合いが大きい攻撃とは、量（人的・物的資源）または質（攻め入る技術）、あるいはその双方に関して他集団の方が優っている場合である。そのとき、量・質ともに、それを確保できている社会というのは、多くの場合に統治技術がより高度化した社会である。そうした社会による別の社会の征服、あるいは、交流によるそうした社会の模倣により、統治技術が伝播する。やはり第5章で、法は社会間の水準で捉えるべきものだと述べたが、歴史をみれば、法の技術が社会間で伝播したことを観察できる（なお、法という考え方そのものについても、本節(C)で論じる「規格＝技術」の一種と捉えうる）。

ところで、本章「はじめに」で、社会性と共同性の内実が、「相互に影響をもたらしつつ一体的に変わるような事態」を軸に考察すると述べ、ここまでの議論で、それらが連動的に変化する場面をみてきた。だが、両者間の影響関係は、連動にかぎられない。第5章で、共同性が文化の強度と呼ぶべきものにより、社会性への包括に抗う側面をもつことに触れた。組織化された対人技術としての統治技術は、個々人に対してのみ働くのではなく、「人びと」すなわち共同性を有する集団に対しても働く。法の技術が社会間で伝播するというのも、内なるもろもろの共同性と緊張関係にある制度主体が、新しい技術を手に入れることで、内なる安定性と外との競争関係における優位性（少なくとも劣位を避けること）を求めるがゆえとも理解できる。そしてもちろん、新たな統治技術が導入されれば、社会における配分構造がかならずや変化し、社会性ともろもろの共同性との力関係の変化というかたちで秩序変化が起こる。

関連して、革命について述べよう。本章の議論に対し、革命こそ社会秩序変化の典型ではないかという疑問が湧きえようからだ。革命も多様だが、多くの場合、それは新たな基本法の制定を帰着点とする。それは、社会の配分構造を変化させ、いわば社会性の組み直しと呼ぶべき事態をもたらす。そうした革命の前提には、社会のあり方に関する新しい考え方（次節参照）と、それを現実化する新しい統治技術への信憑とでも呼ぶべきものとの自発的拡がりがある。[9] 多くの場合、それらは社会の外から伝播してくる。そうであれば、革命もまた特殊ではあるが鮮明さをもって演じられる、技術の伝播・普及による社会秩序変化の一種と捉えうることが多い。

(B)技術の標準化と社会秩序変化

技術が社会をまたいで伝播し、社会内で普及することで秩序変化が促される。だが、もちろんのこと技術が勝手に伝播することはない。人を介して伝播・普及する。先に、征服・交流による統治技術の伝播については触れた。ここで考えたいのは、①特定の属性をもった人が技術を運ぶこと、②多くの人が技術を使用・利用すること、これら二つである。両者によって技術の標準化が進みつつ、社会性と共同性のセットの内実が変わる。以下でそのことをみよう。

まず、①特定の属性をもった人が技術を運ぶこと。先にザクセンにおける銀の発見から、新しい採掘技術が伝播したという事例に触れた。特定の属性をもった人による技術伝播の中でも、技術者の移動が典型であるのは言うまでもない。もちろん、社会間をまたぐ商人も重要である（次の(C)で商人を介して伝播・普及した帳簿技術の事例をみる）。それから、近代のインフラ技術に関して言えば、知見をもつ人の招聘、官僚等の留学や視察など。そうして、特定の人が新技術を運ぶことによって社会をまたいで技術の標準化が進む。

第5章で、社会性の成立要件として、異質な存在の認識と包摂をあげた。社会性の内実変化においても、異質な存在に社会的位置を与えることが関わる場合が多い。その典型が外から技術を運ぶ者の包摂である。たとえば、京都太秦などの地名に名をのこす秦氏は、朝鮮半島から渡来し、治水・都市建設等の土木技術や精銅技術、養蚕・織物技術を有する者として、王家ほかと親密な関係を築きつつ、社会性の内実変化において重要な役割を果たし、八幡や稲荷といった神社創建等によって共同性の内実変化をも促した。技術を運ぶ特定の人びとに身分付与をしたり、特許を与えたりという事例が歴史上多数みられるが、それは権利およびそれを通じた財物の配分構造変化をもたらすばかりか、第4章で触れた名声・評価の配分構造変化をもたらし、社会性と共同性の連動的内実変化を実現する。言い換えれば、権力構造と権威構造の同時的・相互亢進的変化が起こるわけである。

次に、②多くの人が技術を使用・利用すること。新技術を運ぶ人が重要なのは、基本的には新技術が有用だからである。有用だから標準化するというのは当然である。だが、もう一つ重要なのは、多くの人が使用・利用することで標準化しつつあるものは、その事実それ自体によって大きな力をもつということである。標準化するとは規範性を得ることを含意し、標準化しつつある新技術の導入を望ましいことへと仕立てる力を有するからだ。これは、社会間の伝播による標準化においても、社会内での普及による標準化においてもみられ、もちろん両者は相互亢進する。

　ふたたび鉄道を例にしよう。社会間の競争関係ゆえ、生産性向上などの目的のために鉄道技術が導入されるのは当然だが、そのとき、標準化しつつあるものを導入すること自体が望ましいこととして規範性を振りまく。鉄道が敷設された社会において利用者が増え、実際に社会が変化していること、その認識を踏まえ、別の社会においても、鉄道の導入が望ましいことと捉えられる。そして実際に鉄道が敷かれ、利用者が増大し、鉄道網が拡大し、というかたちで普及が進めば、人や物の輸送のあり方が変わり、それに伴う法制度の変化が起こりつつ、それなくして社会はありえないという標準性の認識が一般化する。それがまた別の社会にも伝播し、やがていわば諸社会の標準装備となる。

　こうした標準化の動きは、それ自体が規範的効力を有するのみならず、付随した規範性の変化によって共同性の内実を変える場合がある。先に時計技術の伝播・普及の事例をあげたが、鉄道の誕生は、人びとの時間意識をより厳密な仕方で「定刻どおり」が重要だという方向へ変化させることとなった。「定刻」の基準となる標準時は、鉄道の誕生を契機に生まれたものである。一八四〇年以降のイギリスで、各鉄道会社が安全な運行のために独自に標準時を設定しはじめ（それ以前は都市によって時刻は数分ずれていたし、それで問題がなかった）、一八八〇年には制度上の国内標準時が制定される[10]。こうして、一国内で人為的に定められた「同じ時間」を「共に生きる」という共同性意識が発生可能となる。近代において社会性と共同性の表裏一体化が促されたというのも（第5章）、こうした技術の伝播・普及に促されての側面が大きい。まもなく腕時計が流行し（ただし装飾品としてのニュアンスを大きくもちつつ）、国際標準時設定がなされ、というかたちで、秩序変化が諸社会をまたいで進行する。こうして、技術の伝播・普及の自発性に促され、不可逆的と言ってよい社会秩序変化が起こったと理解できる。

いま述べたような事態は、相互性に関わる技術に関して顕著にみられる。相互性の関係は人と人とのあいだで開始できるものだった。そうした関係において利用できる技術こそ短期間に伝播・普及する。鉄道は物のやりとりに関わる技術だし、近年で言えば、言葉のやりとりに関わる通信技術が典型である。たとえば、新技術に基づくスマートフォン（スマホ）という製品の普及が（もちろん、制度主体の意志が関わりつつ）、その使用を標準化する力をもったことなど。その普及過程で、日本においては、外来のスマホの使用こそ望ましく、国内で独自の進化を遂げていた「ガラケー」（適切かどうかは別として、ガラパゴス諸島の独自の生態系に喩えて旧来の携帯電話を揶揄する俗語）の使用は望ましくないというある種の規範性が振りまかれた。そうして、当時よく使われた語である「グローバル・スタンダード」なるものを意識する方へと共同性のあり方が仕向けられたとも言える。

もちろん、こうした製品の普及は、つねに社会と人びととの生活のありようを変えることで存（ながら）える資本制に立脚している。経営の理屈の全面化（第４章）と制度的構築性とが支え合うこの秩序体制が生まれたのは長い歴史の中では最近のことにすぎない。だが、そうして早いテンポでなされる社会秩序のマイナーチェンジとでも呼ぶべき事態は、緩慢な速度で人間社会において起こってきた秩序変化のありように乗っかっている。しかも、そうして起こってきた秩序変化は蓄積し、分厚い層を形成している。時計技術なくして鉄道の発達はありえず、鉄道の発達なくして都市への急速な人口集中はありえず、というかたちで。技術の伝播・普及による秩序変化を考えるとき、問題の焦点は技術の使用の拡がりにある。他方、秩序変化が蓄積し、安定した秩序の形成に寄与していると捉える場合、なぜ技術にはそのような力があるのかが問題にされる必要がある。その力とは規格がもつ力であること、それを次にみよう。

Ⓒ規格と社会秩序変化

そもそも技術には規格が含まれる。技術は、反復的に同じと目される行為をおこなえることに存するのだから、厳密には異なる諸行為を「同じ」と捉える抽象が、技術に規格を内包させる。この水準で「規格」を捉えれば、技術の伝播において、規格こそが伝播すると言える。たとえば新しい農機具や鉄道の技術が伝播するとき、その技術の具現としての物というより、同じようにそれを作れるという作成法が伝播するのであり、それは規格の伝播である。具体的技術がいずれも規格を内包すること、これが基本である。ここではそれにくわえ、三つの意味での「規格」と社会秩序変化との関係をみたい。まずは、①基盤的規格と呼ぶべきものと、②製品等の規格。これらは後述するように、具体的技術の「前」と「後」にある規格である。三つ目は、③規格こそが具体的技術であるもの。それぞれ事例とともにみよう。

まず、①基盤的規格と呼ぶべきもの。これは、具体的技術に先立つ位置にある規格であり、単位と単位間関係に関わる規格である。第4章で度量衡の統一に基づく測量制度が土地所有の前提になると述べたが、そもそも測量技術は、数字、尺度、進法の規格に拠っている。道具の作成法を人に伝えるとき、こうした基盤的規格が共有されれば格段に効率性が増す。それらもまた、発明され、伝播・普及し、標準化した規格の一種だが、より具体的な技術の伝播・普及のベースになるという特殊性をもつ。これは時計技術の場合に分かりやすい。進法という基盤的規格なくして、道具としての時計を作ることはできない。あるいは、集積回路を用いたコンピュータ技術の基礎に置かれた二進法など。

次に、②製品等の規格。これは、具体的技術の後に来る規格である。鉄道技術で言えば、軌間（ゲージ）をどうするかは、コスト等もろもろの条件に左右されつつ、任意に決められる。それは技術の確立に先立って定まる必要がないという意味で、「後に来る」ものである。特定技術の導入・使用や特定製品（たとえばスマホ一般）の使用が標準化することについてはすでにみたが、それだけでなく、特定製品の規格の標準化もまた、社会秩序変化をもたらす場合がある。

アルミ製コンテナの事例をみよう[11]。かつて、たとえばヨーロッパ製のコンテナが船でアメリカに運ばれても、それはアメリカのトラックや鉄道に適合しなかった。また、アメリカ国内でも鉄道会社によって規格が異なっていた。そこで、統一規格の設定にむけ、一九五八年のアメリカで議論が始まり、紆余曲折を経て国際標準規格が定まっていった。すでに普及していた製品について意志的対処がなされ、特定規格が世界的に普及することで、社会をまたがる標準化が進んだ事例である、結果、港湾労働者の必要数が減り、大規模ターミナル建造の国内・国際間競争が促され、流通コストの大幅な低下によって「国際分業システム」とか「グローバル・サプライチェーン」と呼ばれるものが実現した。今日、コンテナで輸送されているものの多くは「中間財」（原料と完成品の中間）である。各国間の人件費等の格差を踏まえ、製造における各工程がもっとも低いコストでなされるべく大量の物がつねに世界中を動き、それが各社会のあり方を変える力を有している（労働条件をめぐる法制度など）。これは一般に、新自由主義がもたらしたものと理解されるが、そうだとしても、コンテナ規格の標準化なしには実現しえなかったことである。

以上まとめれば、まず、確立された具体的技術はすべて規格を内包していると捉えられ、それが伝播・普及すると言えるが、それをはさむかたちで、より基盤的な規格の伝播・普及と、技術に基づく製品の規格の伝播・普及があり、いずれもが社会秩序を変化させる力をもつ、このように言える。そして、基盤規格なくしてコンテナの製品化はありえず、コンテナの製品化なくして製品規格の標準化もありえないのだから、規格概念を軸にするかたちで、秩序変化の蓄積の構造をここにみることもできる。そのことを踏まえ、三つ目の論点に移ろう。

それは、③規格こそが具体的技術であるもの、**技術の内実が規格そのものであるような技術**である（以下、これを「規格＝技術」と表現する）。基盤的規格との違いは、別の技術の基盤となるような規格ではない点（別分野に応用されることがあるにしても）、具体的技術一般との違いは、技術が規格を内包するのではなく、技術と規格とが等価だという点である。その代表例として、財物の管理技術である複式簿記をあげたい。それは、貸方と借方の一致というきわめて抽象度の高い発想に基づく帳簿の規格である。起源には諸説あるが、商取引が拡大・複雑化した時代に、ヴェネツィア商人が完成させたという認識のもと、「ヴェネツィア式簿記」と呼ばれて一五世紀以降のヨーロッパで普及していく。この事例についてみよう[12]。

まず、簿記技術の普及の前提として、〇（ゼロ）を含むインド・アラビア数字という基盤的規格の普及が必要だった。それは一三世紀初頭前後のイタリアに持ち込まれ、およそ一〇〇年後にはヨーロッパ最古の複式簿記による取引記録とみなせるものが登場している。だが、インド・アラビア数字の使用が教会等に禁止されるなどして、早かったイタリアにおいても共同性への定着（第7章）に三〇〇年ほどかかった。定着の時期がまさに、複式簿記の伝播・普及が始まる一五世紀末、「会計の父」と呼ばれるルカ・パチョーリの書がヴェネツィアで刊行された時代である。基盤的規格の定着が複式簿記の伝播・普及を可能にしたのである。

それに先立つ半世紀間にヨーロッパで印刷機が急速に普及していたことも重要である。それはもちろん具体的技術を体現した道具である。複式簿記の技術は書物を通じて一六世紀までにかなり広範に伝播し、一八世紀末にはヨーロッパにおいて標準化する。そのとき、これまで論じてきたように、やはり規範性の働きがあった。「良い簿記」の使用が若者の修養になるという考えが広まり、興味深いことに、『ロビンソン・クルーソー』(一七一九)の主人公は、自分の人生の良いこと悪いことを複式簿記の手法で振り返っている。一九世紀末には世界中へと複式簿記が伝播するが、その背景には、株式会社の勃興がある。そこで、取引記録としての複式簿記が、給与や大規模投資を管理する手法へと応用される。さらに二〇世紀前半には、ケインズの国民経済計算の考え方に応用され、統治技術の根幹の一つとなる。

　複式簿記の事例は、基盤的規格(数字)、具体的技術(印刷技術)の伝播・普及と絡み合いつつ、抽象によって発明された規格=技術が広く採用されることで、社会性と共同性の内実が緩慢な速度で変化し、資本制の基盤をつくったものと理解しうる[13]。そしてこの場合にも、前節で確認した社会秩序変化の特徴、すなわち自発と意志の絡み合いを確認できる。たとえば、イギリスで株式会社が勃興するには、国王の許可なき設立を禁じた法律の廃止が必要だったが、それは本節で何度も触れた鉄道の技術が生まれ、それが大規模な資本を必要としたことに促されてのことだった[14]。そして、株式会社を認める意志決定により、自発の動きが解放され、それが複式簿記の応用を生み、というかたちで、さらなる秩序変化を可能にしていったものと捉えることができる。

　本節で、自発の比重の大きいものとして技術の伝播・普及による秩序変化をみてきた。だが、規格の問題を考えたとき、伝播・普及に先立ち、その出発点において**抽象の力による**規格の発明がなされること、このことの意味を考えるべく誘われる。ここまで秩序が変わることについて論じてきたが、その「変わる」ことにおいて、抽象の力が「変える」力を発揮していること、これがすでに垣間見られたのだ。次節に進もう。

第3節　抽象の力と社会秩序変化

社会秩序が変わることに、変える力としての抽象の力はどのように関わるか。社会秩序を変える行為としては、意志的対処における決定が典型である。だが、それもまた技術に支えられてこそなされる。その技術が内包する規格、これを生み出す抽象の力がどのような役割を果たし、社会秩序が変わることに寄与しているのかをここで論じたい。だが、この主題で考察する以上、言葉の抽象の力についての議論を外すわけにはいかない。そこで以下まず、前節の議論を踏まえて、(A)抽象の力が社会秩序変化においてどのような役割を果たすかを整理したのち、(B)言葉の力が、その整理の枠組みに収まりきらないかたちで社会秩序変化に結びつくことについて述べる。そして、(C)納得を鍵概念に言葉の力と社会秩序変化の関係を整理し、(D)納得の複数の拡がりと社会秩序変化との関係を述べる。

(A)社会秩序変化における抽象の力の役割

先に、新技術がその有用性を理由に標準化するのは当然だと述べた。技術一般が規格を内包するのだから、技術の有用性の根元において、規格をつくり出す抽象の力が働いていると言っていい。もちろん、それが秩序変化に結びつくとはかぎらないが、実際に秩序変化が起こったときには、それを抽象の力能の結果と捉えうるということだ。技術は人と物との関係を変えるが、その核において規格をつくる抽象の力能が働いている。ここでは、そうした力能の発揮が、①事態をみえやすくしたり、②新しい事態を生み出したりすることを事例とともにみたい。

まず、①事態をみえやすくすること。個々の具体的な物をみることは容易でも、具体の総体はしばしばみえにくい。そこで抽象の出番である。みえにくかった具体の総体が抽象化してこそ輪郭をもったものとして像を結ぶ。たとえば複式簿記は、やりとりそのものを変えはしないが、貸方と借方の一致という抽象的図式を用いて、財物の複雑なやりとりをみえやすくし、効率的管理を可能にする。つまり、捉え方を変えることにより人と物との関係を変える。よりシンプルな事例としては、具体の総体を量として抽象化して捉え、たとえば「世論」なるものを可視化する統計技術。また、前節で論じた基盤的規格も、抽象のこの力能によるものである。

次に、②新しい事態を生み出そうとすること。たとえば、十二等分平均律は規格＝技術の一つだが、それが鍵盤楽器の調律として標準化するのは、構想からかなりの時間を経た一九世紀のことである。これについて、「イマジネーション先導、テクノロジー追従型の〔…〕テクノロジー」と呼ぶ人がいる[15]。抽象の力を柱とする想像がまずなされ、それが調律技術へと体現されて音楽の世界の秩序を変える原動力になった。そのとき、抽象の力こそが、それまでとは違う音の鳴り響きを創造したものと捉えられる。これは、①でみたものとは分けて捉えるべき抽象の力能の発揮である。物の配列自体を抽象の力によって変えようとしていることと捉えられるからだ。

では、これらの「変える」力能は、秩序が「変わる」ことにどう結びついているか。まず、事態をみえやすくする力能（①）は、一言で、理解の拡がりというべき事態をもたらし、秩序変化に寄与する。捉え方を変えるとは、理解の仕方を変えること、いわば「理解の発明」である。複式簿記が書物を通じて伝播したように、メディアや学校を経由して、新たなる理解は多数の人へと届けられる。みえやすさは、ただちに有用性を意味する。新たな規格＝技術を理解することは、各人にとって有益なことである。そうして多くの人が理解することでその有用性を享受し、その拡がりが標準化を生み出す。

新しい事態を生み出そうとする力能②もまた、理解の拡がりをもたらす。ただし、音律の例で言えば、規格＝技術が楽器において具現化され、楽器という製品の使用者の増大を通じて標準化が進むという点に違いがある。そのため、調律者は新しい規格＝技術を理解し、その拡がりに寄与するが、演奏者はかならずしも理解を共有する必要はなく、享受するのみという場合もあるだろう。だが、いずれにせよ理解の拡がりという図式で捉えることができる。

この「理解の拡がり」は、抽象の力能がいわば予定するものだという特徴をもつ。いま述べた二つの力能は、性質上、既存の秩序との落差を設けつつ発揮される。抽象の力によって新たな理解を生み出すときにはすでに、その落差を埋めることを予定するようにして力能が発揮されている。実際に秩序変化が起こるかどうかは別として、そうした志向性を有するものと捉えられるということである。これは、規格というものが、反復的に用いられてこそ意味をもつゆえのことであり、発明された理解は、そのまま正確に理解されることの拡がりを志向する。そして、発明された理解が、書物などの媒介物を通じて、あるいは製品に内蔵されることで、実際に秩序変化に結びつく場合がある。こうして、技術の伝播・普及によって秩序が「変わる」ことを支えているのは、理解の拡がりを予定する抽象の力能の「変える」力だという図式が得られる。

Ⓑ社会秩序変化における言葉の力の働き

言葉の力についての考察に移ろう。複式簿記の理解の拡がりが、それを説明する書物を通じてなされたように、言葉は理解を助ける。先に、抽象の力によって事態をみえやすくすることの例としてあげたものは、複式簿記が会計学の、統計技術が統計学の、基盤的規格が数学の基礎に（より適切な例で言えば、xy座標という規格＝技術が解析幾何学の基礎に）、というかたちで学問の基礎となっている。もろもろの学問は、ある視点から具体の総体を抽象化してみえやすくする。それが人から人へと伝わり、理解の拡がりが起こるときには、言葉による説明が欠かせない。だが、言葉の抽象の力は、理解に資することを超えた働きをもつ。ここで論じたいのはそのことである。言葉もまた先に述べた二つの抽象の力能に立脚して用いうることを確認したのち、本題に入ろう。

まず言葉は、事態をみえやすくするために用いうる。第7章で、「ワーキング・プア」等を例に、進行中の事態を言い当てる言葉、指摘し問題化する言葉が社会運動のはじまりにあると述べた。本章で事例として用いた「地球温暖化」という語の場合にも、抽象のこの力能が働いている。もろもろのデータが示す事象を名づけ、事態をみえやすくしているからだ。

次に言葉は、新しい事態を生み出そうとすることにも用いうる。たとえば、温暖化への意志的対処に際し、「脱炭素社会」のように、社会を方向づけるかたちで実現するべき社会の命名がなされたりする。この語の場合、既成の社会のありようを言い当ててみえやすくしつつ、そこからの脱却を謳っている。こうした分かりやすい事例でなくとも、しばしば言葉は二つの力能を兼ねて用いられる。「ワーキング・プア」という語の場合も、働きながらも貧困である人たちの存在を可視化しつつ、そうしたことが起こらない社会を提言することへとむかった言葉であると多くの人は捉える。

このように、言葉もまた既存の秩序との落差を設定し、それを埋めるべくして用いられる。その意味では、言葉もまた技術的に用いられる。そうしたことの例として、第7章で、どのようなスローガンであれば共感の輪が広がるかをめぐって工夫がなされるなどのことを述べた。だがその場合でも、理解の拡がりを予定するようにして、とは言えないことの方が多い。もちろん、意志的対処を担う政府等が「脱炭素社会」という標語を用いる場合には、言葉に「予定」の機能を担わせている。だが、第1節で述べたように、その前提には自発的な「声の集積」が先立っていることが必要で、その場面においては、秩序変化に結びつくかどうかは不明でありながら、それを希望するべくして言葉が用いられるのが普通だろう（前章末）。そして、そのときにこそ言葉の本領が発揮されると言ってよい。

平均律と比較しよう。それは、音楽の世界という固有領域での規格の発明である。それが新しい事態を生み出すには、その規格が正確に理解されて楽器が作られる必要がある。他方、言葉は固有の領域をもたない。領域を言うとすれば、社会全体がその領域である。社会の中で、さまざまな人がそれぞれ異なる想像力に依拠して言葉にニュアンスを込め、あるいは言葉からニュアンスを受け取る。それゆえ、抽象の力能の発揮において、新しい語を発明する必要もない。第7章でみた公民権運動の「権利」という言葉のように、適切な語を選び取ってその抽象の力能を利用し、想像力に訴えればよい。こうした自由度に基づいてこその秩序変化がある。正確な理解の拡がりではなく、発する側と受け取る側との想像力の幅に応じた距離ゆえの納得を媒介にした秩序変化である。

このことを踏まえて、納得を鍵概念に本書で論じてきたことのいくつかを整理し直し、順序を踏んで社会秩序変化における言葉の抽象の力の働き方を理解しよう。①相互性における納得、②声の集積における納得、③それらに力を注ぎ込むものとしての言葉の抽象の力能、④納得の複数の拡がりと秩序変化、この順序である。

Ⓒ言葉による納得と社会秩序変化

まず、①相互性における納得。これは言葉が用いられる根拠地と呼ぶべき場での納得である。第1章で、相互的関係において、互いに「それでよければそれでよい」という納得が生じうると述べた。そのときにも通常、抽象の力が働くと言うべきである。個別的な事柄について二者が話し合い、互いに納得するとき、言葉を用いる以上、単に個別の事柄についての了解を得るのではなく、抽象の力を借りた理解を当該の個別的事柄に当てはめつつ、納得を生み出している。二者間において、事態をみえやすくしつつ、新しい事態、この場合は二者間の少し更新された関係性を生み出すのである。

もちろんこれは、二者の納得を志向するものであり、通常そこからの拡がりは志向されない。共通理解を生み出すとしても、重要なのは納得への帰着であり、理解が社会へと拡がることはさしあたり問題ではない。つまり、予定するようにして理解から理解へと進むのではない。理解の拡がりは、第3章の語彙を用いれば、社会性に立脚した契約というものを年長者（有資格者）が年少者に教える過程に似ている。他方、約束（すなわち希望の共有）の場でもある相互的関係においては、理解から理解への進行を予定するのではなく、理解を踏まえた納得への帰着を希望し、いわばそれに賭けるのである。

次に、②声の集積における納得。第7章で、社会運動において、人がスローガンに共感し、運動の輪を広げ、声をさらに大きくするという事態が起こることについて述べた。本章では、それを「声の集積」と呼び、意志的対処を促す自発の動きの一つとして位置づけ直した。そしてつい先ほど、それが秩序変化を予定するのではなく、希望するものだと述べた。スローガンにおいてはさまざまな言葉の効果が発揮されるが、ある社会問題を発見し、それを解決するべきだと指摘する声の集積のはじまりには抽象の力能の発揮があり、集積の過程には、そうして発された言葉への個別の納得がある。人が納得するとき、少なからず問題について理解している。だが、そこで重要なのは理解の正確さではない。個々人において共感するに足るほどの納得があること、これが重要である。

そして、③それら（①と②）に力を注ぎ込むものとしての言葉の抽象の力能。①で述べた相互的関係における「理解を踏まえた納得」において、理解はどこからくるか。二者が固有の理解を生み出すとしても、多くの場合、二者またはその一方がどこかで見聞きした理解が二者の言葉のやりとりに呼び出される。また、②において、納得を介した声の集積のはじまりには抽象の力能が働いているとすでに述べた。いずれの場面においても、納得こそが重要であり、納得へと帰着することになった理解を誰が生み出したのかは埋もれる傾向にある。だが、誰かがはじめに理解を示したのである。このことに焦点を当てれば、言葉を通じた納得の拡がりによる秩序変化の見取り図を描ける。

　第7章で、運動の後に学者等がそれを位置づけ、言葉をいわば「先祖化」させること、そうして「歴史への定着」が起こることについて述べた。すでに起こった事態を理解し、抽象概念を用いてその位置づけをなすことで、後世から「事態をみえやすく」する。結果、たとえば公民権運動における「権利」の言葉のように、事後の運動において、特定の言葉が「新しい事態を生み出す」ことに用いられることになる。そのとき、バトラーやセルトーの引用を踏まえて述べたように、誰が述べ直すのかに応じて、言葉にふたたび力が注がれ、もって人の納得・共感が生まれ、運動に力が与えられる。それが相互性の関係における納得へと帰着する場合もあるだろう。第2章末で、「納得の発明」が秩序を変える有力要因であると述べた。言葉のアーカイブを踏まえて誰かが理解を示し、それが納得されること、この事態が「納得の発明」である。それが相互性の関係において生じ、人的ネットワークおよび集合のネットワークの絡み合い（第6章）を通じて拡がり、秩序変化をもたらしうると捉えられる。次項で、この納得の拡がりについて論じよう。

(D)納得の複数の拡がりと社会秩序変化

④納得の複数の拡がりと秩序変化。先に、会計学等の学問が、言葉による説明を介して、理解の拡がりを得ると述べた。だが、学問は納得の発明にも寄与すると言うべきである。たとえば経済学は、その全体としてみれば、富の源泉をどこに見いだすのかとか、物のやりとりの総体をどこに出発点を置いて捉えるのか（生産なのか消費なのか、交換そのものか）など、複数の視点の設定に基づいて抽象の力能を発揮しており、結果、立場を異にする複数の理解を示す営みをしているものと捉えられる。そのとき、理解が複数的である以上、それは単に理解の拡がりをもたらすだけでなく、複数の納得の生成にも寄与すると言える。とはいえ、ある時代にどのような経済学の立場が「主流」とみなされているかに応じて法制度の枠組み、つまりは社会性の大枠のむき先が変わるとき、特定の理解の拡がりこそがより強く社会秩序変化に寄与したとみることができる[16]。

そこで、社会におけるものとして捉えた場合の哲学とは何か。哲学は、もろもろの概念の配置により、人と物とによって成される具体の総体のみならず、諸観念とそれら具体の総体との配列についての理解をも示す。しかも、それを誰がなしたのかが重要であるような仕方においてだ。もちろん哲学においても抽象の力能が発揮される。一方で、抽象概念の連関によって、観念および具体の総体のあり方をみえやすくする。他方で、そのこと自体が、すでに新しい事態を生み出しはじめる。ただし、理解の拡がりを予定するようにしてではなく、納得を介してとしか言いようがない仕方においてである。時代状況が変化するとき、過去の哲学者の議論が参照され、新たな解釈がほどこされ、ということが起こる。その過程で「〇〇主義」のような命名がなされることもあるが、哲学の内実は教義のようなものではない。それは、〈私〉が別の〈私〉と関わって生きながらなした具体と抽象とのあいだの往復運動を言葉にしたものである。それを読み聞きする〈私〉もまた、その〈私〉において納得しうる、そういうものとしてある。哲学は、納得が複数的であることを社会において確保する役割を担っている。そのためだけにこそ存在するのではないにしても。

前節で革命について述べた際、「新しい考え方」の自発的拡がりという言い方をした。あるいは、次のような言い方もある。産業構造の変化によって新興中間層が登場し、社会の中に新たな価値観が育って社会秩序が徐々に変わっていった、というような言い方である。これは集合的な価値観の自発的生成の説明である。だが、そう言いうる場面においても、誰かは抽象の力を発揮したのである[17]。考え方や価値観の新しさとは、抽象の力が発揮されてきたという歴史が成すアーカイヴとの関係における「新しさ」である。新しい概念、たとえば人権という概念をつくり出したり、あるいは、人権概念からしてそうであるように、アーカイヴにいわば保存された概念（いまの場合は「権利」）に新たな意味づけを与え、編集し、組み合わせたり、といったことを誰かはしたわけである。それを起点に、納得する人が増え、納得の複数の拡がりの分布を変えるかたちで抽象の力が社会秩序変化に寄与する、そういう事態が起こってきたのだと言える[18]。

こうして、社会秩序が「変わる」ことに、抽象の「変える」力がどのように関わるのか、その二つ目のあり方としての納得の拡がりという図式を描くことができた。それゆえ、本章の結論を述べることへと進もう。

第4節　結論

まず、これまでの議論の整理から。本章では、成り立ったものとしての社会で働いている社会性と共同性とが一体的に変化するという水準での社会秩序変化について考察した。まずは社会秩序が変わることの特徴として、それが自発と意志の絡み合いとして起こるという点をおさえ、外的要因への意志的対処を軸にした秩序変化において、その特徴が典型的にみられることを確認した。次に、自発に比重のある秩序変化として、技術の伝播・普及が社会をまたいで標準化する事態をとりあげ、伝播・普及する当のものが抽象の力に立脚した規格だという点をおさえた。そして、その抽象が社会秩序を変える力を有することへと議論を展開させ、抽象の力能に立脚した理解の拡がり、および納得の拡がりという二つの図式を描いて、社会秩序が変わることとの関係を理解した。

さて、最終章である本章において、成り立ったものとしての社会（第5章）と、成り立たせていくものとしての社会（第6章）との関係を明確化して本書の試みを完結させることを予告していた。そこで、前節末で論じた納得の拡がりについて、本書の主要四概念を用いて別側面から論じることでその作業をおこない、本章を閉じたい。

まず、言葉による納得の根拠地としての相互性の関係の位置づけを改めて述べよう。「それでよければそれでよい」という納得は、外から二者間関係を規定する規範性から脱するようにして生じうる（第6章）。他方、発明された納得が、相互性の関係のネットワークを通じて拡がるとき、それは規範性の更新を志向する声の集積であるとも捉えられる。つまり、相互性の関係は、既定の共同性からの離反の場であると同時に、共同性を更新させていく根拠地であるとも捉えられる。第6章で、相互性と集合性の絡み合いの図式で、社会を「成り立たせていくもの」と捉えうると述べたが、相互性の関係の連なりは、集合性を強化する場合があるのみならず、同時に、社会におけるもろもろの共同性の配置を更新させる力をもつ。会社等の組織においても個別文化が生まれること（第3章）、文化というものが社会性による包括に抗いもすること（第5章）について述べた。そうした文化の拡がりもまた、納得の根拠地としての相互性を介して起こりうるのであり、それこそが、社会における文化の複数性を確保するものだと言える。それゆえ、いかなる強権をもって思想統制をおこなおうとしても、それはかならず失敗し、むしろ、それに抗うものとしての文化に活力を与えることになる。

それぞれの〈私〉が、さまざまな〈私〉と相互性の関係を生きているということは、社会の側に視点を置けば、とりもなおさず、つねに納得の複数の拡がりが社会に存在するという事態である。そのとき、「成り立ったもの」としての社会秩序とは何か。通時的に捉えれば、抽象の力能の「変える」力を養分とした「成り立たせていくものとしての社会」の複数のベクトルが、社会秩序が「変わる」ことへと結実してきたこと、その蓄積によって成された相対的に安定した秩序だと言うことができる。他方、共時的に捉えれば、そうした複数のベクトルが現在時においてそれぞれ一定の規範性を得て共存し、その分布のあり方によって、相対的に安定した均衡状態が成され、そこに人が標準性を見いだすことだと言える。

これら二つの捉え方はもちろん、同一の事態をどう捉えるかによって分岐する二つのものである。すると次のように言える。納得の複数の拡がりは、社会秩序を変えていくものであるのと同時に、社会秩序のありようそのものであると。これが本章の結論である。

おわりに

——社会と関わる〈私〉と個人——

第8章末で松永哲学に対して問いを発した。「技術性と結びついた社会秩序変化は、近代社会の場合、〈私〉を思い切り抽象化するという発想によってこそ確保されたものではなかったか」というものである。それは、相互性の希望と同程度に社会性の希望も成り立った方がよいと述べたうえで、後者に関わることとして発したものだったが、「社会性の希望」の内実については明確に述べていなかった。本書のおわりにあたり、その内実を述べることで、人が社会秩序およびその変化の秩序の中で生きるのみならず、それらに関わって生きる姿の輪郭を得たい。以下、(A)先述の問いに対する松永の応答を整理したうえ、(B)それを第9章で述べた社会秩序変化の議論へと接続する。それらを踏まえて、(C)〈私〉とそれを抽象化したものとしての個人との関係について述べ、(D)社会性の希望という言葉に内実を与える。

(A)松永からの応答

松永の応答から取り出したい論点は、①「抽象化された個人」の位置づけと、②それが「普遍性」を得た理由の二つである。

まず、①「抽象化された個人」の位置づけ。筆者の問いを明確化するため、松永は、そこで問われている抽象化の発想が「西洋近代の哲学の人間像がもたらした発想」と解釈できると適切に整理したうえ、それをベースにした社会契約論についての筆者の言及を踏まえ、「実態を捉えそこなった言葉が社会秩序を変えてゆくことは大いにある」と指摘する。そのうえで、基本的人権の概念のような「理念の力」に託された希望もまた、「西洋近代の哲学の人間像が鼓舞したものなのかも知れない」が、その人間像そのものは、「偏った抽象化の産物であり批判するべきものであることに変わりはない」と述べ、次の論点へと接続している[1]。

その論点がすなわち、②「抽象化された個人」が「普遍性」を得た理由である。松永は、こうした人間像が、「あたかも普遍的で否定できないものであるかの装いで力をもっているように思われる」理由として、西洋における言論の蓄積、および西洋社会が「文化から切り離した（切り離せると見なせる）制度というものを少しずつ編み出してきたこと」の二つをあげる。前者は、「言葉のアーカイブ」（第7章および前章）に関わる重要論点であり、後ほど「社会性の希望」の内実を述べる際に言及する。いま注目したいのは後者である。松永はそこで、企業体を典型とする中規模の組織の発明を重要なこととしてとりあげる。その記述の概要は以下のとおりである。

企業体のような組織は、「或る機能を効率よく果たす」ことに特化された組織であり、もろもろの構成要素の機能もまた「手続き的に明確」で、「人がそれと関わることを強制されず選べる」ものである。そして、そうした組織と関わる者としての個人が「まさに、まず無規定で、次いで組織と関わるときにはその関わる部分に適合しなければならぬ限りで、その適合要求ごとに標準化を受け入れる必要がある」こと、その「標準化」において個人の内面が問題にならず、それを他面からみれば、組織とは個人に「利用」されるという資格のものであること、これらを指摘する。そのうえで、西洋近代社会とは、こうした組織が「社会秩序の根幹を成す制度の構成要素」への「入り込み」を著しく進めた社会であり、そのことに応じて、制度の諸部分が分散的性格を強め、人が「自律的個人」として制度と関わる部分が大きくなるのだと説明する。[2] 重要な指摘である。

(B)第9章の議論への接続

以上の応答を踏まえ、ここでは、①抽象化された個人の像、およびその普遍化という事態を本書の語彙で言い直したうえ、②その普遍化を抽象の力能との関係で二通りに解釈できることを示し、第9章で述べた社会秩序変化についての議論に接続する。

①本書の語彙での言い直し。まず、抽象化された個人の像について、第2章で、無差別的で「幾何学の点のような」単位としての個人像と表現した。これを第9章での語彙で言い直せば、基盤的規格としての人間の像と表現できる。抽象の力能によって発明された理解に基づく単位の規格であり、たとえば統計技術などの基礎となる人間像だからだ。次に、それが「普遍的」なものと捉えられるようになったという事態は、もろもろの社会において、技術が伝播・普及するようにして、この基盤的規格が標準化していった事態だと言える。

その標準化はどのようになされたのか。第9章で論じた社会性と共同性の一体的変化というかたちによってだと捉えられる。まず、第6章で論じたように、近代の到来とともに、既存の共同性から解放されたものと目される個人が、都市の仕事場（「企業体」等）において、目的（「或る機能を効率よく果たす」）を有して「共に為す」ことが一般化した。そのことにはもちろん、第9章で論じた鉄道や資本調達のあり方の変化が関係している。そうして社会性の内実が変化し、仕事場における各個人は、「適合要求ごとに標準化を」、第9章の語彙で言えば、個々の職能に応じた「規格」化を受け入れることとなった。つまり、一つの仕事における工程の一部をしかるべき仕方で担う存在としての規格の受け入れである。そして、少なくとも部分的には生き方に関する標準もまた変化し(たとえば日曜日に飲酒をするのではなく、月曜日からの労働にむけた「健全な」余暇を過ごすことが望ましいといった規範性が振りまかれ)、それが社会をまたいで標準化することで普遍的なものと捉えられるに至った。このように理解できる。

次に、②その事態を抽象の力能との関係において二通りに解釈できること。いま述べた標準の変化を根拠づける身分のものが、抽象の力能によって生み出された基盤的規格としての人間像である。社会性の内実変化と連動するかたちで、新しい人間像が当然のもの、望ましいものとして規範性を得て、共同性への定着の度合いを高めるということが起こった。松永は、そうした人間像は批判すべき「偏った抽象化の産物」であると述べつつ、他方で、それが基本的人権のような「理念の力」に託された「希望」を鼓舞した可能性にも言及していた。この両義性は、第9章の語彙を用いれば、理解の拡がりと納得の拡がりのどちらの事態と捉えるかに関わると言える。

まず、理解の拡がりとして捉える場合。新しい人間像が規範性を帯びて教えられる場面を想定しよう。第3章で、年長者が年少者に約束の規範を教え込む場面について述べた。それは社会において契約主体としての資格をもつ者が、そうでない者を契約の世界に導くようにして教えることだと述べた。それに似て、すでに理解した者がそうでない者を新たな人間像に基づく世界に導くようにして教育がなされる場面、これを想定しよう。このとき、インド・アラビア数字が徐々に伝播したように、基盤的規格の正確な理解が拡がることが志向される。あるいは、先に触れた社会契約論が書物を通じて理解の拡がりを得たということもあるだろう。それは、単位としての個人像をベースに、単位間関係（ただし個人間関係にかぎられず、個人と全体との関係も含めて）を論理化したものである。[3] これは近代の制度的構築性に対して、規格＝技術としての役割を果たす位置にあるものと捉えられる。それが複式簿記のように社会をまたいで標準化しつつ、そのベースとなる個人像についての理解の普遍化も進んだと捉えることができる。

他方、納得の拡がりとして捉えるとどうか。基盤的規格としての個人像は、いずれにせよ言葉によって人から人へと伝わるしかない。たとえば社会契約論にせよ、それは既存の社会秩序との、あるいは既存の政治社会理解の秩序との落差においてこそ意味をもつ抽象の力能の発揮である。それが読まれ、聞かれることで、そのベースとなる個人像もまた、社会における納得の複数の拡がりのうちの一つとして納得されていった。こう捉えることができる。とりわけ身分制の力が強く働く社会にあっては、それに抗う希望が、この個人像についての納得の拡がりを通じて、声として集積するということがあっただろう。そもそも社会契約論と呼ばれるもの自体の解釈も複数的であり、それは一義的な理解が可能なものではない。むしろ、そこに共通してみられる個人の像が納得され、そこに希望が託されるという事態こそ歴史において重要だったとみることもできる。あるいは、そのことが基盤になってこそ、先述の「理解の拡がり」における教育もなされたのだと。

こうして、理解の拡がりと捉えれば、「偏った抽象化の産物」としての「個人」という像が固有の文化をもった多くの社会へと波のように伝播し、それを採用するよう迫る力をもったものと解釈できる一方、納得の拡がりとして捉えれば、それが「希望」の声の集積を可能にしたものと解釈できるということになる。いまおこなっているのは分析であり、実際のところは、このように分析できる両者が同時的に起こったと捉えてよい。今日においても、さまざまな社会において、理解するべき「普遍的な」人権の尊重という考え方と、共同性における固有の文化の擁護とが対立的様相をみせることがある（第3章で組織文化を例に述べたが、いまは地域文化を念頭に述べている）。これは、基盤的規格としての個人像がもつ規範性をどの程度まで共同性へと吸収させ、定着させるのかをめぐるせめぎ合いだと言える。

(C)〈私〉と「個人」との切り替わり

社会性の希望の内実を述べることへと進もう。相互性の希望とは、納得の拡がりが生じうることへの希望と言い換えられる。他方、社会性の希望とは、まず一言で言えば、社会の制度的構築性を自分たちが創造していると捉えることに存する希望である。このことの内実を述べるには、「自分たち」とは何かを言う必要がある。そのとき、〈私〉と基盤的規格としての「個人」（すなわち、(B)で取り出したもの）との関係が論点として浮上することになる。ここでは、それを「切り替わり」の関係として捉えるところまで進み、社会性の希望の内実を述べる準備としたい。

まず、ここで「自分たち」と呼びたいものが何ではないかを述べておこう。それは、自分がその一員である「人びと」、すなわち共同性の想念の有効範囲としての集団のことではない。第5章で述べたように、それは社会性を補完して国民共同体なるものの想念を成り立たせるときに働く力でもあるが、その事態には社会性がもろもろの共同性を包括して機能することが先立っている。その社会性を創造する「自分たち」は、複数の共同性の水準とは別のところに定位されるべきものであるから、「自分たち」を共同性の水準で捉えることはできない。また、自分もその一員である「人類」のようなものを想定しているわけでもない。それは結局のところ、普遍的で巨大な共同性を想定することであるからだ[4]。

それから、この「自分たち」は集合性を有する集団のことでもない。それは、第6章で述べたように、社会性の成立を前提にして「個人」が集合することによって生まれるものである。社会全体に集合性が成り立つという見方は、結局のところ、すでに成り立ったものとして現前する社会を再確認することにほかならないとも述べた。いま述べたい「自分たち」は社会性を前提とする集合性の水準とはやはり別のところに定位されるべきものである。

では、「自分たち」とは何か。まず、〈私〉はいつでも〈私〉である。だが、第1章で述べたように、〈私〉が安定性を一定以上にもった「主体」たりえていることには、相互性の関係が先立つ。そうして形成された〈私〉は、第8章で松永に依拠して述べたように、自己像として確認される。だが、〈私〉は像化しなくても〈私〉である。他方、「自分たち」の内実は像でしかありえない。それはどのような像と言えるか。含意は後述するが、それは一言で、「自分」たちの像であると言いたい。では、「自分」とは何か。その結像のうちに、かならず社会性が入り込んでいるような自己像である。[5] ただし、それは基盤的規格としての個人という人間像を指すのではない。社会において「個人」として振る舞いながら、その切り替わり先が〈私〉であるような「自分」である。そのような「自分」たちのことを「自分たち」と呼びたい。説明しよう。

そこでまず、松永が「帰る」場所としての「ねぐら」において社会的役割が「消える」と表現していたことを思い出したい（第2章）。それは、「個人」が肉体へと切り替わる場所である。この切り替わりは、もちろん認識上のこととして、そう捉えられるという意味での切り替わりである。重大な事故が起こり、就寝中に会社から電話がかかってくれば、すぐさま社会的役割へと引き戻されるのだから、肉体への切り替わりとは、認識上において、相対的なこととして切れ、替わるということである。

それを踏まえて言えば、「個人」から〈私〉への認識上の切り替わりと呼びうる事態を想定することができる。それは、社会における規定はともかく、「それでよければそれでよい」という納得を二者が生み出そうとする、そのときに起こることと捉えられる事態である。そうした納得の生み出しは、二者がそれぞれ「個人」として生きるとしても、その切り替わり先が〈私〉であるような存在であるからこそ可能なことだと捉えられる。第1章で、相互性の関係がつねに、ある時点での〈私〉に先立つと述べたが、さまざまな人と相互性の関係をとり結ぶことで、〈私〉は、「個人」からの切り替わり先としての〈私〉であるという性格をいやおうなく強めざるをえない。それゆえ、〈私〉はいつでも〈私〉であるのだが、「自分」の像を得ようとするとき、そこに〈私〉へと切り替わる元の「個人」の像が入り込まざるをえないということが起こる。

社会の単位をなす基盤的規格としての「個人」の像はもともと「偏った抽象化の産物」であるに違いないが、おそらく多くの人にとって十分なリアリティをもって感じられるものである。もちろんそれは、どのような社会でどのように生きているかにもよるが、それが標準としての規範性を強く発揮する圏域内に生きるほどに、「自分」の像の中に、いわばその成分が多く含まれると考える。たとえば、異国の野外コンサートにさまざまな国から人が集まり、自分もその一員であるような場合、共同性とも集合性とも言う必要がないような、勝手に集まった人の群の中にいるとき、〈私〉は〈私〉であるが、その自己像には、それぞれのパスポートをもって安全にその場にやってきて演奏を享受する「個人」たちのうちの一人だというものが含まれる、少なくとも筆者はそう感じる。それを踏まえて、本書の最後の項へと移ろう。

(D)社会性の希望

社会性の希望とは「自分」たちに立脚した希望である。「納得の拡がり」は相互性を介してなされるほかなく、その意味では、相互性の希望と別に社会性の希望があると言うことはできないだろう。だが、「個人」と〈私〉との認識上の切り替わり関係を考慮に入れれば、相互性を介した納得の拡がりと表裏一体的なこととして、自分たちが社会の制度的構築性を創造しているという捉え方が成り立ち、それに存する希望を分析的に取り出しうると考える。社会性は、まず所与的なものとして現前するが、それは構築され、内実を変えてきたものなのであるから、切り替わり先が〈私〉であるような「個人」が、それと関わり、それを成しているのだという認識に存する希望を指摘できるということである。

第3章で、受動的な負債感と異なるものとしての「義務感」に触れた。何かを「しなければいけない」と人が思うときに、能動性の心の動きが一定以上に強く働いている場合の感覚である。そのとき、能動性の心の働きは〈私〉において生じるが、社会における振る舞いは、その〈私〉を切り替わり先とする「個人」がなしている。先に、基盤的規格としての個人像が、身分制の働きが強い社会において、そこからの解放の希望に資するものだったと述べた。現在においても、それが意味をもつような局面は多くある。先に触れた、たとえば異国のコンサートで感じうる「個人」の現実感、これは言い換えれば、自由であることの「感じ」であり、そうしたリアリティをもそなえつつ、「個人」として振る舞い、社会のありようをそうした「感じ」の享受の普遍化へと進めていこうという義務感を感じることがありうる。[6]

改めて断っておけば、「義務感」と表現するからと言って、市民意識をもつべきだとか、積極的に社会参加をするべきだとか、そういう主張をしたいのではない。そうした主張は、人に「負債感」をもたせようとする傾向のものだと筆者は捉える。もちろんのこと、基盤的規格としての個人像の普遍化が目指されるべきだという主張でもない。身分制とは、個人ではなく家などに立脚した階層制であり、そこからの解放は、階層制そのものからの解放と同義ではない。個人像にこそ立脚した階層制というものがある。第4章末で、近年、個人がそれぞれ自分自身の「マネージメント」に努めるような生き方が推奨され、競争の普遍化が起こったこと、それが資本制の極度の発達ゆえであることに触れた。また、第7章で、「多様性」の語が資本の理屈に組み込まれることを述べた。しばしば指摘されるように、基盤的規格としての個人像は、資本制、およびその理屈に応じた階層化・序列化に適合したものだと捉えられる。そもそも、第5章で述べたように、権利配分こそ社会の制度的構築性の軸であるから、一般的なこととして、社会には階層的なものが構築される傾向にある。

そのとき、これらのことを考慮に入れずに、相変わらず「理解」を促すべくして基盤的規格としての個人像を単に強調するのでもなく、社会とは階層的なものでしかありえないと速断するのでもなく、新たな抽象の力能の可能性を信じるという選択肢がありうる。この可能性を信じるのは〈私〉であるが、その社会での振る舞いは「個人」がなすほかなく、しかし、規格としての「個人」ではないものへとむかって、「個人」として振る舞うのである。このことは、視点を変えて言い換えれば、「個人」の切り替わり先としての〈私〉を社会間の水準において生きようとすることである。もちろん、社会間で標準化し、「普遍化」したものを受け入れて生きるということではなく、その正反対に、標準性を得て規範化するものが発生する場、社会性の複数的あり方へとむかう可能性の場、つまりは抽象の発生する場で〈私〉を生きようとすることである。

そうした「自分」たちが、社会の制度的構築性を創造しているのだと捉えること、これが社会性の希望である。なぜこれが相互性の希望と表裏一体的でありながら、分析的に取り出せるものだと言えるのか。それは、技術性との関わりゆえである。第9章で述べたように、考え方や価値観の新しさとは、歴史が成すアーカイヴとの関係における「新しさ」であり、抽象の力能の発揮は歴史から遊離してなされることではない。「個人」として社会において振る舞うとは、そうした歴史性と関わることであり、新たな抽象の力能を発揮しようとすることは、第8

章の語彙で言えば、歴史が成す層に新たな層を加えるという技術性を発揮しようとすることでもある。それは、「言葉のアーカイヴ」を踏まえ、社会運動において共感を得られやすいような言葉選びの工夫がなされるとき、すでにいくぶんかは目指されているものである。

結論を述べよう。新たな抽象の力能の発揮の結果が、〈私〉と〈私〉の相互性を介して納得の拡がりをもたらすことへの希望、これが相互性の希望である。自分たちが、抽象の力能によって新たな秩序層を生み出し、社会性に新たな層を加えてそれを更新的に創造しているのだと捉えることに存する希望、これが社会性の希望である。両者が表裏一体であるとは、第9章の結論で述べたこと、すなわち納得の拡がりが、社会秩序を変えようとすることであるのと同時に、蓄積によって成り立つ社会秩序のありようそのものであるということ、このことを根拠にしている。それゆえ、社会において育てられることなしに生きつづけられた人はいないが、そうして生きつづける人は、社会と関わり、それを育てようとして生きることができる。これが本書の結論である。

注

※書誌情報の詳細は参考文献一覧に記す。なお、欧語文献について、邦訳がある場合には基本的に（例外あり）邦訳をあげる。その際、原語を補うなどの処理をした場合があるが、訳文は改変していない。

序

1 これに関係して、松永澄夫『価値・意味・秩序』、二一七—二二五頁（初出：「人の社会の秩序をつくるもの」東京大学大学院人文社会系研究科哲学研究室『論集』一八、二〇〇〇年）の議論は重要である。本書の関心に即して要約すれば、まず、①社会について考察する際、その情報源として、諸学問（歴史学、社会学、政治学等々）の文献に頼るのが有効だが、そのとき、哲学の固有性はそこで自明とされる諸前提の検討の部分にこそあること。次に、②歴史学等の文献から得られる事実的なことと、哲学的考察によって人間の生存条件から演繹的に導出できる複数の選択的道筋とのあいだには距離があり、その「距離の発生の論理を考える」という方法をとること。そして、きわめて重要なこととして、そのとき、③政治、経済等々へと領域が分化したものとしての社会の「記述のために鍛えられる概念群」で、「より未分化の社会の構造をも理解するという道を採らざるを得ない」こと。そこで、諸概念を「記述の道具として使いつつ実は分析の道具として使用するのだという、方法論的自覚が必要である」こと。以上である。本書においては、筆者が「分化」後の社会に生きる者であることを自覚しつつ、そこで観察できるもの、すなわち人が人と生きることにおいて発生しうる力の性質（本文で後述する、本書の主要四概念でおさえられる性質）を、条件さえそろえば発生しうる一定以上に普遍的なものと捉えて、社会の成り立ちを理解するという方針をとる。

2 経済という固有領域への視点が誕生することについては、安藤裕介『商業・専制・世論』など、社会の方については、田中拓道『貧困と共和国』などを参照。

第1章

1　本章第4節で、その例としてクロポトキンの議論をみる。なお、相互性の議論は、しばしば生命にも結びつけられるが、本章ではそうした方針をとらない。ここで、相互性を共同性や生命と結びつける代表的な議論のうち三つのものに触れ、本章の方針を明確化したい。

①ブーバーは、相互性についての議論の古典と言える『我と汝』において、「われ」と「なんじ」の相互的関係を「われ」と「それ」の関係と対比させる。そして、母と胎児の「自然的結合」を人間同士の相互的関係の根源とみなし、かつ、相互的関係が共同体の「生きた中心」と関係を結ぶことで成り立つとしている（マルティン・ブーバー『我と汝・対話』所収、三五頁、五八頁）。対して本章では、個体として対面する者同士の関係に焦点を当てて相互的関係を理解する。また、二者がともに共同性の内に生きるとしても、相互性が二者間においてこそ始まり維持されうるという側面を強調する。

②第1節で「ペースのすり合わせ」を論じることと関係するが、ベルクソンは、自らの「持続」（さしあたり、自分の中に流れている時間）を「直観」するとき、他者の持続にも触れるという趣旨のことを述べた。本章もこの問題意識は共有するが、ベルクソンのように、もろもろの持続の「連続全体」に触れると述べるところまでは進まない（ベルクソン『思想と動くもの』、二九〇―二九一頁参照）。

③木村敏は、複数人による音楽の全体像が「あいだ」において結実すると述べる。本章で論じる「ペースのすり合わせ」の議論は、木村の二重奏についての議論と問題意識を共有しているが、オーケストラを同列に扱っていることには違和感を覚える。木村自身述べるように、そこには「導く者」が存在する。それゆえ、「あいだ」と呼ぶにしても、二者の「あいだ」と同列には捉えられないと筆者は考える。なお、木村は、合奏が結実することを「生命一般」と結びつけるが、すでに述べたように本章はそうした方向には進まない（木村敏『あいだ』、順に、五三頁、三七頁、一一―一二頁参照）。

2　ここでは時間の話に限定しているが、空間に関する議論も展開可能である。たとえば大浦康介は、人間同士のあいだに発生する「対面的磁場」と呼ぶべきものについて考察している（大浦康介『対面的』、七―八頁）。

3　哲学史においては、交換・応報の関係を相互性の関係とみなす傾向が一般にみられる。それは、アリストテレス『ニコマコス倫理学』に始まり、トマス・アクィナスを経て近世近代哲学につづく「交換的正義」をめぐる議論に関わる。それらの議論と筆者の考えの異同を本格的に述べるには、さまざまな準備作業が必要であり、本書の範囲を超える。交換的正義、およびそれと対をなす配分的正義の概念の歴史を短く振り返り、それが近代社会原理にどう響いているかを部分的に示したものとして、拙稿「人工知能はなぜ恐れられるのか―近代社会原理への脅威という観点から」松浦和也編著『ロボットをソーシャル化する』、六一―八三頁。

4　松永『価値・意味・秩序』、四四三頁（①と③）（初出：『死』岩波書店、一九九一年）、五三―五五頁（②と④）（初出：松永澄夫編『私というものの成立』勁草書房、一九九四年）。強調傍点省略。

5　同、四四二頁。

6　物のやりとり（交換）の本義は、共同体間におけるそれなのだという趣旨の指摘がなされてきた。念頭に置いているのは、一方で、アリストテレス『政治学』、五二―五九頁、他方で、マルセル・モース『贈与論』、一七頁の議論である。共同体間のやりとりについて論じるには、①共同性とは何か、②集団が単位になるとはどのような事態か、これら二点を考える必要があり、次章以降でその作業をおこなう。本章においては、やりとりが共同体間でなされるにしても、実際に物をやりとりするのは人だという側面を強調しておきたい。なお、人がどのような資格でやりとりをするかは重要である。資格および権利は第4章・第5章における重要概念となる。

7　デイヴィッド・ジョンストン『正義はどう論じられてきたか』、一五―三一頁。

8　こうした社会構想をはじめて本格的に提示したのは、ピエール＝ジョゼフ・プルードンである。本章注3で触れた話に関わるが、プルードンは、配分的正義（全体と部分の関係における正義）に代えて交換的正義（部分と部分の関係における正義）を社会原理の根幹とすることの可能性を探った思想家である。けれども、本節で述べるような「共同性の称揚」に向かわなかった点で、例外的なアナキズム思想家である。その発想について部分的に論じ、プルードン思想の展開に関する一側面を明らかにしたものとして、拙稿「社会革命と「人間たちの政治」―第二帝政期におけるプルードンの思想展開の一側面―」。なお、その発想が抱える困難については本書第3章で触れる。

9　以上、ピョートル・クロポトキン『相互扶助論』、一〇〇―一〇一頁、二四〇頁など（クロポトキンによる批判が展開される箇所）、一五一―一五二頁など随所（独自の裁判機構についての議論が展開される箇所）。

第2章

1　これはプルードンの同趣旨の言葉の援用である。本書第9章でも触れるが、一般に、消費から考えるか生産から考えるかによって社会・経済の見え方が異なり、それが「主義」に結びつきもする。その点も含め、このプルードンの言葉についての理解の一端を示したものとして、拙稿「訳者解説」、ピエール＝ジョゼフ・プルードン『所有とは何か』。

2　「消費の共同性」という言葉は、松永澄夫の次の議論から借用した。本章はこの議論の読解を出発点にしている。「確かに家族にも実にさまざまな形態がある。けれども、出産という出来事と育児を中心に男女のペアと子供とを核とする構造、従ってまた、その有り方には男女の性差や構成員の年齢が大きな意義をもつという、多様性を貫く不変の構造はある。そして、多様性の方はどう考えるべきかと言うと、家族の形態の多様性は次の事情から出てくる。すなわち、家族が育児の条件等と絡んで*消費の共同性*の及ぶ範囲によって指定される集団、言い換えれば「世帯」としても現れるとき、その消費の共同性に入ってくる人の集合は、出産の可能性によって定義されるかぎりの家族、いわば人間の動物としての条件が指定する関係に基づく人間集合の範囲とは違ったものであり得ること。〔…〕そして、この家族の多様性があるなら、それは既に社会の多様性の有力な一契機たるものとしてある」(松永『価値・意味・秩序』、二一一頁。初出：「人の社会の秩序をつくるもの」。強調は引用者)。ここで、消費の共同性の集団は「世帯」と呼ばれるが、世帯については本章第2節で論じる。

3　近代の社会的分業については、エミール・デュルケームの議論がよく知られている(デュルケーム『社会分業論』)。哲学史において、各々の「必要」から出発して政治共同体の構成を語った最初期のものとしては、プラトン『国家』、一三二—一四六頁。

4　一言だけ人類学の知見に触れておきたい。哺乳類の大半は、母だけが子を養育する。ごく一部の哺乳類は父も養育に参加する。そして、きわめて稀なこととして、母と父以外も養育に参加する種がいて、その一つがヒトであり、それはどの文化においても同様だと言われる(長谷川眞理子『世界は美しくて不思議に満ちている』、一三五—一三九頁)。典型的には祖母による孫の養育である。

5　家事といわゆる労働との位置関係についての重要な示唆として、松永、前掲書、四二九頁(初出：『死』)。

6　以上、ジョゼフ・ギース／フランシス・ギース『中世ヨーロッパの農村の生活』、一七九—一八〇頁。

7　たとえば、よく知られたものとして、「最初の社会は夫と妻との間のそれであり、これから、両親と子供との間の社会が生まれ、やがて、これに、主と家僕との間の社会が加わった。そして、これらの社会がすべて合して一つの家族をなすことがあり、実際またそれが普通であった」(ジョン・ロック『統治二論』、三八四頁。強調傍点省略)。ただし、このロックの議論は、そのように家族を社会とみなしたとしても、政治社会はそれとまったく異なるということを述べる文脈におけるものであり、その考えには同意する。

8　関連して、古代ギリシアのポリスにおいて、「自由」が公的領域に、「必然」が私的領域に割り振られ、後者は、必然の克服としての暴力が正当化させる領域だったとする議論がよく知られる(ハンナ・アレント『人間の条件』、五二頁)。

9　よく知られた同趣旨の言葉として、「凡ての国は家々から構成されている」(アリストテレス『政治学』、三七頁)。

10　たとえば、次のような要約を参照。「西洋の歴史全体を組織してきたのも序列であり、〔…〕芸術、科学、政治、戦争、事業、才能の競い合いなどに価値を見いだす男性の公的世界と、家、もてなし、家庭生活、子どもや老人や病人のケアを中心とする女性の私的世界とに分断されてきた」(イレーヌ・テリー『フランスの同性婚と親子関係』、八〇頁)。なお、家父長制に関する議論は、それが批判される文脈において書かれるがゆえの図式性を伴う場合が多いことには注意する必要がある。

11　関連して、人類学者モーガン等の議論を踏まえてフリードリヒ・エンゲルスが解釈を加えた議論が参考になる。すなわち、牧畜・金属加工・畑作等の登場後、単婚の一歩手前の対偶婚(一夫一妻制的であるが、持続的でなく、排他的な性的関係をとり結ぶわけではない婚姻関係)が発生すること、このことの大きな理由が、家畜やそれを見張る奴隷の私的所有、およびそれらの「繁殖」のための管理の必要に置かれる議論である(エンゲルス『家族・私有財産・国家の起源』、七二―七三頁)。エンゲルスの関心上、生産という観点に重きが置かれているが、有限な生命の維持・管理・再生産が、社会における家族の成立にとって本質的に重要だということを語っている。なお、生命体の所有と経営の関係については、第4章で論じる。

12　以上、松永、前掲書、二九―三〇頁(初出：松永編『私というものの成立』。原筆者による強調傍点省略のうえ、引用者により強調)。ここでは論じられないが、触れられることによる根本的な「分かり合い」の議論(三七頁)もきわめて重要である。

13　同、四二七頁(初出：『死』)。強調は引用者。
14　同、四一九頁。
15　同、四二一―四二二頁、四三〇頁。なお、生活保護に関連し、「自立」が強く叫ばれるようになった現代の状況について論じたものとして、拙稿「名ばかりの自立〜新自由主義と生活保護〜」金子勝ほか『社会はどう壊れていて、いかに取り戻すのか』、一一四―一五五頁。
16　マーサ・A・ファインマン『ケアの絆』、三二頁、三〇〇頁。

第3章

1　本章の問題意識の源泉には、デカルトが自身の格律の一つとして「極論を避けること」をあげた文章がある。デカルトはそこで、「とくに、自分の自由をいくらか削る約束を極論の部類に入れた」と述べ、その理由を「世界には常に同じ状態にとどまるものはないと見ていたから」としている。そして、一度何かを承認したがゆえに、それが善だとみなせなくなっても「善と見なすのを強制されるとすれば」、それは良識に反すると考えたからだと述べている(ルネ・デカルト『方法叙説』、三四―三五頁)。
2　松永は、人間においてだけ意味をもつそうした「過去」を二つに分ける。一つは、約束がそうであるように、人がなしてきたこと。もう一つは、人が何かをなすことに先立って定まっているような過去、たとえば生まれが王家であること(松永澄夫『言葉の力』、三〇―三一頁)。この注を付して以降の本文では、人がなしたこととしての過去の効力を二つに分析する。なお、松永は近著において、意味の力を帯びた約束の「縛り」についての議論を、約束のことを「想う」という想像の問題へと展開させていて重要である(松永澄夫『想像のさまざま』、一三頁)。
3　結婚が当該社会においてどのような意味をもつかによって、婚約の位置づけも当然のこと変わる。たとえば、古代ゲルマン社会における婚約式とは、家同士(個人同士ではなく)が結婚を約束し、財貨のやりとり等についての条件に合意するためのものだったという(ジョゼフ・ギース／フランシス・ギース『中世ヨーロッパの結婚と家族』、五二頁)。本章でこのあと展開する議論での用語法によれば、これは「契約」である。とはいえ、そうした社会にも本章で論じているような意味での「約束」がなかったはずもなく、何が契約をめぐる制度に組み入れられるかの違いがあると理解すればよい。

4　松永『言葉の力』、一七―一九頁。

5　ギース、ジョゼフ／ギース、フランシス『中世ヨーロッパの都市の生活』、一三三―一三五頁。

6　ヒュームの有名な議論がある。約束やそれがもたらす責務は自然的なものではなく、それには人びとの convention が先立つというものである（デイヴィッド・ヒューム『人間本性論』第3巻「道徳について」、七三―八三頁）。ここで convention の意味内容が何かについて論じることはできないが、重要な論点である。

7　ここで、プルードンの議論を念頭に置いている。本文で述べたような論理構造ゆえ、プルードンが社会全体（そして、結局は世界全体）の規範性を維持するものとして社会科学に極度の期待を寄せることになるという理路を示したものとして、拙稿「プルードンと社会契約論」。

8　近年、「負債」の概念は社会思想における一つの鍵概念としてよく論じられている。社会および個別者間関係における負債感と約束概念との関係について、とりわけニーチェとモースの議論を整理して議論展開したものとして、Sarthou-Lajus, N., *Éloge de la dette*.

9　ブライアン・デ・パルマ監督の映画『カリートの道』（一九九三年）は、真っ当に生きると決めたはずの主人公が、感じなくてもいい「借り」の感覚を抱いたがために破滅する姿を描いている。主人公は、借りがあると感じていた相手の頼みを実現したあと、その相手に対し、自分にはもう借りがないと明言するよう迫るのだが、主人公は、いわば勝手にそれを感じていただけである（相手もそれを利用していたのではあるが）。なお、真っ当に生きる方の「道」の内実として描写されているものは、恋人（「借り」を返しに行くのを止めようとする）との相互的関係における約束、すなわち希望の共有を選ぶことだと解釈できる。

10　本格的には論じられないが、関連して一言述べておく。契約によって社会（正確には主権概念に支えられた政治共同体）の成り立ちを説明する社会契約論は、契約に伴う負債感を一つの重要な養分とした理屈であると考える。社会契約論（とりわけホッブズ）において、約束できる能力から契約なるものが派生したはずであるところ、その結果として安定性をもって通用することになった現前の契約を理念的な契約概念に反映させつつ、それを約束の上位に置くという思考傾向が見受けられる。そのとき、「決まりを守らなければならない」という負債感を実際に人びとが感じることへと立論が依拠しているようにみえる。とはいえ、「みなし」の世界の説明理屈として社会契約論はよくできており、また有益でもある。

関連議論を本書「おわりに」で、「社会性の希望」に関することとして展開する。

11 関連して第9章で、貸方と借方の一致を基本発想とした複式簿記の技術がもろもろの社会で標準化したことがどのように社会秩序変化につながったのかを事例として取り上げる。その際、規範性の変化についても論じる。つまり、負債感を感じる人が一定数いることの社会的要因の一つと呼ぶべきものについて述べる。

第4章

1 本章の問題意識の源泉には、松永澄夫の「所有の概念と権利の概念とは、相互に要求し合っていること」、「あらゆる権利は特権であること」という言葉がある(松永『言葉の力』、三九頁、強調傍点省略)。

2 ここで念頭に置いているのは、社会を「人間相互の保有」と捉えるタルドの議論(ガブリエル・タルド『社会法則/モナド論と社会学』、二〇一頁)など。また、哲学史において婚姻関係を「身体の相互所有」と捉える文脈があり、それをも念頭に置いている。後者の考え方が生まれる背景などについて、ミシェル・フーコーの議論に依拠しつつ一部整理したものとして、拙稿「相互性の規範化についての試論―フーコー『性の歴史』に着想を得て―」。

3 前段落で「譲渡・交換」と書いたが、名前の交換と呼びうる事例もなくはない。たとえば、相撲界に残る「年寄名跡」(出羽海、高砂等々)の交換など。年寄名跡は俗に「年寄株」「親方株」と呼ばれるが、本来的には名跡である。

4 坂田聡『苗字と名前の歴史』、一四―一五頁。

5 同、一五―一七頁。

6 具体的には、日本の平安末期から鎌倉末期における東国の豪族武家社会である(奥富敬之『名字の歴史学』、一〇三―一〇四頁)。これをむしろ名字不成立の例と捉え、南北朝以降の単独相続化により、家族集団が所有するものとしての名字(血族集団が天皇から与えられる姓ではなく)が一般化したとする見方もある(坂田、前掲書、三二―三四頁)。名字の継承と相続とが結びつくことが取り出せれば本章には十分である。

7 たとえば、中世ヨーロッパで名前の存続が最重要の関心事になったことについて、ジャック・アタリ『所有の歴史』、二〇二頁。また、同じく中世ヨーロッパにおける姓の名乗りと徴税の関係について触れたものとして、ドミニク・フリスビー『税金の世界史』、二九頁。

8　これは、近代的な所有権とは処分権（保有しつづけたり譲渡・交換したりを自由になしうる権利）であるという議論に関連する。たとえば立岩真也『私的所有論』［第2版］、七〇頁。処分権については本章第4節(A)で触れる。

9　松永が、価格という「何とも奇怪な人間の発明品」が「数値ごとに商品を分類」し、同時に「商品間の質的違いをすべて消し去る」ような一種の分類基準であることを指摘し、それが社会における評価・分類枠組みのダイナミズムに結びついているさまを描いている議論を参照のこと（松永澄夫「分類するとは意味づけ、評価し、分類相手に対する態度の大枠を設定すること」）。なお近年、仮想通貨なども流通しているが、それを通じて得られる利益が課税対象になることから、法定貨幣から独立した「価値を測る価値体」とみなすことはできない。

10　たとえば、アタリ、前掲書、九頁など随所。なお、同書を含め、かつて女性が多産財として所有されたという捉え方がしばしばなされる。性に関する問題を本書では本格的に論じられないが、第1節(A)で触れた宮座からの女性の除外の例を念頭に、第4節(B)で所有の平等についての見通しを述べる中で一言だけ言及する。

11　松永澄夫『食を料理する』［増補版］、一五一―一六頁（強調傍点省略）。貯蔵庫と社会的力の関係についての議論（五二―五三頁）、食物の保存と所有概念の関係についての議論（一九九―二〇一頁）、食物の蓄積・交換財への転化についての議論（二一四―二一六頁）もあわせて参照のこと。

12　一九世紀終わり、ヴェブレンは、いわゆる産業社会の進展を目の前に、「顕示的消費」などの概念を用いて、貨幣の力の所有こそ名声を得る最有力の手段になっているという趣旨のことを述べた（ソースティン・ヴェブレン『有閑階級の理論』、九九頁）。身分制に基づく顕示とは別のかたちで、という意味では新しい現象だろう。他方、身分そのものが所有から発生することを考えれば、歴史をつらぬき同種のことが意味をもってきたと言える。

13　なお、私たちが理解している「法人」概念自体が、株式会社の発生以降に練り上げられたものであり、概念自体にその出自が刻まれているが、その詳細を論じることは本書の範囲を超える。

14　たとえば、一八五〇年のアメリカ・ケンタッキー州憲法の文言「奴隷所有者の、奴隷とその子孫に対する権利は、いかなる財産の所有者の権利とも同じである」（アラン・ライアン『所有』、九四頁）。

15　関連して、近代的所有権論の祖と目されるジョン・ロックの議論がしばしばもちだされる。それは、一般的には、自らの身体は自らが所有するのであり、その身体による労働の結果もまた自らの所有物になるという趣旨のものと解釈される。それに対し、一ノ瀬は、ロックが自ら所有すると述べているのは「人格（Person）」であって身体や生命ではないと指摘する（一ノ瀬正樹『死の所有』〔増補新装版〕、三〇―三七頁）。その「人格」のことを別論文で「名前を持ち、したがって特定の文化圏を背景にもって、社会的な文脈に現に巻き込まれている存在者」と述べていること（同、七六頁）とあわせて、重要な指摘である。

16　松永は、「生きる権利」を諸権利の序列化以前のこととし、「生きる権利とは諸権利を可能にする原権利のことを言うのであり、この可能性を見据えれば、生きる権利とは、より正確には、生き続ける権利のこと、死という限界点をできる限り遠くに押しのけていく権利と表現されるべきであろう」と述べている（松永『価値・意味・秩序』、四一四頁、初出：『死』）。生命の所有という観点ではなく、すでに駆動している生命の所与的事実性に立脚し、その存続という観点から生存権を捉える論として重要である。

17　プルードン『所有とは何か』、二〇〇頁。

18　これは、哲学史において名誉の問題として長く関心が寄せられてきたものである。一言で、しかるべき敬意をしかるべき人へと配分することをめぐる問題である。先述のプルードンは、そうした議論を踏まえ、一方で、敬意の配分は重要なことだと指摘してコミュニズムを批判しつつ、他方、その尺度に引き寄せられるかたちで財貨の配分をおこなうことこそが所有権の起源だと指摘して所有の体制をも批判する（拙稿「訳者解説」、プルードン、前掲書）。社会において、しかるべき敬意をしかるべき人に配分するという「衡平」が欠けてしまうと、敬意の一極集中が起こって個人崇拝が生まれるのだと筆者は理解する。

第５章

1　関連して松永は、社会概念の「曖昧」さを踏まえて論を展開する中で、たとえばある（日本の）地域にベトナム系の労働者三〇名が暮らしているとき、それは「謂わば小さなベトナム社会」であり、「母国のベトナム社会と似ているところがある」と述べる（松永澄夫『生きること、そして哲学すること』、二四三頁）。本書の用語法で言えば、「小さなベトナム社会」で働く力は共同性の力であり、それが働きうる前提には「母国のベトナム社会」を社会たらしめている力、すなわち社会性が不可欠だということになる。もちろん、社会の語が実際に多義的であるのを否定したいのではなく、本書の方法による理解によれば、ということである。

2　関連する議論として、ジョン・ロックの「黙示的な同意」の議論がある。権力への服従の根拠を「同意」に見いだすロックは、明示的な同意が示されていなくても、領土の所有・享有をしていることを目印に「黙示的な同意」をしたものとみなせるという議論を展開している(ロック『統治二論』、四三三―四三四頁)。先に、成り立ったものとしての社会を前提にしてこそ成り立たせていくものとしての社会像を描けるのだと述べたが、ロックの議論は、そうした社会像の描き方の典型であると考える。

3　「社会的なもの」については、市野川容孝『社会』や、市野川容孝・宇城輝人編『社会的なもののために』など。

4　この点について、前章の注1でも参照した箇所において、松永が次のように述べ、人間社会における「意味の力」の議論へと展開させていることは重要である。「さまざまな権利の分配(すなわち分配された側から言えば所有)という考えは、社会秩序の基礎となっている。そして、権利とは、意味の力に依拠する社会的力である」(松永『言葉の力』、三九頁)。

5　ルソーの『人間不平等起源論』の記述は文字どおり劇的である。第一部において、自然状態においては家族が形成されることすらありえないと力説されるのに対し、第二部が「開幕」するや、すでに家族の存在が自明視された社会像が描かれている。これは、私たちの生きる社会の根幹が所有であり、その存在を認めた瞬間、現前の社会のあり方以外を想像することがほとんど不可能になるということを物語っている。家族というものの変化しにくさについては本書第2章で述べた。

6　たとえば、デヴィッド・グレーバー『負債論』、七五―七八頁。

7　この方法のベースになる考え方については、序の注1で部分的に整理した。

8　以下二段落、松永『価値・意味・秩序』、二五〇―二五一頁、二五六―二六三頁(強調傍点省略。初出：「人の社会の秩序をつくるもの」)。

9　「価値が入り込むことによって「ある」を獲得しているのが慣習であり、別の言い方をすれば慣習は規範である」(同、二六四頁。強調傍点省略)。

10　以下、同、二六六頁。

11　以下二段落、同、二六七―二六九頁。

12 諸共同体の「包括」という図式自体は、旧くから示されてきた。アリストテレスは、共同体はみな「或る種の善きものを目ざしている」としたうえ、国(ポリス的共同体)こそ「わけてもそれら〔諸共同体〕のうち至高で、残りのものをことごとく包括している共同体」だと述べる(アリストテレス『政治学』、三一頁)。だがもちろん、同じ「包括」という語を用いつつ本論で述べていることは、こうした見方を受け継いだ議論への批判を含んでいる。

13 関連して、松永は、過去が意味へと変貌すること(第3章注2においても参照したが、二種類ある)をめぐって、「もはや起源が埋もれることこそむしろ望ましいような過去」の効力の事例として王家のことを挙げている(松永『言葉の力』、三三頁)。

14 ときに指摘されるように、ルソーの『社会契約論』の最重要論点の一つは、立法者の位置づけである。人間社会に法を与えるべきは「神々」だと述べられたうえ、古代ギリシアのポリスほかで、法の制定を「外国人」に委ねる習慣があったことをルソーは指摘する(ルソー『社会契約論/ジュネーヴ草稿』、八七頁、九〇頁)。要するに、社会内ではなく、社会の上位ないし、それを想定したうえでの社会間の水準にしか法の根拠を定位できないという考えである。

15 シドニー・タロー『社会運動の力』、一二〇—一二一頁。

16 ジョン・トーピー『パスポートの発明』、二四頁ほか。引用は一〇頁より。なお、アンダーソンの議論とは、本書の言葉で要約すれば、制度的構築性によって成された社会の「形式」の内実を埋めるものとしての想像的結合が近代国民国家において発明されたという趣旨のものと理解されている議論である(ベネディクト・アンダーソン『増補 想像の共同体』)。

17 プルードンは、システムと人間との「混同」について近代国家の草創期に論じているが、同時にそれにも理屈があることを説明している。これを主題の一部としたものとして、拙稿「社会革命と「人間たちの政治」」。

18 教科書的に言えば、近世ヨーロッパにおいて、本章第1節で述べたような権力分散型の封建制から中央集権型の絶対王政への移行が起こり、至上権=主権(sovereignty)の概念が確立する。そして、その概念が人民主権論へと継承され、現在に至る。

19 特に、戦後ヨーロッパにおいて大きな議論対象でありつづけた、移民とシティズンシップの問題を念頭に述べている(クリスチャン・ヨプケ『軽いシティズンシップ』)。もちろん、人口の大多数が外国人であるドバイのことなども念頭にある。いずれにせよ、国民共同体なるものに現実感が生まれて以降、社会がさまざまなありようをするとしても、その多様性は、国民共同体的なものとの差分によってこそ理解される傾向にあることが言えればここでは十分である。

第6章

1　これはプルードンが「集合の力」と呼んだものである。プルードン『所有とは何か』、一五六頁。

2　本書「おわりに」で一部論じるが、旧来の共同性から解放されたものと目される個人像が広く認められたものになっていく過程で、基本的人権等をそなえた対等な個人同士という位置関係の指定が法的になされ、それが共同性に吸収されるかたちで規範性を帯びて共通了解となったものと要約できる。そのとき、思想史的背景としては、社会契約論の理説によって、対等な個別者を基盤とする社会像が描かれるようになったことが重要である。社会契約論に関し、ホッブズが従来の（基本的にはトマス・アクィナス『神学大全』の整理による）配分的正義および交換的正義の概念の捉え方を大幅に変更したことが重要である（ただし、ホッブズの考えは近世においても異例である）。第4章注18でも触れたが、配分的正義概念の中核は、伝統的には、「しかるべき人にしかるべきものを」である。それがホッブズにおいては、対等な個別者に対する衡平な仲裁がなされることへと問題系が縮減される。また、買ったよりも高く売ることは不正義だと捉えられてきた伝統に対し、交換的正義の問題は、単に対等な個別契約者が信約どおりに履行するか否かの問題だと、やはり問題系が縮減された。そう読める（ホッブズ『リヴァイアサン』（一）、二四四―二四五頁）。本質的に仮構的な社会契約論の理説は、対等な個別者という仮構に徹底して支えられており、歴史的にみれば、その仮構の実質を埋めるべくして法制度体系が整えられたと捉えられる。なお、このホッブズの議論については、部分的に、拙稿、前掲、「人工知能はなぜ恐れられるのか」で論じた。第8章において、こうした問題関心をベースに松永哲学について論じる。

3　関連して、塩原佳典氏に明治日本の事例を教えていただいた。もともと名望のあった「家」が近代に入って没落した際、分家が資金を出し合い、「家」（本家）を永続させるという目的のもとに結社を立ち上げたという事例である。

4　家族においても政治がみられるという議論があり、それも一面で事実に即していると考えるが、共同性においてよりも、集合性においてこそ「政治的らしきもの」が発生すると筆者は考える。

5　直接の事例ではないが、初期のプルードンは、靴を生産する過程で個別の役割を果たす三人の職能人の「結合」と社会全体のそれとは、そこに存在する職能の数が違うだけで、同じ法則にしたがうと述べている（プルードン、前掲書、二四一頁)。

6 これも直接の事例ではないが、後期プルードンは、フェデラリズムという考え方を採用し、オーダーの異なるもろもろのアクターが双務的関係を結ぶという社会像を提示するようになる。個人、地方自治体、国家(州)のあいだで、である。だが、個人と地方自治体との双務的関係が仮に可能だとしても、それと、地方自治体と国家(州)との双務的関係がシームレスにつながるということは、ほとんどありえないだろう(拙稿「社会革命と「人間たちの政治」」)。なお、近代国家の人工性に対置して地域の固有性を称揚する地域主権的発想は、もともと保守的傾向性の強いものだったが、再分配機能を強化した二〇世紀型近代国家の官僚支配に対する疑義が高ずるにつれ、左派思想の旗印にされていく傾向があった。

7 単位と集合に関する議論は、社会について考察するときの、いや人間が関わることすべてに関しての本質的問題である。単位、単位間の関係の理屈、その前提となる視点、この三つがあらゆる秩序にとって不可欠だという基本的認識から始め、社会秩序について論じたものとして、Proudhon, P.=J., *De la création de l'ordre dans l'humanité, ou Principes d'organisation politique*.

8 このことは、一人の個人が、同時に世田谷区民であり、東京都民であり、日本国民であることから明らかである。区や都は、等しく法人であり(「地方公共団体は、法人とする」(日本の地方自治法第二条))、そうした対等な法人間の位置関係が、たとえば、「市町村及び特別区は、当該都道府県の条例に違反してその事務を処理してはならない」(同、一六項)というかたちで法的に規定されるのである。

9 「チーム」を主題にした論じたものとしては、たとえば、次の論文がある。Robert Damien, *Le travail d'équipe et son chef*, in François Dagogner, *Philosophie du travail*, pp.177-192.

10 第1章で、クロポトキンの称揚する社会のあり方は、相互扶助の共同性を称揚するものであるという限界を超えないと述べた際、その証拠として裁判機構(第三項)の存在をあげた。他方、プルードンは、『一九世紀革命における一般理念』(一八五一)において、即時全面的な裁判所の廃止を明言しつつ、個別者間契約が全世界へと拡がりうる可能性を指摘した(拙稿「プルードンと社会契約論」)。これは、論理的には筋の通ったアナキズムの主張である。その問題性については、第3章で、いわゆる約束と契約の違いについて述べる中で触れた。この注を付した箇所の本文で述べているのは、人的ネットワークの拡がりのイメージを支える着想には、社会における規定を否定しないまでも、それを脱するようなイメージが不可欠だということである。第9章で議論を展開させる。

第7章

1　本章は二〇〇九年初出の文章を改稿したものである(本書「あとがき」参照)。周知のとおり、日本において二〇一一年の原発事故以降に社会運動が隆盛し、社会運動に関する書物も多く出版された。また、世界的に、SNSの普及とデータ関連技術の発達によって、言葉の拡散量が可視化できるようになったことに伴い、新しいタイプの社会運動が主流化している。そうした状況の中、改稿の方針としては、もともとの論旨を維持することを柱とした。言葉の量こそ意味をもつ傾向が顕著になるという状況変化の手前で、言葉のどのような多様な働きがあったのかを明らかにしておくことが事の構造的理解にとって重要だと考えたためである。他方、事例としては、二〇一〇年代以降のものについても論旨を補強する目的で触れることにした。近年の社会運動論については明示的に言及しなかったが、関連して言われる「情動の感染」と呼ぶべきものについては、やがて改めて論じたいと考えている。

2　社会運動を他のものと概念的に区別した論考として、アラン・トゥレーヌ『声とまなざし』がある。トゥレーヌは、社会運動を暴力、革命等々と異なるものとして拾い上げるが、現実の社会運動が「ほとんどいつも他の形態の集合的行為と混じり合っているような存在でしかない」と指摘しており(一二二頁)、重要である。

3　具体的な議論を概観できるものとして、大畑裕嗣ほか編『社会運動の社会学』。社会運動の歴史については、タロー『社会運動の力』がくわしい。

4　同、八七頁。

5　西城戸誠『抗いの条件』、五七—五八頁。

6　同、一七八—一八〇頁。

7　リチャード・ホガート『読み書き能力の効用』、六四—六五頁。

8　タロー、前掲書、八九頁。

9　以上、ロバート・ダーントン『革命前夜の地下出版』、第一章および第四章。

10　小熊英二『〈民主〉と〈愛国〉』、五二二—五二三頁周辺。

11　大畑裕嗣「社会運動とメディア」大畑ほか編、前掲書、一六六—一六七頁。

13 エドガール・モラン『オルレアンのうわさ』、一五頁。
14 小熊、前掲書、五一五―五一六頁。
15 Michel de Certeau, *La prise de parole*, pp.33-34.
16 タロー、前掲書、二〇〇頁。なお、社会運動において、量が「ものを言う」ケースとして、署名をあげることができる。ただ、これは単純に量の話であり、言葉が新しい力をもつという議論からは外れる。
17 同、二八七頁。
18 ジュディス・バトラー『触発する言葉』、二四八―二四九頁。
19 Certeau,, *op.cit.*, pp.40, 52.
20 J・I・キツセ&M・B・スペクター『社会問題の構築』、一一七頁。
21 同、一四二―一四三頁。
22 ダーントン、前掲書、二六一頁。
23 以下三段落、タロー、前掲書、二〇〇―二〇四頁参照。
24 小熊、前掲書、五三三頁。
25 ジャン・カスー『一八四八年』、一六二頁。
26 谷川稔『フランス社会運動史』、一六七頁。
27 熊本博之「ジュゴン、サンゴ礁、基地問題」大畑ほか編、前掲書、一三四頁。
28 谷川、前掲書、一六六―一七二頁。
29 タロー、前掲書、二〇七頁。
30 小熊、前掲書、五三二―五三三頁参照。
31 タロー、前掲書、二〇九―二一三頁。
32 キツセ&スペクター、前掲書、二三〇―二三一頁。
33 タロー、前掲書、二八四頁。
34 キツセ&スペクター、前掲書、二三九頁。

35　バズワードとしての「多様性」という語の問題性を指摘した高橋若木の論考を踏まえつつ、「権威化する語・フレーズ」や「流行り標語」の負の側面としての「思考停止」の危険性を含めて言葉の働きについて論じたものとして、松永澄夫「意味世界は価値世界である」松永澄夫編『言葉の働く場所』、とりわけ三一―三六頁。
36　キツセ&スペクター、前掲書、二四五頁。
37　丸山仁「社会運動から政党へ?」大畑ほか編、前掲書、一九七―二一二頁。
38　西城戸、前掲書、八一頁。
39　以上、水野祥子「環境保護運動の結社」川北稔編『結社のイギリス史』、二〇七―二一九頁。
40　熊岡路矢「NGOのさまざまな目標」大畑ほか編、前掲書、九四―九六頁。
41　Certeau, *op.cit.*, p.72.
42　*ibid.*, p.64.

第8章

※本章において、引用文中の強調はすべて引用者による。また、原著者による傍点はすべて省略している。なお、本章は引用箇所が非常に多いため、松永澄夫の論考については注を付さずに本文中の括弧によって参照箇所を記す。その際、以下の略記を用い、その場合に「頁」の語を省く(注においても同様とする)。
『知覚』:『知覚する私、理解する私』
『食』:『食を料理する―哲学的考察』
『言葉』:『言葉の力』
『音』:『音の経験―言葉はどのようにして可能となるのか』
『哲学史　I』:『哲学史を読む　I』
『風』:『風の想い―奈津―』
『価値』:『価値・意味・秩序』(この著作についてのみ、章ごとの独立性の度合いが高いこと、所収論考の初出年に大きな幅があることから、章のタイトルを付記した)

『経験』：『経験のエレメント—体の感覚と物象の知覚・知覚的質と空間規定』
『感情』：『感情と意味世界』

1 本章のみ、初出時（本書「あとがき」参照）からの修正はほぼ表現上のことにとどめている。本章の文章に対し、松永による「答弁」が書かれ（本書「おわりに」でそれを踏まえた論を展開する）、同時収録されたという経緯ゆえである。したがって、初出時以降の松永の重要議論、特に『想像のさまざま』の議論は考察対象に入っていない（また、増補版・文庫版が近年刊行された著書についてもオリジナル版参照のままとしている）。ただし、この注を付した「体系一貫性」の語だけは一応内容に関わる修正である。初出時に「一貫性」と表現したことに対し、伊東俊彦氏から「体系性」ではないかとご指摘いただいたことによる。

2 松永澄夫「哲学／哲学史の読み方」（インタビュー）内山ほか編『哲学の歴史』別巻「哲学と哲学史」、一二九頁によれば、時期は大学院入学当初とあるが、いずれにせよごく若い時である。

3 二つの世界の「交錯」も含めて論じたものとして、村松正隆「「物の間の因果」と「人の間の因果」—松永哲学における秩序と論理」檜垣立哉・村瀬鋼編『哲学という地図』、一三五—一七一頁。

4 以上、「人の社会の秩序をつくるもの」『価値』ほか。たとえば、「平等な個人とその集合として社会という構造があるのではなく、位置によって互いに異なる人々が、その異なりに応じて結ぶ多様な関係の網目を通じて社会を構成する」（『価値』二六一—二六二）。

5 本章第3節(B)で論じる際、参照箇所を明記する。

6 たとえば、「地図の地図」『価値』一一八で、ユートピア的社会設計が失敗したこと等が論じられている。

7 以上は、『知覚』二〇二—二〇九、『音』一一一—一一二、「行動の論理」立正大学文学部哲学科編『哲学はじめの一歩4 行動する』、八二—八八頁の議論を整理したものである。用語として「行為」か「行動」かについては、『音』同所。また、行動の三種の二つ目と三つ目は、近年の著作では逆になるが、『知覚』での順にしたがった。

8 相互性の関係は、「互いに顔が見える人と人との間」の関係と呼ばれることも多い。たとえば、『言葉』四一。

9 なお、「知覚世界の空間的分節こそは、私たちの世界の秩序の始まりであり、基礎である」（「現実性の強度と秩序」『価値』

二九〇)とも述べられる。

10　なお、何をもって「一つの社会」と呼ぶかについても松永は注意深く論じる(「人の社会の秩序をつくるもの」『価値』二二五―二三一ほか)。さらに、イデオロギーと社会の単位との関係については、「価値・意味・秩序」『価値』一七四。

11　権利についての議論は、「あらゆる権利は特権である」という言葉が印象的な、『言葉』三九付近の議論をも参照のこと。本書第4章で、この言葉を問題意識の源泉とする議論を展開した。

12　松永は、「環境に対する要求と設計の主体」松永澄夫編『環境　設計の思想』、二〇頁において、慣習が発生する過程に限定して、「自然発生的」という語を用いている。

13　自然科学を論じる文脈においてであるが、松永は、「対象分析的なものになった技術だけが設計図を可能に」すると述べる(「生じることと生じさせることとの間」『論集』二六、一七頁)。一九世紀における社会科学勃興、それと並行する富の再分配等への関心増大の場面を想起すると、政治・社会的事象についてもこの議論は応用可能だと言いうる。

14　「技術には必ず標準というものが設定される」(『知覚』二九五)。ということは同時に、標準と目されるものの振れ幅が出てくる。

15　ここで論じる「禿頭税」については、『哲学史　I』二一五、注五をも参照のこと。

16　なお、眠る場所について松永は、「何もかもが社会的な事柄になってしまう人間の事柄としては、比較的に個人的な性格をもったものとなる」(『食』一九二)とも述べている。関連議論を本書第2章で展開した。

17　「安全を求める人々の営み」松永澄夫編『環境　安全という価値は…』、一六―一七頁をも参照。

18　『食』五六―五七をも参照。

19　基本的人権についての言及は、たとえば、『言葉』三九―四〇。

20　「時代を表現する言葉と社会の変化」松永澄夫編『言葉は社会を動かすか』三九―四一頁の「平和」を例にした議論を参照のこと。

21　なお、前注で触れた「平和」を例にした議論の中で、松永は「言葉を言うということは希望を放つことに他ならない」という側面があるとして、この箇所への参照を促す注を付している。

22　松永は、人権概念の浸透を例に、特定の理念がなぜ共通化したのかを問い、「いまや政治集団すべてが孤立できず互いの承認を得る必要があり、そこで普遍的な価値を掲げざるを得ない、そういう状況に由来すると思われる」(「眼差しを見せる」『環境　文化と政策』、一七頁)と述べる。

第9章

1 なお、本章のとりわけ第2節において、前章の議論に対する松永の応答(「松永澄夫による第一の異議への答弁」松永澄夫監修、渡辺誠・木田直人編『哲学すること』、四〇―五二頁)で論じられた「社会秩序に関わる技術」および「標準化」についての議論全体を参考にした。

2 松永『想像のさまざま』、とりわけ、「民主主義」や「公正」といった抽象概念と想像の関係を論じた箇所(三一二―三一六頁)。

3 これについて、前章で論じた松永哲学において、「意味の力」の働きとして論じられていたことを思い出されたい。

4 ただし、社会に関する事象における自発と意志との分け方は、何に焦点を当てて理解するかに依存した相対的なものである点に注意する必要がある。典型としては、政治的意志との対比において、個々には意志的な行為の集積である経済事象が自発的と捉えられるという思考傾向である。念頭にあるのは、設計主義的社会主義との対比において、「レッセ・フェール(自由放任)」を強調する自由主義の議論である。これに対し、ポランニー(ポラニー)が「自由放任に、自然なところは何一つなかった」と指摘したことがよく知られる。つまりは、自由市場なるものは空前の政治的意志の介入によってこそ生まれたのだという指摘である(カール・ポラニー『大転換』、二五二―二六八頁)。こうした構図は、新自由主義の時代にも反復された(「自発的な」競争創出のための介入)。これは、本章第3節で論じる抽象についての議論と深く関わる。ここでは、物的秩序変化の場合に成り立つクリアな分類が社会秩序変化においては成り立たないという違いが指摘できれば十分である。

5 法律案作成における技術性について実例とともに述べたものとして、橘幸信「法律における「言葉」―立案作業の現場から」松永編『言葉は社会を動かすか』、一五五―二一五頁。

6 序でも触れたとおり、たとえばフランスでは一九世紀前半に、「社会問題」が発生し、それが社会学の誕生に結びつくのだが、単に事実として都市化の進行に伴う問題が発生したのみならず、それを問題と捉えるための視点・方法の発明がなされてはじめて「社会問題」が発生しえたことも重要であり、本章第3節の議論に関わる。

7　ギース／ギース『中世ヨーロッパの都市の生活』、二六―二七頁。

8　ジェーン・グリーソン＝ホワイト『バランスシートで読みとく世界経済史』、二六頁。

9　関連して、フランス革命と旧体制との連続性を指摘した有名な議論として、アレクシ・ド・トクヴィル『旧体制と大革命』。

10　ヴォルフガング・シヴェルブシュ『鉄道旅行の歴史』、五七―五九頁。

11　以下、マルク・レビンソン『コンテナ物語』［増補改訂版］、一八〇頁、三四八頁ほか。

12　グリーソン＝ホワイト、前掲書、一〇頁。以下の二段落は、同書、二三―二五頁、二九―三二頁、一一五―一一六頁、一二三―一二六頁、一三四頁、一七五頁ほかに基づく要約である。

13　同、一六七頁。

14　同、一三九―一四〇頁。

15　菊池成孔＋大谷能生『憂鬱と官能を教えた学校』、三〇頁。なお、引用元では、バッハに関することとして述べられているが、その是非はいま問題ではない。規格の構想が技術の確立に先立つ場合があることを言えれば本書にとっては十分である。

16　物のやりとりの総体をたとえば生産の側を出発点に捉える経済学が「自由主義」と呼ばれるなどして「主義」と捉えられたり、経済学者自身が主義主張を唱えたりということがしばしばある。それがメディア等を通じて社会の「雰囲気」を変えていくということが起こるが、こうした事態は、先に論じた、納得が重要であるような「声の集積」という事態と重なりつつも同一ではない。少なくともそこには、一方で、名声と権利配分の問題（第4章および第5章）が、他方で、「情動の感染」の問題（第7章注1）が絡んでいる。

17　アレントが、本章注9で触れたフランス革命（社会問題と深く関係した革命）と対比し、アメリカ独立革命における政治的領域での「はじまり」「創設」の意義を強調した議論が有名である（ハンナ・アレント『革命について』）。政治という言論の場における抽象の力能の「変える」力についての考察と読むことができる。

18　本章では、相対的に安定したものと目される社会秩序がその内実を変化させる場面に限定して考察してきたが、第5章で述べたように、諸社会の重層と呼ぶべき社会秩序があったところ、一元的制度主体を有する秩序へと社会が再編される事態、あるいは中心と周縁との立場の逆転と呼ぶべき事態も起こる。それらについては、個々の事例において何が起こったのかを考える必要があるが、その場合でも、原理に関わる抽象の力が関与しているとは言える。第5章で触れたように、近世ヨーロッパの社会秩序編成において、「主権」の概念が重要だったように。

おわりに

1 松永「松永澄夫による第一の異議への答弁」、前掲、四五―四七頁。

2 以上、同、四七―五〇頁。強調は引用者。

3 第6章注2を参照のこと。

4 関連して、人類信仰が盛んになった一九世紀半ばに、「新しい無神論である人間主義」こそ有神論の最たるものだと喝破して批判したプルードンの議論は重要である。それについて論じたものとして、拙稿「反神論と「別の必然性」―プルードン『経済的諸矛盾の体系』における社会変化の倫理―」。

5 なお、松永は、先の応答の末尾で、「人の独自性の中には、徹頭徹尾、社会というものが入り込んでいるのである」と述べている(松永、前掲、五一頁、強調は引用者)。

6 このように述べると、資本制に立脚した規範性の普遍化を肯定していると批判されるかもしれない。本文で述べるように、社会においては「個人」として振る舞わざるをえない以上、それが帯びる歴史性を度外視し、自らを規範上の無菌状態に置こうとする発想はむしろ危うい。くわえて言えば、そうした発想に基づく主張は、多くの場合に思想史上の権威に依拠してなされる。そのことを自覚していれば、批判の矛先はまず自らに向くはずである。

参考文献一覧

アタリ、ジャック『所有の歴史』山内昶訳、法政大学出版局、一九九四年

アリストテレス『政治学』山本光雄訳、岩波文庫、一九六一年

――『ニコマコス倫理学』(『アリストテレス全集』一五)神崎繁訳、二〇一四年、岩波書店

アレント、ハンナ『人間の条件』志水速雄訳、ちくま学芸文庫、一九九四年

――『革命について』志水速雄訳、ちくま学芸文庫、一九九五年

アンダーソン、ベネディクト『増補　想像の共同体』白石さや・白石隆訳、NTT出版、一九九七年

安藤裕介『商業・専制・世論』、創文社、二〇一四年

伊多波宗周「反神論と「別の必然性」―プルードン『経済的諸矛盾の体系』における社会変化の倫理―」『倫理学年報』六六、日本倫理学会、二〇一七年、九九―一一二頁

――「プルードンと社会契約論」『フランス哲学・思想研究』二三、日仏哲学会、二〇一八年、一一六―一二七頁

――「相互性の規範化についての試論―フーコー『性の歴史』に着想を得て―」『研究論叢』九六、京都外国語大学、二〇二一年、一―二一頁

――「社会革命と「人間たちの政治」―第二帝政期におけるプルードンの思想展開の一側面―」『フランス哲学・思想研究』二六、日仏哲学会、二〇二一年、二八―三九頁

市野川容孝『社会』、岩波書店、二〇〇六年

市野川容孝・宇城輝人編『社会的なもののために』、ナカニシヤ出版、二〇一三年

一ノ瀬正樹『死の所有』〔増補新装版〕、東京大学出版会、二〇一九年

ヴェブレン、ソースティン『有閑階級の理論』高哲男訳、ちくま学芸文庫、一九九八年

内山勝利・小林道夫・中川純男・松永澄夫［編集委員］『哲学の歴史』別巻「哲学と哲学史」、中央公論新社、二〇〇八年
エンゲルス『家族・私有財産・国家の起源』戸原四郎訳、岩波文庫、一九六五年
大浦康介『対面的』、筑摩書房、二〇一六年
大畑裕嗣・成元哲・道場親信・樋口直人編『社会運動の社会学』、有斐閣選書、二〇〇四年
奥富敬之『名字の歴史学』、講談社学術文庫、二〇一九年
小熊英二『〈民主〉と〈愛国〉』、新曜社、二〇〇二年
カスー、ジャン『一八四八年』野沢協監訳、二月革命研究会訳、法政大学出版局、一九七九年
金子勝・伊東俊彦・伊多波宗周・高橋若木・竹田茂夫『社会はどう壊れていて、いかに取り戻すのか』、同友館、二〇一四年
川北稔編『結社のイギリス史』、山川出版社、二〇〇五年
ギース、ジョゼフ／ギース、フランシス『中世ヨーロッパの都市の生活』青島淑子訳、講談社学術文庫、二〇〇六年
——『中世ヨーロッパの農村の生活』青島淑子訳、講談社学術文庫、二〇〇八年
——『中世ヨーロッパの結婚と家族』栗原泉訳、講談社学術文庫、二〇一九年
菊池成孔＋大谷能生『憂鬱と官能を教えた学校』、河出書房新社、二〇〇四年
キツセ、J・I＆スペクター、M・B『社会問題の構築』村上直之・中河伸俊・鮎川潤・森俊太訳、マルジュ社、一九九〇年
木村敏『あいだ』、ちくま学芸文庫、二〇〇五年
グリーソン＝ホワイト、ジェーン『バランスシートで読みとく世界経済史』川添節子訳、日経BP社、二〇一四年
グレーバー、デヴィッド『負債論』酒井隆史監訳、高祖岩三郎・佐々木夏子訳、以文社、二〇一六年
クロポトキン、ピョートル『相互扶助論』大杉栄訳、同時代社、二〇〇九年
坂田聡『苗字と名前の歴史』、吉川弘文館、二〇〇六年
シヴェルブシュ、ヴォルフガング『鉄道旅行の歴史』［新装版］加藤二郎訳、法政大学出版局、二〇一一年
ジョンストン、デイヴッド『正義はどう論じられてきたか』押村高・谷澤正嗣・近藤和貴・宮崎文典訳、みすず書房、

二〇一五年
立岩真也『私的所有論』[第2版]、生活書院、二〇一三年
田中拓道『貧困と共和国』、人文書院、二〇〇六年
谷川稔『フランス社会運動史』、山川出版社、一九八三年
タルド、ガブリエル『社会法則／モナド論と社会学』村澤真保呂・信友建志訳、河出書房新社、二〇〇八年
タロー、シドニー『社会運動の力』大畑裕嗣監訳、彩流社、二〇〇六年
ダーントン、ロバート『革命前夜の地下出版』関根素子・二宮宏之訳、岩波書店、二〇〇〇年
デカルト、ルネ『方法叙説』小泉義之訳、講談社学術文庫、二〇二二年
デュルケーム『社会分業論』[復刻版]田原音和訳、青木書店、二〇〇五年
テリー、イレーヌ『フランスの同性婚と親子関係』石田久仁子／井上たか子訳、明石書店、二〇一九年
トゥレーヌ、アラン『声とまなざし』梶田孝道訳、新泉社、一九八三年
トーピー、ジョン『パスポートの発明』藤川隆男監訳、法政大学出版局、二〇〇八年
トクヴィル、アレクシ・ド『旧体制と大革命』小山勉訳、ちくま学芸文庫、一九九八年
トマス・アクィナス『神学大全』(一八)稲垣良典訳、創文社、一九八五年
西城戸誠『抗いの条件』、人文書院、二〇〇八年
西日本哲学会編『哲学の挑戦』、春風社、二〇一二年
長谷川眞理子『世界は美しくて不思議に満ちている』、青土社、二〇一八年
バトラー、ジュディス『触発する言葉』竹村和子訳、岩波書店、二〇〇四年
檜垣立哉・村瀬鋼編『哲学という地図』、勁草書房、二〇一〇年
ヒューム、デイヴィッド『人間本性論』第3巻「道徳について」伊勢俊彦・石川徹・中釜浩一訳、法政大学出版局、二〇一九年
ファインマン、マーサ・A『ケアの絆』穐田信子・速水葉子訳、岩波書店、二〇〇九年
ブーバー、マルティン『我と汝・対話』植田重雄訳、岩波文庫、一九七九年

プラトン『国家』藤沢令夫訳、岩波文庫、一九七九年
フリスビー、ドミニク『税金の世界史』中島由華訳、河出書房新社、二〇二一年
プルードン、ピエール＝ジョゼフ『所有とは何か』伊多波宗周訳、講談社学術文庫、二〇二四年
ベルクソン『思想と動くもの』河野与一訳、岩波文庫、一九九八年
ホガート、リチャード『読み書き能力の効用』香内三郎訳、晶文社、二〇〇三年
ホッブズ『リヴァイアサン』（一）水田洋訳、岩波文庫、一九九二年
ポラニー、カール『大転換』［新訳］野口建彦・栖原学訳、東洋経済新報社、二〇〇九年
松浦和也編著『ロボットをソーシャル化する』、学芸みらい社、二〇二一年
松永澄夫『知覚する私、理解する私』、勁草書房、一九九三年
――――「評価と秩序形成」『西日本哲学年報』一一、西日本哲学会、二〇〇三年、一二五―一四九頁
――――『食を料理する』、東信堂、二〇〇三年
――――『言葉の力』、東信堂、二〇〇五年
――――『音の経験』、東信堂、二〇〇六年
――――「生じることと生じさせることとの間」『論集』二六、東京大学大学院人文社会系研究科・文学部哲学研究室、二〇〇八年、一―二〇頁
――――『哲学史を読む　I』、東信堂、二〇〇八年
――――『風の想い―奈津―』、春風社、二〇一三年
――――『価値・意味・秩序』、東信堂、二〇一四年
――――『経験のエレメント』、東信堂、二〇一五年
――――『感情と意味世界』、東信堂、二〇一六年
――――『食を料理する』［増補版］、東信堂、二〇二〇年
――――「分類するとは意味づけ、評価し、分類相手に対する態度の大枠を設定すること」『ひとおもい』創刊号、東信堂、二〇一九年、一八六―二〇五頁

――『想像のさまざま』、東信堂、二〇二二年
――『生きること、そして哲学すること』、東信堂、二〇二二年
松永澄夫編『環境　安全という価値は…』、東信堂、二〇〇五年
――『環境　設計の思想』、東信堂、二〇〇七年
――『環境　文化と政策』、東信堂、二〇〇八年
――『言葉の働く場所』、東信堂、二〇〇八年
――『言葉は社会を動かすか』、東信堂、二〇〇九年
松永澄夫・高橋克也編『哲学への誘いⅢ　社会の中の哲学』、東信堂、二〇一〇年
松永澄夫監修、渡辺誠・木田直人編『哲学すること』、中央公論新社、二〇一七年
モース、マルセル『贈与論』吉田禎吾・江川純一訳、ちくま学芸文庫、二〇〇九年
モラン、エドガール『オルレアンのうわさ』杉山光信訳、みすず書房、一九九七年
ヨプケ、クリスチャン『軽いシティズンシップ』遠藤乾・佐藤崇子・井口保宏・宮井健志訳、岩波書店、二〇一三年
ライアン、アラン『所有』森村進・桜井徹訳、昭和堂、一九九三年
立正大学文学部哲学科編『哲学はじめの一歩4　行動する』、春風社、二〇一五年
ルソー、ジャン＝ジャック『社会契約論／ジュネーヴ草稿』中山元訳、光文社古典新訳文庫、二〇〇八年
――『人間不平等起源論』坂倉裕治訳、講談社学術文庫、二〇一六年
レビンソン、マルク『コンテナ物語』［増補改訂版］村井章子訳、日経BP、二〇一九年
ロック、ジョン『統治二論』加藤節訳、岩波文庫、二〇一〇年

Certeau, Michel de, *La prise de parole*, Seuil, 1994
Dagogner, François, *Philosophie du travail*, encre marine, 2013
Proudhon, Pierre=Joseph., *De la création de l'ordre dans l'humanité, ou Principes d'organisation politique*, Slatkine, 1982(1843).
Sarthou-Lajus, Nathalie., *Éloge de la dette*, puf, 2012

あとがき

もう随分と昔のことだが、二〇〇九年の春、本書第7章の元になる文章を書き上げたばかりの頃、大学院生だった私は、研究室の年度末懇親会の場で、指導教官だった松永澄夫先生とお話をした。いまもそのときのことをよく憶えている。先生は、いわゆる哲学の議論としてよく論じられることだけでなく、社会的、経済的、政治的なことについて、それぞれの歴史も含めて幅広く勉強して研究を進めていくことには可能性があると考える、そういう趣旨のことをおっしゃられた。そして、たしかにこう付け加えられた。「マルクスをクールにした感じでさ」。

マルクスという固有名が引き連れるものは大きすぎる。先生がおっしゃられたのは、その考察領域の広さと理解意欲の強さのことだと理解している。この言葉は着実に私の中で熟成していったと思っている。それが本書にいささかなりとも反映しているとしたら、このうえない喜びである。クールに理解すること、それを本書で試みた。マルクスをクールにした感じかどうかは別として。

だが、理解するという営みは、それを徹底化しないかぎり、事柄を理解の枠組みの中に押し込めようとする傾向をもつ。事柄が好き勝手に動かないように、いわば支配するような、そうした傾向である。本書にもそれが感じられるかもしれない。だが、まずは方法を選び、枠組みを設定し、そのかぎりでの理解をしてみないことには、より徹底化された理解への道はひらけないと考える。筆者にとって最初の単著である本書は、そうした考えのもとに書かれたものである。

本書各章の初出と原題は以下のとおりである。いずれにおいても加筆・修正した。その程度は章によって異なるが、第1章や、とりわけ第2章、第7章は全面的に改稿した。また、そうでなくても、第3章のように重要な改変をほどこした章がある。

第Ⅰ部
第1章：「相互性について」『ひとおもい』創刊号、東信堂、二〇一九年
第2章：「家族と共同性」『ひとおもい』2、東信堂、二〇二〇年
第3章：「約束について」『ひとおもい』4、東信堂、二〇二二年

第Ⅱ部
第4章：「所有と権利の世界」『ひとおもい』3、東信堂、二〇二一年
第5章（書き下ろし）
第6章（書き下ろし）＊

第Ⅲ部
第7章：「言葉の運動としての社会運動」松永澄夫編『言葉は社会を動かすか』、東信堂、二〇〇九年
第8章：「伊多波宗周による第一の異議―相互性・社会性と秩序変化」松永澄夫監修、渡辺誠・木田直人編『哲学すること―松永澄夫への異議と答弁』、中央公論新社、二〇一七年
第9章（書き下ろし）＊

なお、＊を付した章において、次の論考をわずかながら活用した。同論考を書いたときと現在とでは筆者の考えに変化がある。活用すべき点については本書においてすべて活用した。

・「集合的実践と哲学」松永澄夫・高橋克也編『哲学への誘い―新しい形を求めて―Ⅲ　社会の中の哲学』、東信堂、二〇一〇年

刊行にあたり、なによりまず、たくさんのご指導をいただいた松永澄夫先生に格別の感謝を申し上げたい。各章の初出時において、完成稿に至るまでの過程で数多くのコメントやご示唆をいただき、複数回の修正作業をおこなった。それがなければ、各章のいまの姿はけっして得られていなかった。また、今回の刊行にあたり、書き下ろしの章のみならず、加筆・修正をほどこした章についても改めてお読みいただき、多くのコメントをいただいた。第8章で主題的に論じた松永哲学は、現在も圧倒的なスピードと量とをたずさえて深化している。そうした中、貴重なお時間を使ってお読みいただき、コメントをくださったことに改めて深く御礼申し上げたい。

本書が形を得るまでの過程で、それがなければ本書がこのように書かれることはなかったという二つの重要な契機があった。

第一の契機は、本書第8章の文章を書いたこと。それは先に示したように、松永哲学を主題に、渡辺誠、木田直人の両氏によって企画された書籍にむけて書いたものである。執筆にあたり、短期間のうちに松永哲学の全著作を読み直した。結果、やがて論じたい主題がいくつも私の中に形成された。本書において、たびたび松永哲学

を参照していることには、そうした経緯も関係している。もちろん、最大の理由は、松永澄夫とピエール＝ジョゼフ・プルードンが私の読書経験の核にあるというものだが。

それからあまり時を経ずに、松永先生から新しい哲学誌の創刊構想を伺った。まもなくそれは、木田直人、鈴木泉、乗立雄輝、松永澄夫の各氏を編集委員とする年刊誌『ひとおもい』の創刊というかたちで実現した。これが第二の契機である。いわゆる哲学史研究とは一線を画す同誌が誕生したことにより、先述の「やがて論じたい主題」を実際に論じる媒体を得ることができた。先に示したとおり、本書の半分弱にあたる四つの章は、もともと、『ひとおもい』にむけて書いたものに加筆・修正を加えた文章である。編集委員の方々にコメントをいただき、それを踏まえて修正するという機会を得られたことは大変貴重なものであった。

これらの場を企画し、運営し、コメントをくださった方々に心よりの感謝を申し上げたい。重ねて、ということになるが、木田直人氏に心よりの敬意を表したい。

大学院時代に社会哲学に関心をもつ友人たちとたくさんの話をしたこと、これが間違いなく本書の底流となっている。とりわけ、伊東俊彦、高橋若木、手塚博の各氏に御礼申し上げたい。

この数年間ずっと、私が書いたものを熱心に読んでくださり、考えていることをたくさん聞いてくださった友人、塩原佳典氏と清水至氏に御礼申し上げたい。お二人にいただいたコメントに応答しようとすることなしに、本書はこのような形にはならなかった。塩原氏には、草稿への重要なご指摘もいただいた。本書の構想の意義を瞬時に言い当て、勇気づけてくれた昔からの友人、千葉雅也氏にも御礼申し上げたい。

本書は家族と生きるということの実感なしにはこのように書かれることはなかったはずである。その他もろもろのことも含め、家族の人たちに心よりの御礼を申し上げたい。

本書の出版を快諾してくださり、直接的な仕方で本書の刊行を実現してくださった東信堂の下田勝司社長、校正作業を担当してくださった領家歩希さん、大角奈央さん、岡龍廣さん、今倉大治郎さんに心よりの感謝を申し上げたい。

本書は、とりわけこれから社会を生きていく人たちを思って書いた。そうした人たちの中でも、もっとも身近な存在であるTとMに、この「字だけの絵本」を捧げたい。

二〇二三年一〇月

伊多波宗周

著者紹介
伊多波　宗周（いたば　むねちか）

1979年　東京都に生まれる
2010年　東京大学大学院人文社会系研究科博士課程修了　博士（文学）
現在　京都外国語大学共通教育機構准教授

共著　『言葉は社会を動かすか』、東信堂、2009年
『哲学への誘いⅢ　社会の中の哲学』、東信堂、2010年
『社会はどう壊れていて、いかに取り戻すのか』、同友館、2014年
『哲学すること』、中央公論新社、2017年
『現代フランス哲学入門』、ミネルヴァ書房、2020年
『ロボットをソーシャル化する』、学芸みらい社、2021年
訳書　ピエール＝ジョゼフ・プルードン『所有とは何か』、講談社、2024年
ほか

社会秩序とその変化についての哲学

2023年12月20日　初　版第1刷発行　〔検印省略〕
定価はカバーに表示してあります。

著者Ⓒ伊多波宗周／発行者 下田勝司　印刷・製本／中央精版印刷

東京都文京区向丘1-20-6　郵便振替 00110-6-37828
〒113-0023　TEL (03) 3818-5521　FAX (03) 3818-5514
発行所 株式会社 東信堂

Published by TOSHINDO PUBLISHING CO., LTD.
1-20-6, Mukougaoka, Bunkyo-ku, Tokyo, 113-0023, Japan
E-mail : tk203444@fsinet.or.jp　http://www.toshindo-pub.com

ISBN978-4-7989-1871-6 C3010

東信堂